大夏书系·名师评课

听王崧舟老师评课

TINGWANGSONGZHOU
LAOSHIPINGKE

王崧舟 ◎ 著

华东师范大学出版社
EAST CHINA NORMAL UNIVERSITY PRESS

图书在版编目（CIP）数据

听王崧舟老师评课/王崧舟著. —上海：华东师范大学出版社，2010.3
　　ISBN 978-7-5617-7613-1
　　Ⅰ.①听... Ⅱ.①王... Ⅲ.①语文课—课堂教学—教学评估—中学 Ⅳ.①G633.302
　　中国版本图书馆 CIP 数据核字（2010）第 041984 号

大夏书系·名师评课

听王崧舟老师评课

著　　者	王崧舟
策划编辑	朱永通
文字编辑	杨　霞
装帧设计	大象设计
责任印制	殷艳红
出版发行	华东师范大学出版社
社　　址	上海市中山北路3663号　邮编 200062
电话总机	021-62450163 转各部门　行政传真 021-62572105
客服电话	021-62865537（兼传真）
邮购电话	021-62869887
门市地址	上海市中山北路3663号华东师范大学校内先锋路口
网　　址	www.ecnupress.com.cn
印 刷 者	北京季蜂印刷有限公司
开　　本	700×1000　16开
字　　数	310千字
印　　张	18
插　　页	1
版　　次	2010年5月第一版
印　　次	2025年3月第二十五次
印　　数	77 001-78 000
书　　号	ISBN 978-7-5617-7613-1/G·4408
定　　价	49.80元
出 版 人	朱杰人

（如发现本版图书有印订质量问题，请寄回本社市场部调换或电话021-62865537 联系）

自序 不为点缀而为自省的评课

一

人只能看见自己想看见的。心中有佛，看人如佛；心中有魔，看人如魔。评课大体上也是如此。如果心无诗意，就很难发现课堂上流溢的美，哪怕只是一点点；如果心无智慧，就不要指望对课堂中闪现的灵光能作出会心的响应。从根本上说，所评之课不过是观照自己灵魂的一面镜子。在评课中，你在发现他人的课的同时，也会发现一个新的自己。你在评论课的价值取向时，掂量的其实是自己所秉承的课程宗旨；你在评议课的实施策略时，反观的其实是自己所拥有的教育智慧；你在评价课的生成效果时，最终检验的其实是自己所信奉的质量内涵。一句话，评课就是评自己。

二

评课者通常扮演两种角色：一为热情的参与者，一为冷静的旁观者。因为只有参与，你才能投入其中，才能对所评之课感同身受，才能真实、真切、真诚地体验课中的酸甜苦辣，从而抱持一种"同情的理解、理解的同情"的心态；因为只有旁观，你才能超然其外，才能对所评之课理性思辨、独立判断，才能发现课所承载、所体现、所隐匿的课程价值、教学规律、教育本质，进而彰显"独立之人格、自由之精神"的学术信念。

三

评课者有四种心态：一曰"坐着评"，一曰"站着评"，一曰"跪着评"，一曰"骑着评"。

坐着评，从从容容，坦坦荡荡，或赞赏，或称奇，或意会，或困惑，或质疑，或建议，一切以朋友的心态对待之。

站着评，指点江山，激扬文字，以平等之人格作平等之对话，趣在挑战，意在超越，一切以对手的心态对待之。

跪着评，顶礼膜拜，俯首帖耳，只知叫好，只知听从，只知鼓掌，只知悦纳，于是缺点也成了优点，谬误也成了真理，一切以信徒的心态对待之。

骑着评，横刀立马，针锋相对，只知叫阵，只知反对，只知瞪眼，只知革命，于是无课在其眼前，无人在其心中，一切以敌人的心态对待之。

选择何种心态评课，决定着你评课的最终品位与收获。

四

评课最终是为了解决问题，解决真实的课堂情境问题。当然，评课本身并不能直接解决课堂问题，但是，通过评课可以为解决课堂问题指明方向、指点迷津。其方式万变不离其宗，不过是"一正"、"一反"、"一合"而已。一为"正指"，即指出课的优点和长处，为解决问题提示课的模型和范式；一为"反指"，即指出课的缺陷和短板，为解决问题提醒课的戒条和底线；一为"合指"，即在指出课的问题的同时设想课的理想状态，为解决问题提供课的策略和路径。

因此，评课存在三种基本形态，与"正指"相对应的是"欣赏性评课"，与"反指"相对应的是"批判性评课"，与"合指"相对应的是"建设性评课"。三种评课形态各有其存在的理由和意义，不可偏废，亦不可偏执。

五

评课的核心是倾听与理解。背离了倾听与理解的评课，往往沦为妄评、乱评、空评、瞎评。基于倾听与理解的评课，首先在于评课者有虚静之心，虚是谦和、谦逊、谦卑，静是不唯上、不唯书、只唯实。因为虚静，方能放下成见、偏见和浅见，方能全然敞开、全心投入，方能平等观照、自由对话，最终实现执教者和评课者的视域融合。

六

好课永远是相对的，不存在放之四海而皆准的评课标准。那些抽象的评议尺度，诸如"以人为本"、"以读为本"、"三维目标"、"自主学习"等等，若遇上真实而具体的课堂情境，往往会显得苍白无力。事实上，课堂是由具体而丰富的教学细节构成的，剥离了这些细节，就根本不存在所谓的好课标准。因地评课、因时评课、因人评课、因材评课、因境评课，才是科学的、富有生命力的评课。

七

一把尺子量不出好课。对不同的教师，要有不同的教学期待、不同的衡量尺规。为什么不问问执教者的教学年限、教学经历、教学生涯？为什么不问问执教者原有的教学水平、教学个性、教学积淀？为什么不问问执教者本人对课程目标、教学内容、课堂策略的理解和反思？把执教者评得灰头土脸、灰心丧气，就能显出评课者的高度、深度、力度和风度吗？我以为，评课者首先需要的是温度，是发现阳光、播洒阳光的温度。让执教者通过评课者的评议，重新找回一个语文教师应有的职业尊严和专业激情，才是评课者的大德、大道。评课时不妨厚道些。

八

评课要明确主题。不同类型的课，分别承担不同的研究目的和任务。评展示课，要重点考察该课展示了什么、展示得如何。一般而言，展示课往往是相对比较成熟的公开课，因此，评课者要多发现、多总结、多提升展示课的教学思想、课程主张、课堂模式。评研究课，要重点分析该课研究什么、是否体现了研究主题的特定内涵和主张。研究课是带着问题去探究的公开课，不论它成熟与否，评课时一定不能偏离它的研究领域和范畴，否则，只会流于泛泛而评、隔靴搔痒。评参赛课，要重点琢磨赛课的具体标准和特殊境况，要依据不同层次、不同规模的赛课条件，进行有针对性的评课，关注参赛课的导向作用和标杆作用。评家常课，要重点关注教学常规、教学进度、教学效果等的落实情况。如果说抽象的好课标准体现了评议的共性，那么，具体的主题活动则反映了评议的个性。只有兼顾这两类标准，才能实现评课效益和效能的最大化、最优化。

九

评课不仅要让执教者有收获，也要让自己有进步，要让所有的参与者都得到专业成长与发展。评课者要通过评课，问问自己，从中"我悟到了什么"、"我学到了什么"。这就要求评课者将自己置身于真实的课堂情境中进行换位思考、移情体验，同时，要不断地将自身的职业经历和专业经验融入到对课堂情境的理解和感悟中。推己及人,由人返己,这是评课者的大智慧、大境界。

十

评课要评"学"。一评"学的起点",再评"学的过程",终评"学的效果"。而事实上,"学的起点"在评课中是最大的盲点和黑洞。因为无法评议"学的起点",所以,很难评议"学的过程"和"学的效果"。在看似科学的评"学"的背后,隐藏着巨大的虚伪和霸道。有时,貌似学得扎实、学得生动、学得自主、学得愉悦,其实不过是良好的"学的起点"的简单重复,跟执教者的设计和实施并无多大干系;有时,貌似学得沉闷、学得拘谨、学得散漫、学得压抑,其实也不过是拙劣的"学的起点"的一种必然的报应,执教者不仅要为此背上黑锅,而且无从申冤。评学,要慎之又慎,尤其是对借班所上的公开课。

十一

一堂好的语文课,存在三重境界:人在课中,课在人中,这是第一重佳境;人如其课,课如其人,这是第二重佳境;人即是课,课即是人,这是第三重佳境。境界越高,课的痕迹越淡,终至无痕。因此,课的最高境界乃是无课。

第一重佳境,关键是一个"在"字。我"在不在"课上,这很重要。有人可能会觉得奇怪,我在上语文课,我怎么可能不在现场呢?我觉得,此处的"在"大概涉及三个层次:第一个层次叫"身在"。持"奇怪论"者,大多是"身在论"者,因此,感到奇怪也就不足为怪了。第二个层次是"意在",指教师能全身心地投入课中,一心一意,专心致志。这一层次已经触及我所讲的佳境了。第三个层次是"思在"。笛卡儿有言,"我思故我在",教师能上出自己的思考、自己的思想,这才是哲学意味上的一种"人的存在"。有些老师是在上课,身在,意也在,但他上的不是经由自己独立思考、独立批判、独立创造的课,而是人云亦云、照本宣科、囫囵吞枣的课,这就是"身"在场而"思"缺席的课。严格地说,第一重佳境,应该是"思在"之课。这重佳境的实现,关键在于坚持和尊重自己的独立思考。只有上经过自己思考的课,才能进入此重佳境。

第二重佳境,关键是一个"如"字。"如"者,不仅有"好像"之义,更有"适合"之义。课的风格,就像你的性格、你的人格。因为课的风格与人的风格在深层次上具有同构性，所以二者称得上真正意义上的"适合"。对待"课"，既要有"事业"的态度，也要有"科学"的态度，更要有"艺术"的态度。"如"的境界，已是自觉地将课作为一种艺术加以追求了。艺术的成熟，常常以"风格"的形成作为重要标志。形成课的风格，我以为在很大程度上取决于对自我、对主体的一种深刻尊重和理解。人越是高扬主体性，越是彰显自己的人格特征和魅力，课的风格也就越鲜明，越自然，越具有魅力。从这个意义上讲，最好的风格就是"本色"。本色的课拒绝机械模仿，拒绝东施效颦，拒绝削足适履。人格的洒脱一定会折射为课的洒脱，人格的严谨自然会融化为课的严谨。要实现这种佳境，关键在于上最适合自己的语文课。

第三重佳境，关键是一个"即"字。"即"者，"当下"也，"实现"也，"即心即佛"也。你的人生，存在于课的每一个当下；课的每一个当下，成就了你的人生。语文人生，人生语文。糟糕的、浮躁的、粗野的、暴戾的语文课成就了你糟糕的、浮躁的、粗野的、暴戾的人生；反之，诗意的、宁静的、优雅的、温婉的语文课成就了你诗意的、宁静的、优雅的、温婉的人生。这实在是职业生命的不二法门。自然，此处所言佳境，当是语文课的一种积极的当下的实现。我在上课，但我同时又是在享受上课。我在课堂上彻底敞开心扉，全然进入课堂中的每一个当下，和学生情情相融、心心相印；我彻底打开自己的生命，让每一个细胞、每一寸肌肤都去感受、去触摸、去体认课堂中的每一个当下；我会在不经意间邂逅生命的高峰体验，我会在课堂上率性而为，和学生一起欢笑、一起流泪、一起沉思、一起震撼。于是，我就是课，课就是我，我和学生一起全然进入了一种人课合一的境界。这种境界是什么？这种境界就是诗意，就是自由，就是深深的幸福感。要实现这种境界，关键是要体验、把握语文课的每一个当下。

进入"即"的境界，也就是进入了夫子所谓的"从心所欲，不逾矩"的境界了。"课"的所有规范、所有准则，因为嵌入了自己的生命和灵魂而成为自由和率性的道场。只有无课的课，才是课的最高境界。

十二

一堂好的语文课得有"三味"。

第一味是"语文味"。一堂好的语文课，首先得有"语文味"。语文味越浓，课就越好。语文课的最大问题，不是怎么教的问题，而是教什么的问题。语文课的最大悲哀是语文本体的淡化和失落。说句不太中听的话，不少语文课总是喜欢"红杏出墙"、"为人作嫁"。那么,什么是有"语文味"?有"语文味"就是守住语文本体的一亩三分地。语文的本体是什么?显然不是语言文字所承载的内容,即"写的什么",而是用什么样的语言形式来承载这些内容,即"怎么写的"。语文要学的就是"这个",语文味所指的就是"这个味"。具体来说,语文味表现为"动情诵读、静心默读"的"读味","圈点批注、摘抄书作"的"写味","品词品句、咬文嚼字"的"品味"。

第二味是"人情味"。一堂好的语文课,必须有"人情味"。这里的"人情味"有三层意味:一是指语文课要有情趣,枯燥乏味、机械刻板的语文课注定不受学生的欢迎,不受学生欢迎的课能称为好课吗?二是指语文课要注重情感熏陶、价值引领,否则,语文课就会犯上"丧魂落魄症",沦为"空心课"。三是指语文课要以人为本,充满人文关怀,对学生要尊重其人格、理解其需求、赏识其个性、激励其潜能,真正为学生的幸福人生奠基。

第三味是"书卷味"。一堂好的语文课,最好还能有点"书卷味"。当然,这是我的一种个人偏好,或者说是我的一种风格追求。有的语文课,初看时满目繁花、流光溢彩,但细细体会,则味同嚼蜡,整个感觉就是缺乏内涵、缺乏品位。有"书卷味"的语文课,初听时可能不觉得怎样,但往往越嚼越有味道。有"书卷味"的语文课,充满浓浓的文化气息,内含丰厚的文化底蕴;有"书卷味"的语文课,儒雅、从容、含蓄、纯正;有"书卷味"的语文课,常常灵气勃发、灵光闪现,或在教学设计上别出心裁,或在文本感悟上独具慧眼,或在课堂操作上另辟蹊径。总之,有"书卷味"的语文课是大有嚼头的语文课。

目 录

第一辑　悟课：通达灵魂的镜子

1. 亦诗亦禅，月迹映照下的心迹
　　——评肖绍国老师执教的《月迹》　　　　　　　　3
2. 将语文意识进行到底
　　——评王春燕老师执教的《猴王出世》　　　　　　25
3. 情到深处才"反复"
　　——评彭才华老师执教的《凡卡》　　　　　　　　38
4. 智慧的梳理
　　——评金明东老师执教的《惊弓之鸟》　　　　　　49
5. 情教，抵达文字彼岸
　　——评许珂老师执教的《我盼春天的荠菜》　　　　54

第二辑　鉴课：价值的判别与皈依

6. 质疑与感悟的视界融合
　　——评虞大明老师执教的《温暖我一生的冰灯》　　63
7. 蓄势，课堂节奏的审美秘妙
　　——评邵宏锋老师执教的《为中华之崛起而读书》　76
8. 诗与思的对话
　　——评王自文老师执教的《古诗两首》　　　　　　85
9. 一线穿珠，一唱三叹
　　——评邹清老师执教的《秋天的怀念》　　　　　　92
10. 探寻识字教学的文化意蕴
　　——评朱柏烽老师执教的《词串识字8》　　　　　98

第三辑　析课：擦亮独识

11. 灵巧、精巧、细巧
　　——评金萍老师设计的《一个小村庄的故事》　　　113

12. "见"出一种古诗教学的境界
　　　　——评叶淦林老师设计的《古诗词三首》　　　　120
13. 建构生命化理解的课堂
　　　　——评张菊芝老师设计的《灰雀》　　　　126
14. 想象，复活文字的感性生命
　　　　——评叶小平老师设计的《假如》　　　　133
15. 生命美学观照下的语文课
　　　　——评沙珠双老师设计的《浅水洼里的小鱼》　　　　138

第四辑　品课：细微处彰显本质

16. 有一种感动叫"诗意"
　　　　——评肖绍国老师执教的《木笛》　　　　145
17. 将快乐作文进行到底
　　　　——评张英老师执教的《绝对OK——猫和老鼠之校园版》　　　　161
18. 无中生有的智慧
　　　　——评张祖庆老师执教的《亚马逊河探险记》　　　　168
19. 阅读，指向文本秘妙
　　　　——评洪丽玲老师执教的《桥》　　　　177
20. 一切都在境中
　　　　——评王自文老师执教的《生命的壮歌》　　　　188

第五辑　赏课：课堂人生的确证

21. 高贵的"活的课程"
　　　　——评杨明明老师执教的《燕子过海》　　　　201
22. 尊严来自思想
　　　　——评闫学老师执教的《我的伯父鲁迅先生》　　　　222
23. 天地有大美而不言
　　　　——评汪秀梅老师执教的《鸟的天堂》　　　　238
24. 语文教学走进"语文之门"的一座界碑
　　　　——评林莘老师执教的《为人民服务》　　　　250
25. 绝了
　　　　——评钱锋老师执教的《伯牙绝弦》　　　　266

第一辑　悟课：通达灵魂的镜子

人只能看见自己想看见的。从根本上说，所评之课不过是观照自己灵魂的一面镜子。在评课中，你在发现他人的课的同时，也会发现一个新的自己。你在评论课的价值取向时，掂量的其实是自己所秉承的课程宗旨；你在评议课的实施策略时，反观的其实是自己所拥有的教育智慧；你在评价课的生成效果时，最终检验的其实是自己所信奉的质量内涵。一句话，评课就是评自己。

1. 亦诗亦禅：月迹映照下的心迹
——评肖绍国老师执教的《月迹》

绍国年轻，但对于他在语文教学上的才情和识见，我素来是不持怀疑态度的。他的《三顾茅庐》、《我的伯父鲁迅先生》、《木笛》、《姥姥的剪纸》等课，在实践诗意语文的过程中多有自己独到的理解和创意。譬如《木笛》一课，学生经由"读薄笛声"时的情境感知，进入"读厚笛声"时的意境领悟，进而迁升至"读出心声"时的心境体认，缘情入境，立象尽意，无疑地，这是对诗意语文新境界的又一次洞见和提升。

然而，当他提出要尝试执教贾平凹先生的《月迹》时，我不免替他担忧起来。这种担忧，起因自然是《月迹》这个文本。贾平凹的《月迹》我是喜欢到骨子里的，那文字，那意境，那以心契心的款款禅意，都是可以让人在玩索中沉醉、忘我的。这样一个文字格调和文化品位都近乎卓荦的作品，别说五六年级的孩子了，即便是有相当程度的人生阅历、审美修养和文化积淀的成人，解读它、体认它，怕也不是件轻而易举的事儿。别的先不提，就说"禅意"吧，读《月迹》而无禅意之体认，读了也等于白读，那是在糟践灵性文字。而要小孩子体认禅意，简直就是痴人说梦。此其一也。

其二，便是诗意语文在实践层面上的一些硬伤了。绍国选择此课，用意不言而喻，他是想借《月迹》一课，对自己钟爱有加的诗意语文进行某种个性化、生命化的践履。然动机固善，意图虽明，真正付诸实践时，又谈何容易！禅意是不立文字、直指心性的，是一种"生命实感情境中对当下的观照和体悟"（林谷芳语），譬如《月迹》的最后一段："大家都觉得满足了，身子也来了困意，就坐在沙滩上，相依相偎地甜甜地睡了一会儿。"这一境界，便是禅的境界了。这是自然而然的、率性的，却是如实生活的。这不是禅又是什么呢？而这样一种境界，是只可意会，不可言传的。禅，最怕刻意，最怕外烁式的引导。而展开诗意语文的过程却很难做到不刻意。这也是它的硬伤所在。

其三，便是绍国本人的教学风格了。他的课，我是听得比较多、看得比较细，也是想得比较深的了。从总体上说，绍国的课匠心的痕迹还是比较明显的，这自然是在苛求他了，以他的人生阅历和生命偏好来看，他的教学风格要归于平心静气、洗尽铅华的无痕境界，恐怕还是需要一定的时间砥砺的。而像《月迹》这样的灵性文字，以无痕的教学回应它、融入它，当是最为理想的课堂状态了。以理想的状态审视绍国的教学，不免让人有"长恨此身非我有，何时忘却营营"的感喟。忘却精致，忘却苦心孤诣，忘却消解刻意的刻意，绍国能成全自己吗？

但，无论如何，绍国还是认定了《月迹》，上了《月迹》。我在现场听了他执教的《月迹》，又细细阅读了他整理的《月迹》实录，我想，《月迹》中弟弟、妹妹的那两句有童心禅意的话，是可以拿来形容我听此课的感受的：第一句，"月亮是我们要的"；第二句，"月亮是个好"。是的，绍国的《月迹》是我们要的，是个好。这种"要的"、"好"的感觉，让我先前的种种担忧立时冰消云释。且来说说《月迹》的好，自然，这"好感"是属于我个人的，如水在口，冷暖自知。

一、月迹，以我观物的诗意

我曾经在《〈长相思〉的精神三变》中提出过这样一个观点：读法决定教法。现在看来，这一观点还是有失偏颇的。至少，写法也是决定教法的一个重要因素。绍国的《月迹》一课，对写法和教法间的交互关系做了一次颇有意义的尝试。

关于写法，有段赏析贾平凹《月迹》的文字是这样阐释的：

贾平凹写《月迹》，写得虚虚实实、掩掩映映，写得那样娇美灵动，写出了只属于他而又能引起人们情绪共振的那神奇美妙的月迹……这种境界，不是李白"举杯邀明月，对影成三人"中的你我他，也不是苏轼"起舞弄清影，何似在人间"的虚空超越，而是月我同一、天人融合、虚实一体而又忘我忘神的境界。令人分不清是人在月中，还是月落人间。这样写，突破了写月形月色、月影月波的窠臼，从"感觉"这个角度着笔，创造了一种全新的意境；也改变了读者从旁观者的角度审视客观对象的传统审美方式，通过这样的情境设置，让读者走进这美妙的月色之中，和作者一起追寻这月的踪迹，同作者一同天真地、全身心地去感受，去体验，从而获得一种美的愉悦。

这话是对的！平凹的《月迹》，正是从"感觉"这个角度着笔，为读者创造了一种全新的意境。依我看，《月迹》的文本秘妙，正在于"以我观物"而达至"物我同一"的审美境界。王国维在《人间词话》中指出："有我之境，以我观物，故物皆著我之色彩。无我之境，以物观物，故不知何者为我，何者为物。"照此说来，解读《月迹》的钥匙，当在"感觉"或者"我之色彩"上面了。且看绍国是怎样依凭此种写法来安顿他的教法的。

1. 聚焦叠词，摩挲别样的感觉

《月迹》一课的第二环节即为"摩挲语词"，自然，用心摩挲的要是一批构造奇特、感觉微妙的语词。

师：请你回味一下，你在第一次读这篇课文时，或者你刚才在课堂上再次读的时候，你的心不知不觉地被贾平凹哪些直接描写月亮的词语给吸引了？或者说贾平凹哪些直接描写月亮的词语带给你别样的感觉？

经过几个收放自如的来回，学生感觉的触角最后驻留在这些叠词上面：

第一排：款款地、渐渐地、慢慢地、匆匆的；

第二排：玉玉的、银银的、淡淡的、痒痒的；

第三排：小小的、酥酥地；

第四排：溶溶的；

第五排：闪闪的；

第六排：白光光的。

这些刻画月亮的叠词，带给我们更多的是一种陌生化的感觉。譬如"款款地"、"酥酥地"，譬如"玉玉的"、"痒痒的"。从约定俗成的角度看，类似于"酥酥地、玉玉的"这样的叠词，简直就是作者的生造。但我们感觉不到生造的痕迹，相反，我们觉得新鲜、奇妙，文字的独特传递着某种生命体验的独特。因为以我观物，月亮已经不再是客观的、物性的月亮，而是着了"我之色彩"。这些叠词，正是"我之色彩"烙在月亮上的鲜明的印记。聚焦的是叠词，开启的却是进入《月迹》堂奥的"感觉之门"。

2. 锁定通感，品味奇妙的感觉

细读《月迹》，我们不难发现其中洒落着这样一些通了神似的文字：

"倏忽间，哪儿好像有了一种气息，就在我们身后袅袅，到了头发梢儿上，添了一种淡淡的痒痒的感觉。似乎我们已在了月里，那桂树分明就是我们身后的这一棵了。"

说这些文字通神，那是一点都不为过的。当听说月宫中有桂树时，倏忽间觉着"哪儿好像有了一种气息"，而且似乎"就在我们身后袅袅"，仿佛又"到了头发梢儿上"，甚至还"添了一种淡淡的痒痒的感觉"，以至于产生了一种幻觉，觉得"我们已在了月里，那桂树分明就是我们身后的这一棵了"。平凹巧妙地将视觉形象变成了嗅觉、触觉意象，于是，遥不可及的月形月影变成了可闻可触的近旁的存在。同时，月宫、桂树、嫦娥、玉兔等虚拟物象的掺和，又使得真真切切的月亮"倏忽间"变得虚幻而奇妙了。

写法通了神，教法似乎也通了神。大家知道，作者的通感是由视觉引向嗅觉、触觉的，而绍国的教学，则是反其道而行之。他的课是先将那些被引出的"嗅觉、触觉"做饱满：

师：（大屏幕呈现：我们都面面相觑了。倏忽间，哪儿好像有了一种气息，就在我们身后袅袅，到了头发梢儿上，添了一种淡淡的痒痒的感觉。似乎我们已在了月里，那桂树分明就是我们身后的这一棵了。）我们一起来读这段话。

（生齐读此句）

师：平娃、二弟、三妹这仨孩子，倏忽间，好像闻到了什么气息？

生：淡淡的香气。

师：倏忽间头发梢儿上有了什么感觉？

生：痒痒的。

师：伸出你的手，轻轻地挠挠你的头顶心，就是那样的感觉。

（生轻轻挠挠自己的头顶心，会心地笑了）

师：倏忽间仨孩子嘴巴里尝到了什么味道？

生：甜甜的味道。

师：甜甜的味道，可能是桂花酒的味道。倏忽间仨孩子的双脚踩到了什么东西？

生：月亮上的桂花叶。

师：倏忽间仨孩子的身体不知不觉地靠在了哪里？

生：桂花树上。

此段师生对话，平实，但韵味十足。不但强化了文字传递出来的嗅觉和触觉，还因势利导，将通感引向了文字所不曾涉足的味觉（嘴巴里尝到了什么味道）和动觉（身体不知不觉地靠在了哪里）。学生在教师的引领下，仿佛也个个通了神似的。

有了饱满而细腻的嗅觉、触觉、味觉和动觉之后，教学开始向月迹的视觉形象回归。

师：这是描写孩子们在月宫里的感觉——淡淡的，还痒痒的。孩子们之所以有这样的感觉，是因为在人间看到了怎样的光？

（课件出示句子：尽院子的白光，是玉玉的，银银的，灯光也没有这般儿亮的。院子的中央处，是那棵粗粗的桂树，疏疏的枝，疏疏的叶，桂花还没有开，却有了累累的骨朵儿了。我们都走近去，不知道那个满圆儿去哪儿了，却疑心这骨朵儿是繁星儿变的。抬头看看天空，星儿似乎比平日少了许多，月亮正在头顶，明显大多了，也圆多了，清清晰晰看见里边有了什么东西。）

生：玉玉的、银银的光。
师：感觉中这种颜色以什么色调为主？
生：以绿色和银白色为主。
师：可能这种绿色是很淡的。以什么色调为主？
生：以白色为主。
师：但是它跟普通的白色又有所不同，你觉得怎么样？
生：这种白是晶莹剔透的。
师：在人间看到了怎样的树？
生：粗粗的桂树。疏疏的叶，疏疏的枝。
师：在人间看到了怎样的花？
生：桂花还没有开，却有了累累的骨朵儿了。
师：怪不得香味是那么淡淡的。在人间看到了怎样的月亮啊？
生：月亮正在头顶，明显大多了，也圆多了，清清晰晰看见里边有了什么东西。

你看，教师的提问全部指向"看"，指向视觉形象。那样的嗅觉、触觉、味觉和动觉，全是因为这样的视觉。多么奇妙，多么独特！这样的感觉只是属于文中这些童心活泼、童趣盎然的孩子们的。因为"以我观物，故物皆著我之色彩"。对这段通感文字的重锤敲击，有助于将"感觉之道"进一步落到实处。

3. 还原场景，体验沉醉的感觉

《月迹》一文，入于孩童又出于孩童。绍国的教学，通过对文字背后的生活场景的还原和对生活情趣的点燃，走了一条"入于孩童又出于孩童"的审美路径。

生：我们都看着那杯酒，果真里边就浮起一个小小的月亮的满圆。捧着，一动不动的，手刚一动，它便酥酥地颤，使人可怜儿的样子。大家都喝下肚去，月亮就在每一个人的心里了。

师：往杯底看，看见了什么？

生：月亮。

师：怎样的月亮？

生：酥酥的。

师：你瞧，这个"酥"字：左边是一个"酒"字的半边，右边是一个"禾"，"禾苗"的"禾"。你想啊，禾苗结出的"籽儿"浸泡在"酒"里边，经过发酵，那还不松、软、脆呀！这里指什么浸泡在了"甜酒"里边？

生：月亮。

师：假设你就是平娃，就是他的二弟和三妹，来，孩子们，端起你手中的那杯酒，根据老师的提示，我们来做动作。你们都看着那杯酒，果真里边就浮起一个小小的月亮的——

生：满圆。

师：看见了吗？

生：看见了。

师：捧着，一动不动的！你看，你动了，孩子。（孩子们笑了）

师：你看，你手刚一动，它便酥酥地颤，影子斜了，拉长了，像百叶窗一样了。还怎么了？手动了，你看还怎么样啦？

生：像使人可怜儿的样子。

师：看见使人可怜儿的样子。你手一动，怎么样了？

生：月亮在晃，影子拉长了。

师：在晃。你看到了什么？

生：我看到它的影子被扯长了，很有弹性的。

师：是的，它软了，它松了。你说。

生：我还看见月亮在晃，时见时不见。

师：哟，时见时不见，时隐时现。你还看见了什么？

生：真的像百叶窗一样，有很多叠影。

师：大家都喝下肚去，快喝呀！（生笑，做喝酒的样子）别一饮而尽哦！要慢慢地呷，这样月亮就在每一个人的——

生：心里了。

在孩子们充满童真的想象中，一个个细节生动、形象鲜明的生活场景被还原出来，文字和生活打成了一片。喝下肚去的，不仅是那酥酥的月亮，还有什么呢？孩童的灵性，抑或生活的诗意？这种亦真亦幻、半虚半实的感觉，此时，不仅属于作者，同样切入了每个学生的心灵世界。

纵观全课，对月迹的梳理和对感觉的擦亮如影随形，如波逐浪，"月迹——感觉"的意象范式，既是文本的写作秘妙，也成了本课的操作特色。对于文本中那些刻画细腻、表现独特的"月迹——感觉"，绍国的教学通常呈现为"锁定它、放大它、体验它"的"三步走"策略。这三步走的策略，消解了文本和学生、作者和读者间的审美壁垒，有效实现了"让读者走进这美妙的月色之中，和作者一起追寻这月的踪迹，同作者一同天真地、全身心地去感受，去体验，从而获得一种美的愉悦"的诗意境界。

二、心迹，物我同一的禅意

每一片风景，都是一种心境。诚如《朱子语类》所言："一身之中，凡所思虑运动，无非是天。一身在天里行，如鱼在水里，满肚子里都是水。"这正是中国文化的有机宇宙观。显然，平凹的《月迹》一文，对于明月清辉，正有一份"如鱼在水"的相契。这便是禅意了。

古往今来，大凡写月者，或"举头望明月，低头思故乡"，抒羁旅怀乡之情；或"但愿人长久，千里共婵娟"，写睹月思人之意；或"春去秋来不相待，水中月色长不改"，感叹人生的短促、时光的流驶……而在《月迹》中，全然没有这些沉重复杂的情愫和心境，有的只是一种轻轻松松的童心与童趣，以及只有拥有这种童心才拥有的纯真与美好。纵观全文，整个构思都是从孩童的灵心慧眼这一视角切入，以孩童盼月、寻月、问月和关于月的种种联想与想象为线索来建构文本的。观月实为观心，寻觅月迹实为寻觅心迹。

可以这样说，读不出孩童的心迹，也就读不懂平凹的《月迹》。绍国显然深谙此道，《月迹》一课迤逦而行，款款道来，最后水到渠成地绾在了一个"心"字上。那么，这份"一切水印一月，一月印一切水"的禅意，绍国的课堂又是如何呈现的呢？

1. 伏笔，月迹隐含心迹

月迹和心迹，实质上是一体两面、水乳交融的。并不是说在月迹之外还有个实体的心迹在，月迹为形，心迹为魂。当解读的目光驻留在形而下时，你直面的自然是那充满奇特感觉的月迹；当你凭借月迹做形而上的冥想和观照时，心迹便能了然于胸了。

但这样一种"心物不二"式的哲学观照，不是能够自然生发的。尤其是对小学生而言，难度和跨度是可想而知的。它需要教师智慧的点化、诗意的唤醒，乃至细致入微的搀扶和引领。《月迹》一课，对此可谓煞费苦心。

课始，绍国呈现了一组古人描写明月的诗句。

师：古往今来，有很多文人墨客描写过月亮的踪迹，我们不妨一起先来吟诵几句。诗仙李白写道——（大屏幕出示：明月出天山，苍茫云海间。）

生：明月出天山，苍茫云海间。

师：王维有诗云——（大屏幕出示：明月松间照，清泉石上流。）

生：明月松间照，清泉石上流。

师：张九龄写道——（大屏幕出示：海上生明月，天涯共此时。）

生：海上生明月，天涯共此时。

师：张若虚感叹道——（大屏幕出示：滟滟随波千万里，何处春江无月明。）

生：滟滟随波千万里，何处春江无月明。

师：跨越千载，明月永恒，吟诵着这些千古名句，追寻着月亮的踪迹，你发现刚才这些诗人笔下的月亮踪迹分别出现在了哪些地方？你说——

生：海面上。

师：海上。你说——

生：江面上。

师：那是在春江之上。还在哪儿？你说——

生：还在松林之间。

师：在那松林间。还在哪儿？

生：天山上。

师：好，在天山上。那么，贾平凹笔下的月亮踪迹又会出现在哪里呢？来，放开声音，自由地朗读课文，边读边寻找：贾平凹笔下的月亮都跑到哪些地方去了？

之所以说这种设计对全课而言是一种伏笔，理由有三。第一，它是以"月迹"发端的，阅读指向的是"月亮踪迹出现在了哪些地方"。至于诗人"缘月生情、借月抒怀"的那份诗心，在此则是做了相应的遮蔽。第二，联系课尾，我们是要为这一伏笔击节叹赏的。一诗两用，一箭双雕，在前后对比、内外对比中，彰显出"景语皆情语"、"月迹即心迹"的文本意蕴。第三，此伏笔，草蛇灰线，伏延千里。月迹在海上，在春江上，在松林间，在天山上，还会在哪里呢？于是，平凹的月迹就渐次进入学生的视野，直至课终点睛。

2. 曲笔，月迹反射心迹

在课的推进过程中，寻觅月迹和感悟心迹这两条主线一明一暗，始终相互缠绕，相互印证。作为明线的寻觅月迹，课堂走势自不待言。那么，暗线之暗又是如何体现的呢？

师：这就是贾平凹笔下的月亮踪迹。同一轮明月，你感觉在贾平凹的笔下和古人的笔下一样吗？

在"摩挲语词"环节，教师做了这样的追问。当然是不一样的，但教师没有进一步追问：为什么一样的月亮会有不一样的感觉呢？不追问，是因为时机未到。这是一种分寸、一种火候，点到为止，恰到好处。

再看"杯中饮月"那个环节。

师：孩子们，手捧酒杯，眼瞧月儿，你此刻的心情怎样？
生：陶醉了。
师：你陶醉了。
生：很舒服。
师：舒服。你呢？
生：我已经很满足了。
师：满足了。你呢？
生：很激动。
师：有点激动的感觉。你呢？
生：我很兴奋。
师：你一兴奋，那杯酒里的月亮便酥酥地颤着。（一阵欢快的笑声又响起来）

生：我很开心。

师：你开心了。你呢？

生：我很甜蜜。

师：我们带着这样的心情去齐读这段话。

月迹反映着学生的心迹，心迹影响着月迹的生成。尽管这个环节指向的是学生赏读杯中月时的心情，但是，它又何尝不是在暗示着人们，心迹不同，对月迹的感观也往往是不同的？这是暗示，而非明示。但课至此，两条主线已经逐渐呈现出融合的趋势。

3. 收笔，月迹融入心迹

到了课终，瓜熟蒂落，两线终于合而为一。

师：好的，孩子们，这就是贾平凹笔下的月亮，玉玉的、银银的、淡淡的、软软的……然而，并不是所有人看到的月亮都是那么美丽的：李白看到的是孤寂的——"明月出天山，苍茫云海间。"王维看到的是清冷的——"明月松间照，清泉石上流。"张九龄看到的是思念的——"海上生明月，天涯共此时。"张若虚看到的是惆怅的——"滟滟随波千万里，何处春江无月明。"这是为什么呢？你想过吗？

生：因为他们观察的角度和当时的心情不一样。

师：当时的心情不一样。

生：所处的环境都不一样。

师：环境不同，心境也不一样。还有吗？你说。

生：朝代不一样。

师：朝代不一样，时代不一样，心境也不一样。还有什么呢？

生：因为那些诗人他们都不在故乡。

师：哎，睹明月，思亲人！诗人们都不在家乡，而平凹他们仨孩子却没有与亲人分别的感觉，他们就在家中，心境就跟那些诗人不一样了。是啊，心是玉玉的，月亮也是——

生：玉玉的。

师：心是银银的，月亮也是——

生：银银的。

师：心是淡淡的，月亮也是——

生：淡淡的。

师：心是甜甜的，月亮也是——

生：甜甜的。

师：心是酥酥的，月亮也是——

生：酥酥的。

师：一切都在人的——

生：心中！

妙哉！"心是……月亮也是……"，这样的归结是多么自然！因为已有伏笔做铺垫，已有曲笔蓄走势，此刻已是"小舟撑出柳阴来"的时候。这样的感悟又是多么深刻，禅意禅境尽在其中。在这样的境界里，月亮"不再孤悬隔绝，不再是人的异己的存在；而人的生命情感也不再孤单、有限，不再是与宇宙本体相乖离的存在。人的生命本源被提升到宇宙本体的地位作一例看"（胡晓明语）。

心物不二，物我同一。这看似极玄妙、极深奥的禅思慧心，此刻已经轻松自如地化为学生理解宇宙、理解生命的一种精神方式。没有灌输，没有告知，有的只是春风化雨般的滋润和催生。当全课以一个简约而灵动的"心"字收官时，我想，我原先那份颇为沉重的担忧应该可以放下了。

《月迹》一课，在绍国对诗意语文的追寻史迹中，留下了浓墨重彩的一笔。细思量，我们不难发现，与《我的伯父鲁迅先生》相比，《月迹》少了一份步履匆匆的急迫，多了一份闲庭散步的从容；与《木笛》相比，《月迹》对语文诗意的追寻显得更为内敛和温婉，课堂不再去刻意地制造某种审美张力，不再去呈现那种一波三折、起伏跌宕的情感节律；与《姥姥的剪纸》相比，《月迹》不再执著地抠住某些字眼不放，当行则行，当止则止，行于所行，止于所止，课的腾挪伸展舒畅了许多，洒脱了许多。这是《月迹》一课在诗意语文的历史轨迹中所呈现的某种新的气象和局面，但套用哈罗德·布鲁姆针对诗歌创作所提出的"影响的焦虑"这一语词，《月迹》一课，"诗意的焦虑"依然挥之不去，《月迹》在反射各自的心迹的同时，也反射着"为了诗意"的痕迹。无痕的课，无痕的诗意语文，依然是"皎皎空中孤月轮"。

"不知乘月几人归，落月摇情满江树。"

[附：《月迹》课堂实录]

一、穿梭古今，追寻永恒的月亮

师：同学们，今天我们一起来学习一篇新课文，题目叫作"月迹"。抬起你的手跟老师一起来书写课题和作者的名字——月，床前明月，月上柳梢；迹，蛛丝马迹，了无踪迹。（板书：月迹）作者是当代著名作家贾平凹。这个"凹"字在这里应该念"wā"。贾平凹在陕西农村长大，他在一篇文章中写到过自己名字的来历：小时候父亲给他取名叫"平娃"，"娃娃"的"娃"，长大以后他用"娃"字的谐音"凹"字代替了，这个字在陕西方言中就念"wā"。（板书：贾平凹 wā）来，让我们来齐读课题和作者的名字。预备——齐！

生：（齐读）月迹，贾平凹。

师：古往今来，有很多文人墨客描写过月亮的踪迹，我们不妨一起先来吟诵几句。诗仙李白写道——（大屏幕出示：明月出天山，苍茫云海间。）

生：（齐读）明月出天山，苍茫云海间。

师：王维有诗云——（大屏幕出示：明月松间照，清泉石上流。）

生：（齐读）明月松间照，清泉石上流。

师：张九龄写道——（大屏幕出示：海上生明月，天涯共此时。）

生：（齐读）海上生明月，天涯共此时。

师：张若虚感叹道——（大屏幕出示：滟滟随波千万里，何处春江无月明。）

生：（齐读）滟滟随波千万里，何处春江无月明。

师：跨越千载，明月永恒，吟诵着这些千古名句，追寻着月亮的踪迹，你发现刚才这些诗人笔下的月亮踪迹分别出现在了哪些地方？你说——

生：海面上。

师：海上。你说——

生：江面上。

师：那是在春江之上。还在哪儿？你说——

生：还在松林之间。

师：在那松林间。还在哪儿？

生：天山上。

师：好，在天山上。那么，贾平凹笔下的月亮踪迹又会出现在哪里呢？来，放开声音，自由地朗读课文，边读边寻找：贾平凹笔下的月亮都跑到哪些地方去了？

（学生自由读课文）

二、摩挲语词，追寻躲闪的月亮

师：好，同学们读得非常带劲儿。贾平凹笔下的月亮跑到了哪些地方？

生：竹窗帘里。

师：竹窗帘里，然后倒映在了哪里？

生：镜子里。

师：在镜子里头，那是镜中月。（板书：镜中月）好的，请坐。

师：还跑到了哪里？

生：院子里。

师：院中月，是的。（板书：院中月）还跑到了哪里？

生：酒杯里。

师：酒杯里，那是杯中月。（板书：杯中月）还在哪里？

生：葡萄叶儿上。

师：还在哪里？你说。

生：锹刃上。

师：在爷爷的锹刃上。还在哪里？

生：还在眼睛里。

师：还在眼睛里，那是眼中月。（板书：眼中月）还在哪儿？

生：水里。

师：水里，那是水中月。（板书：水中月）还有吗？

生：天上。

师：在夜空中，是吗？那是空中月。（板书：空中月）好的，请坐。这就是贾平凹笔下的月亮踪迹。同一轮明月，你感觉在贾平凹的笔下和古人的笔下一样吗？

生：不一样。

师：那么好，请你回味一下，你在第一次读这篇课文时，或者你刚才在课堂上再次读的时候，你的心不知不觉地被贾平凹哪些直接描写月亮的词语给吸引了？或者说贾平凹哪些直接描写月亮的词语带给你别样的感觉？来，回味一下，说出自己在第一时间的真心体会。

生："渐渐地"，还有"款款地"，让我感觉到月亮走得很慢。

师：不要说理由。"渐渐地"、"款款地"，好的。还有吗？

生："渐渐地爬得高了"的"爬"。

师："渐渐地爬"，好的。还有吗？

生：还有"玉玉的"。

师："玉玉的"。还有呢？

生："银银的"。

师：还有呢？

生："酥酥地"、"颤颤的"。

师："酥酥地颤"，好的。你说——

生："满盈了"。

师："满盈了"。你说——

生："亏了"、"末了（le）"。

师："亏了"、"末了（liǎo）"，不是"末了（le）"。最后再叫一个同学。

生："白光光的"。

师：好的，"白光光的"。我发现你们关注的词语有的在写月亮的形状，有的在写月亮的动态，有的在写月亮的颜色，有的在写月亮的气息……老师还特地把大家伙儿谈到的这些词语筛选了一下，排成了六排，请看大屏幕——（课件出示六排词语，第一排：款款地、渐渐地、慢慢地、匆匆的；第二排：玉玉的、银银的、淡淡的、痒痒的；第三排：小小的、酥酥地；第四排：溶溶的；第五排：闪闪的；第六排：白光光的。）

师：这些都是作者直接描写月亮的词语。为什么要这样排列呢？排成六排，联系板书，两相对照，谁发现了其中的奥秘？

生：第一排是写镜中的月亮，第二排是写院中的月亮，第三排是写杯中的月亮，第四排是写水中的月亮，第五排是写眼中的月亮，第六排是写夜空中的月亮。

师：是的。谁来字正腔圆地读一读这六排词语？

生：款款地、渐渐地、慢慢地、匆匆的；玉玉的、银银的、淡淡的、痒痒的；小小的、酥酥地；溶溶的；闪闪的；白光光的。

师：读得好极了，吐字清晰，声腔圆润，所谓字正腔圆。有没有发现它们都有一个共同的特点？

生：都是叠词。

师：听上去有什么感觉？你说。

生：很有名家的气势。

师：哟，贾平凹的气势在叠词当中，你听出来了。还有什么感觉？
生：有一种童趣在里面。
师：有童趣在里边。你什么感觉？
生：他把月亮写活了。
师：什么感觉？
生：把月亮写得有点像小孩子一样淘气。
师：淘气。还有吗？
生：让人舒服，让人陶醉。
师：让你舒服，让你陶醉。是的，听读词语光有舒服、惬意的感觉还不够。有的时候在听的时候，你需要打开你的心扉，由词语散发开来，你往往还能看到些什么，闻到些什么，尝到些什么，甚至还能摸到些什么。就这六排词语，你们听老师读一读，敞开你的心扉听一听，好吗？（师自然入境地读词语：款款地/渐渐地/慢慢地/匆匆的/玉玉的/银银的/淡淡的/痒痒的/小小的/酥酥地/溶溶的/闪闪的/白光光的）你好像看到了什么？
生：月亮像玉盘那样漂亮。
师：你好像看到了什么？
生：月亮款款地走进我们心里。
师：你的鼻子好像闻到了什么？
生：淡淡的桂花香。
师：是的。你的嘴巴好像尝到了什么？
生：月饼。
师：是啊，月饼甜甜的味道。你的双手似乎摸到了什么？
生：月亮的外壳。
师：月亮的外壳，你都摸到了？
生：软软的月亮。
师：软软的月亮被你摸到了。真有意思。六排词语，分别代表了月亮所到的六个地方，而且还让我们从耳、鼻、眼、口等方面感受到贾平凹笔下的月亮跟别人的不一样，真的不一样。来，让我们一起有滋有味地、字正腔圆地来读一读。
生：（齐）款款地、渐渐地、慢慢地、匆匆的；玉玉的、银银的、淡淡的、痒痒的；小小的、酥酥地；溶溶的；闪闪的；白光光的。

三、院中问月，追寻痒痒的月亮
师：如果有这样一个选择，让你在刚才的六排词语中挑三个词语来形容贾平凹笔下的月亮，不多不少，就三个，我不知道你会挑哪三个？因为每个人的感觉不一样。来，跟着感觉走，用这样的句式说一说：我感觉贾平凹笔下的月亮是怎样的、怎样的、怎样的。

生：我感觉贾平凹笔下的月亮是玉玉的、淡淡的、闪闪的。

师：很好，这是你的感受。你的感受是——

生：我感觉贾平凹笔下的月亮是缓缓的、酥酥的、白光光的。

师：好极了，这是你的感受。每个人的感受都不太一样。当然，也可能不谋而合。你来。

生：我感觉贾平凹笔下的月亮是玉玉的、小小的、闪闪的。

生：我感觉贾平凹笔下的月亮是溶溶的、酥酥的、闪闪的。

生：我感觉贾平凹笔下的月亮是小小的、溶溶的、闪闪的。

生：我感觉贾平凹笔下的月亮是玉玉的、银银的、溶溶的。

生：我感觉贾平凹笔下的月亮是玉玉的、酥酥的、溶溶的。

师：我非常珍惜同学们的不同感觉，那都是非常真实的。老师听到很多同学对"玉玉的"、"淡淡的"、"痒痒的"、"酥酥地"感觉特好，这两排词儿是形容孩子们在哪里找到的月亮啊？

生：在院子里。

师：在院子里，在庭院中。来，让我们先到庭院中去寻找月亮。拿起笔来，听清楚要求：把含有这两排词语的句子，含有"玉玉的"、"银银的"、"淡淡的"、"痒痒的"、"酥酥地"这些词语的句子先用浪线画下来，然后再挑选一处你最有感觉的在心里读上一遍，用心体会体会。这两件事情处理完毕时，抬起头静静地看老师。好吗？

（生画句子，读语句，各自体会）

师：好了吗？静静地看着我，挑选一句你最有感觉的句子，读给大家听一听。

生：我们都面面相觑了。倏忽间，哪儿好像有了一种气息，就在我们身后袅袅，到了头发梢儿上，添了一种淡淡的痒痒的感觉。似乎我们已在了月里，那桂树分明就是我们身后的这一棵了。

师：好的，（大屏幕出示上句）我们一起来读这段话。

生：我们都面面相觑了。倏忽间，哪儿好像有了一种气息，就在我们身后袅袅，到了头发梢儿上，添了一种淡淡的痒痒的感觉。似乎我们已在了月里，那桂树分明就是我们身后的这一棵了。

师：平娃、二弟、三妹这仨孩子，倏忽间，好像闻到了什么气息？

生：淡淡的香气。

师：倏忽间头发梢儿上有了什么感觉？

生：痒痒的。

师：伸出你的手，轻轻地挠挠你的头顶心，就是那样的感觉。

（生轻轻挠挠自己的头顶心，会心地笑了）

师：倏忽间仨孩子嘴巴里尝到了什么味道？

生：甜甜的味道。

师：甜甜的味道，可能是桂花酒的味道。倏忽间仨孩子的双脚踩到了什么东西？

生：月亮上的桂花叶。

师：倏忽间仨孩子的身体不知不觉地靠在了哪里？

生：桂花树上。

师：这是描写孩子们在月宫里的感觉——淡淡的，还痒痒的。孩子们之所以有这样的感觉，是因为在人间看到了怎样的光？（课件出示句子：尽院子的白光，是玉玉的，银银的，灯光也没有这般儿亮的。院子的中央处，是那棵粗粗的桂树，疏疏的枝，疏疏的叶，桂花还没有开，却有了累累的骨朵儿了。我们都走近去，不知道那个满圆儿去哪儿了，却疑心这骨朵儿是繁星儿变的。抬头看看天空，星儿似乎比平日少了许多，月亮正在头顶，明显大多了，也圆多了，清清晰晰看见里边有了什么东西。）

生：玉玉的、银银的光。

师：感觉中这种颜色以什么色调为主？

生：以绿色和银白色为主。

师：可能这种绿色是很淡的。以什么色调为主？

生：以白色为主。

师：但是它跟普通的白色又有所不同，你觉得怎么样？

生：这种白是晶莹剔透的。

师：在人间看到了怎样的树？

生：粗粗的桂树。疏疏的叶，疏疏的枝。

师：在人间看到了怎样的花？

生：桂花还没有开，却有了累累的骨朵儿了。

师：怪不得香味是那么淡淡的。在人间看到了怎样的月亮啊？

生：月亮正在头顶，明显大多了，也圆多了，清清晰晰看见里边有了什么东西。

师：他们还知道了月亮里也有一棵什么树？

生：桂树。

师：谁能用朗读，让我们看到那玉玉的月光，那粗粗的桂树，那累累的骨朵儿，那银银的满圆？

生：尽院子的白光，是玉玉的，银银的，灯光也没有这般儿亮的。院子的中央处，是那棵粗粗的桂树，疏疏的枝，疏疏的叶，桂花还没有开，却有了累累的骨朵儿了。我们都走近去，不知道那个满圆儿去哪儿了，却疑心这骨朵儿是繁星儿变的。抬头看看天空，星儿似乎比平日少了许多，月亮正在头顶，明显大多了，也圆多了，清清晰晰看见里边有了什么东西。

师：（音乐《琵琶语》响起）孩子们，请闭上你们的双眼，让我们随着老师的描述，一起走进平娃的那个院落，走进美妙的月宫：尽院子的白光，是玉玉的，银银的。你瞧，那棵粗粗的桂树，疏疏的枝，疏疏的叶，累累的骨朵儿。抬头看，月亮正在头顶。当我们从奶奶那里得知月亮里也有一棵桂树的时候，霎时间，我们的身子轻了，飘起来了……睁开眼睛，你现在仿佛在哪儿？

生：月亮上。

师：嘴巴里有了什么味道？

生：甜甜的味道。

师：头发梢儿上有了什么感觉？

生：痒痒的。

师：就是这种味道，就是这种感觉。谁来有滋有味地读读这段话？来，想象身后有一股淡淡的袅袅气息，从心里读出这段文字。

生：我们都面面相觑了。倏忽间，哪儿好像有了一种气息，就在我们身后袅袅，到了头发梢儿上，添了一种淡淡的痒痒的感觉。似乎我们已在了月里，那桂树分明就是我们身后的这一棵了。

师：真好，痒痒的感觉。谁来读？来，想象头发梢儿上有一种痒痒的感觉，从心里读出这段文字。

生：我们都面面相觑了。倏忽间，哪儿好像有了一种气息，就在我们身后袅袅，到了头发梢儿上，添了一种淡淡的痒痒的感觉。似乎我们已在了月里，那桂树分明就是我们身后的这一棵了。

师：读得好极了。谁再来读？来，你来，想象你双脚底板上有一种软软的感觉，从心里读出这段文字。

生：我们都面面相觑了。倏忽间，哪儿好像有了一种气息，就在我们身后袅袅，到了头发梢儿上，添了一种淡淡的痒痒的感觉。似乎我们已在了月里，那桂树分明就是我们身后的这一棵了。

师：孩子们，你们就想象嫦娥仙女儿柔柔地看着你的感觉，我们一齐从心里来读读这段文字。

生：（齐）我们都面面相觑了。倏忽间，哪儿好像有了一种气息，就在我们身后袅袅，到了头发梢儿上，添了一种淡淡的痒痒的感觉。似乎我们已在了月里，那桂树分明就是我们身后的这一棵了。

四、杯中饮月，追寻酥酥的月亮

师：哪些同学嘴巴里有一种淡淡的甜味？咂咂嘴。（孩子们咂咂嘴巴，轻轻地笑着）哪些同学头发梢儿上有痒痒的感觉？挠挠头。（孩子们轻轻地挠头，轻轻地笑着）真好，还有其他的句子吗？"小小的"、"酥酥地"，谁画下来了？好，你来读。

生：我们都看着那杯酒，果真里边就浮起一个小小的月亮的满圆。捧着，一动不动的，手刚一动，它便酥酥地颤，使人可怜儿的样子。大家都喝下肚去，月亮就在每一个人的心里了。

师：往杯底看，看见了什么？

生：月亮。

师：看见了怎样的月亮？

生：酥酥的。

师：你瞧，这个"酥"字：左边是一个"酒"字的半边，右边是一个"禾"，"禾苗"的"禾"。你想啊，禾苗结出的"籽儿"浸泡在"酒"里边，经过发酵，那还不松、软、脆呀！这里指什么浸泡在了"甜酒"里边？

生：月亮。

师：假设你就是平娃，就是他的二弟和三妹，来，孩子们，端起你手中的那杯酒，根据老师的提示，我们来做动作。你们都看着那杯酒，果真里边就浮起一个小小的月亮的——

生：满圆。

师：看见了吗？

生：看见了。

师：捧着，一动不动的！你看，你动了，孩子。（孩子们笑了）

师：你看，你手刚一动，它便酥酥地颤，影子斜了，拉长了，像百叶窗一样了。还怎么了？手动了，你看还怎么样啦？

生：像使人可怜儿的样子。

师：看见使人可怜儿的样子。你手一动，怎么样了？

生：月亮在晃，影子拉长了。

师：在晃。你看到了什么？

生：我看到它的影子被扯长了，很有弹性的。

师：是的，它软了，它松了。你说。

生：我还看见月亮在晃，时见时不见。

师：哟，时见时不见，时隐时现。你还看见了什么？

生：真的像百叶窗一样，有很多叠影。

师：大家都喝下肚去，快喝呀！（生笑，做喝酒的样子）别一饮而尽哦！要慢慢地呷，这样月亮就在每一个人的——

生：心里了。

师：孩子们，手捧酒杯，眼瞧月儿，你此刻的心情怎样？

生：陶醉了。

师：你陶醉了。

生：很舒服。

师：舒服。你呢？

生：我已经很满足了。

师：满足了。你呢？

生：很激动。

师：有点激动的感觉。你呢？

生：我很兴奋。

师：你一兴奋，那杯酒里的月亮便酥酥地颤着。（一阵欢快的笑声又响起来）

生：我很开心。

师：你开心了。你呢？

生：我很甜蜜。

师：我们带着这样的心情去齐读这段话。

生：（齐）我们都看着那杯酒，果真里边就浮起一个小小的月亮的满圆。捧着，一动不动的，手刚一动，它便酥酥地颤，使人可怜儿的样子。大家都喝下肚去，月亮就在每个人的心里了。

五、心中怀月，追寻静谧的心梦

师：当大家都把"杯中月亮"喝下肚时，还以为月亮就在自己心里了，不想奶奶却说："月亮是每个人的，它并没走，你们再去找吧。"后来，孩子们又在院落中的哪些地方找到了月亮呢？在哪儿？你说。

生：葡萄叶儿上。

生：锹刃儿上。

生：瓷花盆儿上。

师：是啊，在葡萄叶儿上，在瓷花盆儿上，在锹刃儿上，（音乐《琵琶语》再次响起）你又看到了怎样的月亮呢？你看到的或许是藤萝摇曳的葡萄叶儿上的月亮，风一吹……你看到的或许是鼓起小肚皮的瓷花盆儿上的月亮，你绕着她走……你看到的或许是明晃晃的锹刃儿上的月亮，你向她哈了一口气……是小小的、圆圆的、明晃晃的、洁净净的、清清晰晰的、模模糊糊的，还是怎样的呢？用上叠词和儿化音，挑选一个地方的月亮写下去，好吗？

（大屏幕上出示：第一排：妙极了，它真没有走去，我们很快就在葡萄叶儿上发现了……第二排：妙极了，它真没有走去，我们很快就在瓷花盆儿上发现了……第三排：妙极了，它真没有走去，我们很快就在爷爷的锹刃儿上发现了……）

（学生们在悠扬的音乐声里，想象着，书写着）

师：好，孩子们，你们看到了怎样的月亮？

生：妙极了，它真没有走去，我们很快就在葡萄叶上发现了，它圆圆的，亮亮的，晶莹剔透。

师："圆圆的"、"亮亮的"。你的呢？

生：妙极了，它真没有走去，我们很快就在爷爷的锹刃儿上发现了，它圆圆的，小小的，晶晶莹莹的，像一个顽皮的孩子。

师：多有趣呀。你来。

生：妙极了，它真没有走去，我们很快就在葡萄叶儿上发现了玉玉的、莹莹的月亮，风一吹，它随着藤叶摇摆，忽然，有一只小虫爬上来，望着晶莹剔透的月亮，它陶醉了。

师：连小虫都陶醉了。来，妙极了——

生：妙极了，它真没有走去，我们很快就在葡萄叶儿上发现了，它是多么皎洁，多么晶莹剔透哇，闪闪的，亮亮的，在夜风中摇曳。

师：多美呀。你来。

生：妙极了，它真没有走去，我们很快就在爷爷的锹刃儿上发现了明晃晃的月亮，轻轻哈一口气，月亮就变得模模糊糊的了。

师：好，感觉完全不同了。来，请最后一个孩子。

生：妙极了，它真没有走去，我们很快就在葡萄叶儿上发现了，风一吹，它随着葡萄叶轻轻摇曳，亮亮的，玉玉的，银银的，我陶醉了。

师：好的，孩子们，这就是贾平凹笔下的月亮，玉玉的、银银的、淡淡的、软软的……然而，并不是所有人看到的月亮都是那么美丽的：李白看到的是孤寂的——"明月出天山，苍茫云海间。"王维看到的是清冷的——"明月松间照，清泉石上流。"张九龄看到的是思念的——"海上生明月，天涯共此时。"张若虚看到的是惆怅的——"滟滟随波千万里，何处春江无月明。"这是为什么呢？你想过吗？

生：因为他们观察的角度和当时的心情不一样。

师：当时的心情不一样。

生：所处的环境都不一样。

师：环境不同，心境也不一样。还有吗？你说。

生：朝代不一样。

师：朝代不一样，时代不一样，心境也不一样。还有什么呢？

生：因为那些诗人他们都不在故乡。

师：哎，睹明月，思亲人！诗人们都不在家乡，而平凹他们仨孩子却没有与亲人分别的感觉，他们就在家中，心境就跟那些诗人不一样了。是啊，心是玉玉的，月亮也是——

生：玉玉的。

师：心是银银的，月亮也是——

生：银银的。

师：心是淡淡的，月亮也是——

生：淡淡的。

师：心是甜甜的，月亮也是——

生：甜甜的。

师：心是酥酥的，月亮也是——

生：酥酥的。

师：一切都在人的——

生：心中！

师：（板书：心）那么贾平凹心中的镜中月、水中月、眼中月、空中月，乃至梦中月又是怎样的呢？如果有机会，绍国我将继续带领大家一起走进平凹的文字，好吗？这节课先上到这儿，下课。

（肖绍国，浙江省湖州市东风小学教师）

2. 将语文意识进行到底

——评王春燕老师执教的《猴王出世》

王春燕老师执教的《猴王出世》一课，以其锐意的创新意识、鲜明的课程主张、娴熟的教学艺术、扎实的课堂效果，受到了与会教师的积极评价和普遍肯定。这一课带给我们的课程启示是多方面的，尤其是对课程内容的重新加工和处理。

众所周知，语文教学说白了就是两件事：第一，"教什么"，即对教学内容的把握和处理；第二，"怎么教"，即对教学方法的选择和运用。就语文教学而言，教学内容永远是第一位的、本质的、决定着课程价值的。然而，很不幸，迄今为止，问题最多、最严重，又最不为广大语文教师所觉知的，恰恰就是"教什么"的问题。《猴王出世》一课，正是对"教什么"的问题作出了自己独到的思考，展示了自己充满胆略、闪耀智慧的实践。

一、拨云见日，以"语言表达"为取向的本体观

我以为，语文课程的本质属性既非工具性，亦非人文性，而是其独一无二的"言语性"。言语性，"是指语文课程所独具的学习'个人在特定语境中的具体的语言运用和表现'的特殊属性"（潘新和先生语）。这才是语文课程、语文教学的"独担之任"。《猴王出世》一课彰显的教学主张，正是这种以"语言表达"为价值取向的课程本体观。从教学时间的配置比例来看，全课四分之一的时间用于梳理故事情节和主要内容，四分之三的时间则用来品读、咀嚼、领悟、积累课文的语言和表达范式。从教学语言的意图指向来看，教学语言是教师的"语文意识"在课堂实践中的一种自觉表现，它们的意图是语言表达，它们的指向是语言表达，它们的回馈也是语言表达。从某种意义上讲，教学目标、教学意图、教学的价值取向大多体现在教师的

教学用语上。诸如：

"猴王的形象已经活灵活现地留在了我们的脑海里。那么，吴承恩先生是用怎样的语言把它写出来的呢？"

"请你把目光聚焦在语言文字上，从'怎么写'的角度，你发现了什么秘密？"

"作者写的是活泼、跳跃的石猴，用的语言也非常短促，跳跃，有节奏。反过来说，正是这样的语言，让我们读到了一个顽皮可爱、活泼跳跃的石猴。内容与语言高度融合，这就叫经典。"

"难怪有一位大师说，一流作品与二流作品之间的区别，往往只差几个字。同学们，像这样描写石猴的语言的——短促、重复，文中还有几处，你读一读，再感受感受。"

"上了这堂课，大家一定发现：读经典，不仅要读懂'写什么'，更要去思考作者是'怎么写'的，因为——'写什么'人人看得见，'怎么写'对于大多数人却是个秘密。"

顺理成章、水到渠成的，则是学生的学习表现。他们悟到的是什么呢？是语言节奏和人物特点的有机统一，是语言表达的准确、细腻和传神，是"怎么写"、"为什么这么写"这个对多数人来说都是秘密的语言秘密。

二、独辟蹊径，以"人物形象"为取向的文体观

从教材的"阅读提示"来看，它将对小说这一文体的阅读取向定位于"故事情节"上。自然，这一定位有其合理性和必要性，毕竟，小说吸引人读下去的首先在于它生动、曲折的故事情节。但这一取向的弊端也是显而易见的——语文课上成了"情节分析课"，语文本体的落实往往成了空中楼阁、天方夜谭。《猴王出世》一课，贯穿始终的不是情节分析，而是对猴王这个人物形象的感悟、解读。从"了解大意，初步感受猴王形象"，到"细读语言，深入感悟猴王形象"，最后在"总结提升，整体把握猴王形象"上收官，其以"人物形象"为取向的文体观明明朗朗、一以贯之。

以"人物形象"为基本取向的文体观，符合小说创作的主要意图，符合小说阅读的根本原则。文学即人学，以叙事为主的小说更是以写人为中心。情节叙述、环境描写，无不以刻画和塑造人物形象为旨归。只要抓住了"人物形象"这个纲，就能有效举起小说阅读的所有目。《猴王出世》一课，对

猴王这个人物形象的解读，可谓独辟蹊径、独具慧眼。对人物形象特性的把握，教师抓住了不可思议的神性、活泼顽劣的猴性和敢作敢为的人性，使三性合一，形成一个丰满立体的人物形象。对神性的解读，立足于对石猴来历的叙述；对猴性的分析，立足于对石猴动作的刻画；对人性的把握，立足于对石猴话语的描写。总之，做到了具体问题具体分析，取舍有度，主次分明，不枝蔓，不板滞，灵动而不失稳重，细腻而不失大气。

三、对症下药，以"唤醒意会"为取向的主体观

在学生的课程经验中，"语文意识"是一位沉睡的魔法师。沉睡是因为被催眠了。被谁催眠了？被自己的常态阅读催眠了，被平时的常态课堂催眠了。常态阅读时，注意力往往在文本内容——形象、情节、环境、情绪、细节等等上，学生透过语言这面镜子，看见的是纷纭繁杂的大千世界，是语言所指向、所表现的那个对象性存在。而对语言这面镜子本身，则往往熟视无睹，习焉不察，即通常所谓的"得意忘言"。在常态课堂上，因了本体意识的失落、课程理念的滞后，教师往往将教材内容、课文内容当作教学内容，以为读懂、读深、读透了文本内容，就是完成了语文教学的任务，殊不知这个任、那个务，往往是替人作嫁，结果会自食苦果。

其实，语文学习必须同时睁大两只眼睛，一只眼睛注视思想内容，一只眼睛聚焦语言形式，得意又得言。但是，现在的学生大多是"独眼龙"，睁大了注视内容的眼，死闭着本该聚焦语言形式的目。怎么让学生睁大这只眼？靠学生的自得自悟恐怕为时已晚，比较可行的办法就是我们这些过来人结合具体文本、具体语言、具体情境，在语言表达处、在文本秘妙处、在遣词造句处、在谋篇布局处时时唤醒、常常提示，庶几方能使学生双目炯炯、切实受用。

《猴王出世》一课，正是在唤醒意会中实践着自己的课程主体观。师生的平等，在人格，在制度，在权利。毕竟，在知识、经验、能力、学养、智慧上，教师就是"教师"，教师必须是"教师"。诚如潘新和先生所言："读多少书，读出了什么，读出了多少自己的发现和创造，永远是衡量一个语文教师智慧水准和教学效果的潜规则。"

读什么？读什么更有价值？怎么读？怎么读更有成效？这些，是《猴王出世》一课中教师在不断唤醒学生去警觉、去思考、去感悟、去发现的问题。

"从'怎么写'的角度，你发现了什么"，这是"读什么、读什么更有价值"的意识唤醒和提示。

"如果换一种写法，还会不会有这样的感觉呢"，这是"怎么读、怎么读更有成效"的意识唤醒和提示。

学生的"语文意识"，正是在教师这个过来人、个中人的一次又一次唤醒、提示、传递、激活、启示、引领中，得到了切实的感悟、澄明的觉醒。

此乃语文之幸、学生之幸！亦是教师自己之幸！

[附：《猴王出世》课堂实录及点评]

一、了解大意，初步感受猴王形象

师：看老师写课题，（师板书课题）齐读课题。（生齐读）

师：课题的后面有个小"①"，表示这篇文章下面配有注释。这篇课文有很多注释帮助我们更好地读懂它。昨天你们预习了吗？

生：（齐）预习了。

师：谁来说说你是怎么预习的？

生：我把课文中的好词好句都画下来了，另外我还读了五六遍。

师：等会儿你要好好展示你的朗读，好不好？

生：好。

师：你呢？

生：我先画出了好词好句，又把自己不认识的字加上了拼音，还找到了一些读不通、读不懂的句子，去查找了它的意思和如何断句。

师：厉害，不愧是师大附小的同学！你们有没有发现，这篇课文的前面有个"阅读提示"？"阅读提示"中有这样两个问题——（课件出示：石猴是从哪儿来的？又是怎样成为猴王的？）

师：你思考过吗？下面请你快速浏览课文，在关键的语句下面画一画。待会儿我们来交流。（学生自学）

【妙哉！全课由"阅读提示"切入，看似平淡，实乃奇崛！何故？"阅读提示"也是教材，就像课文，就像插图，就像注释，就像各式各样的课后思考题、练习题。可惜，现如今，"教材"一说早已被我们窄化为"课文"二字了。课文要细读，其他教材焉能一扫而过，浮光掠影？比如，此课的

"阅读提示",至少蕴涵着下述信息:其一,课文写了石猴的来历和石猴成王的经过,这是主要内容;其二,课文先写石猴的来历,后写石猴成王的经过,这是写作顺序;其三,带着这两个问题阅读课文,整体感知便不攻自破;其四,这两个问题表露了编者以"故事情节"为取向的阅读理念。其实,小说的阅读还存在另两种取向——"人物形象"取向和"语言表达"取向。比如,"石猴给你留下了怎样的印象"所体现的就是"人物形象"取向,而"作者是怎样写石猴成王的"则反映了"语言表达"取向。此课的教学,正是以"人物形象"取向为经,以"语言表达"取向为纬,构建了一个有别于传统小说教学的新范式。此乃解读本课的不二法门。】

师:石猴是从哪儿来的?谁能用文章中的话告诉大家?

生:(读)盖自开辟以来,每受天真地秀,日精月华,感之既久,遂有灵通之意。内育仙胞,一日迸裂,产一石卵,似圆球样大。因见风,化作一个石猴。

师:你们跟她找的一样吗?简单说,这猴子是从——

生:石头里迸出来的。

师:了解了石猴的出生,你想用一个什么词来形容他?

【四两拨千斤!拨到对"人物形象"的感知上来,自是正事!】

生:神奇。

生:奇妙。

生:非同一般。

【神性,乃猴王形象的一个侧面。】

师:他是怎样成为猴王的呢?谁能用自己的话来说?

生:石猴是因为自己有本领,帮助众猴找到了水源,使它们有了安身之处,众猴就履行自己的诺言,拜他为王。可以说他是凭着自己的本事成为猴王的。

师:这个本事,说得具体一点儿,就是什么?

生:在这里是指他能进到洞里又出来,并能带给大家一个安身之处。

师:回答得非常完整。石猴敢于第一个跳进水帘洞,又能安然无恙地出来,成就了他当王。读到这里,这个石猴又给你留下了怎样的印象?

【三句不离"形象"!趁热打铁,点到为止。】

生：石猴给我留下了"勇敢"的印象。
生：石猴勇敢无畏，一心为公。
师：一心为大家。
生：石猴给我的印象是他非常勇敢，而且有自信。
师：同学们，一进，进出了一个石猴；一跳，跳出了一位猴王。这猴王的形象已经活灵活现地留在了我们的脑海里。那么，吴承恩先生是用怎样的语言把它写出来的呢？请同学们自由地放声读读第一自然段，感受感受。
（学生自由朗读第一自然段）

【至此，以"故事情节"为取向的阅读模式落下帷幕，接下来闪亮登场的，乃是以"语言表达"为取向的课堂实践，而以"人物形象"为取向的教学主线则一以贯之。正所谓，当行则行，当止则止；行所当行，止所当止。】

二、细读语言，深入感悟猴王形象

师：同学们读书的姿势特别好，读书的声音也特别好听。哪一句话写石猴写得特别生动？
生：（读）那猴在山中，却会行走跳跃，食草木，饮涧泉，采山花，觅树果；与狼虫为伴，虎豹为群，獐鹿为友，猕猿为亲；夜宿石崖之下，朝游峰洞之中。
师：有同感的请举手。（生都举手）
师：那我们一起来读读！（课件出示这句话）（生齐读）
师：读着这样的句子，你仿佛看到石猴在干什么？
生：石猴在山中活蹦乱跳。
生：我好像看见他在山中采树上的果子。
生：他在山中嬉戏玩耍。
生：他在山中自由自在，活蹦乱跳，左走走，右走走，采一朵山花，饮一点涧泉。
师：呵，这花果山就是石猴的什么呀？
生：家！
师：快乐老家！自由天堂！谁再来读这句话？读出他的快乐来，读出他的自由来！（指名读）
师：谢谢你。同学们，请你把目光聚焦在语言文字上，从"怎么写"的角度，你发现了什么秘密？

【此句,"课眼"也!何等明朗!何等脱俗!"课眼"者,"语文意识"也!"语文意识",说白了就是关注"怎么写"、"为什么这么写"的意识,就是将阅读旨趣由"思想内容"转移到"语言表达"上来的意识。通览全课,以教师的"语文意识"唤醒学生的"语文意识",从而传递课程的"语文意识",正是其教学脱俗于传统语文的心气所在!"语文意识"实乃本课教学的价值皈依!】

生:我觉得这段文字用了排比的修辞手法。

师:你能把这个排比句读给大家听吗?

生:(读)食草木,饮涧泉,采山花,觅树果;与狼虫为伴,虎豹为群,獐鹿为友,猕猿为亲。

师:刚才这位同学发现了四百多年前的排比句,两个排比句,真了不起!吴承恩先生写石猴,遣词造句非常讲究,里面有很多秘密。你发现一个,我们就按你的发现先走进去看一看。(课件出示第一分句:食草木,饮涧泉,采山花,觅树果)同学自己读,你还能发现什么?

(学生自读)

生:我发现每句话都是三个字,前一个字是动词,后两个字是名词。

师:真是大发现啊!这几个词全都是写石猴的动作,如果把它读出来,会是一种什么样的节奏呢?

【发现了什么?构词方式,语言节奏。而这,正是"语文意识"烛照下的"语文发现"!】

生:(读得慢)"食草木,饮涧泉,采山花,觅树果"。因为猴子在山中快乐地行走着,非常活跃,所以要读得有激情。

师:很有激情,很活跃。那你为什么读得像打太极拳呢?请你再试试。

(生再读)

师:有进步。谁能让石猴的身影在我们眼前跳起来?(指名读)

师:你的声音很好听,可我怎么也没有听出石猴在山上行走、跳跃,只听到一群小学生非常遵守纪律地坐在教室里!我也来读一读,好不好?

生:好!

(师范读,语速稍快,节奏跳跃)

师:你们也这样读一读。(生自由读)

师:我看到这位男同学读的时候还带着动作,很有感觉。你来给大家读一读。(生读,读得轻快、跳跃)

师：这石猴跳起来了！我们一起来试试吧！（生齐读）

师：同学们，三个字的短句，有跳跃感，让石猴在字里行间跳起来、动起来了！往下读，你还会有发现。自己试试看。（课件出示第二分句：与狼虫为伴，虎豹为群，獐鹿为友，猕猿为亲）（学生自读第二句）

【其实，语文存在就像一只手，手心是内容，手背是形式；手心是思想情感，手背是语言表达；手心承载人文性，手背体现工具性。它们是一体两面、合二为一的，可谓手心手背都是肉。在这里，语言的跳跃感正好切合了石猴顽劣、活泼的性格特点，内容与形式水乳交融，浑然一体。】

师：你有什么新的发现？

生：我觉得这个是四个字的排比句。

师：这四个字是随便排列的吗？

生：我还发现，前两个字都是一些动物，后面一个字是人和人之间的一些关系。

师：这些动物是石猴的——

生：是石猴的亲戚朋友。（众笑）

师：是哪些动物？

生：狼虫、虎豹、猕猿、獐鹿。

师：你们有没有发现这个"虫"字？这个"虫"，可不是我们玩的毛毛虫，知道是什么吗？

【细！古今词义有差别，点到为止。】

生：昆虫。

师：是长虫，知道是什么了吗？蛇！

（生发出惊讶的声音）

师：这石猴与狼虫——

生：为伴。

师：虎豹——

生：为群。

师：獐鹿——

生：为友。

师：猕猿——

生：为亲。

师：这是一只怎样的石猴啊？请你把他读出来。

（指名两生读，二者读得很有感情）

师：同学们，往下读，更有意思了！（课件出示第三分句）自己试试看，你又发现了什么？

生：（欣喜地）它们就像诗一样，对得非常整齐。

师：一对对子！你们经常诵读古诗文，一定有感觉。我们来对一对。夜对——

生：朝。

师：宿对——

生：游。

师：石崖之下对——

生：峰洞之中。

师：谁能读出这样的石猴？

生：（带着古诗文的韵味读）夜宿石崖之下，朝游峰洞之中。（众笑、鼓掌）

师：你们真是太厉害了！让我们一起来读。（生齐读）

师：如果把这三个分句，连成文中的长句子，你还能读好它吗？自己先试试。

（学生自由练习）

师：谁向我推荐一位？自告奋勇也行。（指名读）

师：最后一句读得最好。这三个分句，第一个分句要读得跳跃，老师建议你读后吸一口气，再读下面的句子。

（再指名读）（全场响起掌声）

师：非常非常好！同学们，我们一起来读这一段，好不好？我来起头，你们接着读。

师：（读）那猴在山中，却会行走跳跃——

生：（接读）食草木，饮涧泉，采山花，觅树果；与狼虫为伴，虎豹为群，獐鹿为友，猕猿为亲；夜宿石崖之下，朝游峰洞之中。

师：读到这儿，你读到了一个怎样的石猴？拿出笔，在这个句子边上写下批注。

【猴性，乃猴王形象的又一个侧面。不可不点，不可多点。】

（学生默读、批注）

师：我来了解一下，你写的是——

生：友善。

生：活泼。

生：有亲和力。（众笑）

生：活灵活现。

生：活泼可爱。

师：老师也写一个。（师板书：顽皮可爱）同学们，作者写的是活泼、跳跃的石猴，用的语言也非常短促，跳跃，有节奏。反过来说，正是这样的语言，让我们读到了一个顽皮可爱、活泼跳跃的石猴。内容与语言高度融合，这就叫经典。下面，就请同学们自己研读第二个问题，读！（课件出示阅读提示）

【结合具体语言现象，渗透"语文意识"，春风化雨，润物无声。强大的"内容"惯性，极易将学生的阅读视野撞离"形式"的轨道。故此，"语文意识"需要过来人不断提醒，不断召唤。】

生：（齐读）课文是怎样写"石猴成为猴王"的？

师：请你抓住一两个关键的句子进行研读，用心体会语言的秘密，做下记号，待会儿我们进行交流。

【再次提醒！再次召唤！注意，要研读的，不再是习以为常的"写什么"，而是正在"语文意识"烛照下明朗起来的"怎么写"。所谓语言的秘密，就是怎么遣词造句、怎么谋篇布局、怎么剪材、怎么修辞的秘密。这正是语文课程的独担之任。】

（学生自主研读，同桌讨论）

师：我看同学们都很有收获，谁愿意和大家交流一下？不要怕出丑，要勇敢。

生：我找到了这一句：（朗读）"'哪一个有本事的，钻进去寻个源头出来，不伤身体者，我等即拜他为王。'连呼了三声，忽见丛杂中跳出一个石猴，应声高叫道：'我进去！我进去！'他瞑目蹲身，将身一纵，径跳入瀑布泉中，忽睁睛抬头观看，那里边却无水无波，明明朗朗的一架桥梁。"

首先，从这么多的语句中，我感到，吴承恩在写这里的时候用了拟人的手法。猴子是不会说人语的，但是他却把人语用在了猴子身上，他把这个猴子说得活灵活现。再加上"他瞑目蹲身，将身一纵，径跳入瀑布泉中……"

这里的"瞑目蹲身，将身一纵"和"跳"字把石猴的动作描写得十分生动。（众鼓掌）

师：我要拜你为师！（众笑）你姓什么？

生：周。

师：周老师，请坐。（众笑）

师：同学们，你也研读了这句话的请举手。好，我们把这句话读一读，再来感受感受。

（生齐读："连呼了三声……径跳入瀑布泉中。"）

师：刚才他说得非常好，我还想建议你们再读读猴子的语言，读读他说的话，看看有什么新的发现。

【"建议"一说，妙不可言！即便是对语言秘密的研读，也有一个相对集中、突出重点的问题。尽管学生的研读取向不离语言表达，且条分缕析，有理有据，但这种研读是散漫的、无界的，东一榔头西一锤。教师的建议，及时将学生的目光拉回到猴王的话语特点上。正所谓，伤其十指，莫如断其一指。】

生：（齐读）我进去！我进去！

师：你们发现了什么？

生：这猴子非常自信，感到自己对这件事情很有实力。（众笑）

生：他很有活力，"我进去"，我就一定能！（掌声）

生：他觉得自己无所不能，"我进去"，我就一定能出来。我就是猴王了！（众笑，鼓掌）

师：如果换一种写法，还会不会有这样的感觉呢？（课件出示，改成：我进去吧！我进去吧！）

【比较。只有比较，才是发现语言秘密的无上秘法！语言的张力在比较中被激活，语言的魅力在比较中被彰显出来，语言的生命活力在比较中熠熠生辉！大道至简！】

生：我感到那好像是强人所迫的样子。

师：勉强。

生：我感到他犹豫不决。

生：我感到他是被逼着进去的。（众笑）

生：我感到他没刚才那样自信。

师：所以呀，这话一听就不像是从石猴的嘴里蹦出来的。让我们再读课文里的语句。"连呼了三声——"读！（生齐读）

师：难怪有一位大师说，一流作品与二流作品之间的区别，往往只差几个字。同学们，像这样描写石猴的语言的——短促、重复，文中还有几处，你读一读，再感受感受。

【高品位的"语文意识"，正是在对语言细节的细腻、细密品读中，得到砥砺和提升的。】

（学生跳读课文，感受石猴的语言特点）

师：谁读到了？

生：（读）石猴喜不自胜，急抽身往外便走，复瞑目蹲身，跳出水外，打了两个呵呵道："大造化！大造化！"

师：同学们，什么是大造化？

生：在这儿指福气和运气。

师：大家都有福气了，不用再受老天之气了。怎么读呢？

（生有感情地齐读此句）

师：还有吗？

生：（读）众猴把他围住，问道："里面怎么样？水有多深？"石猴道："没水！没水！"

师：一听又是石猴的语言。

生：（读）石猴却又瞑目蹲身，往里一跳，叫道："都随我进来！进来！"

师：请你关注这个"都"字，可以加上动作，试试。

生：都随我进来！进来！（做动作）

师：像不像猴王啊？

生：像！（笑）

师：让我们一起来一遍，加上动作。"石猴却又瞑目蹲身，往里一跳，叫道——"

生：（边做动作边读）都随我进来！进来！

师：读到这里，你又读到了一个怎样的石猴？请你在相关的句子边上写下批注。

【人性，猴王形象的第三个侧面。感悟形象，可谓"不离不弃，芳龄永继"。】

生： 我读到了一个有自信、有勇气、毛遂自荐的石猴。

生： 我读到了勇敢。

生： 我读到了大胆。

师： 我们每个人都读到了自己心中的石猴。我也写一个。（师板书：敢作敢为）

三、总结提升，整体把握猴王形象

师：（边总结边板书）同学们，读了《猴王出世》，我们每个人的心中都有了自己的猴王形象。他不仅仅是一个猴子，顽皮可爱；他更像一个人，敢作敢为。如果你走进《西游记》，你就会更强烈地感受到，他是一位神，他神通广大，神异出众！喜欢这样的猴王，真的不需要理由，这就是经典的魅力！

【神性、猴性、人性，集于一身，"猴王"形象，神采飞扬。】

师： 在这篇经典名著里，语言的珍珠随处可见。请同学们在最后一点时间里，再挑选自己认为最精彩的语言读一读，背一背。（学生自由朗读、背诵）

【感受语言、领悟语言，最终要落实在积累语言、运用语言上。否则，感悟到的东西就往往是过眼烟云，转瞬即逝。】

师： 同学们，40分钟时间很快就到了，我想，上了这堂课，大家一定发现：读经典，不仅要读懂"写什么"，更要去思考作者是"怎么写"的，因为——（课件出示）

生：（齐读）"写什么"人人看得见，"怎么写"对于大多数人却是个秘密。

【一语道破，天朗气清！捅破了窗户纸，开启的却是一个本真、绚烂、充满着语文气息的课程世界。想起了徐志摩的诗——"为要寻一颗明星，我冲入这黑茫茫的荒野"，"这回天上透出了水晶似的光芒！"善哉！】

师： 希望同学们一生都与经典相伴。下课！（生鼓掌）

（王春燕，浙江省金华师范附属小学教师）

3. 情到深处才"反复"

——评彭才华老师执教的《凡卡》

提高语文素养需不需要语文知识？语文知识对提高语文素养有着怎样的作用和价值？怎样的语文知识才是必需的？语文知识究竟该以何种方式、何种路径传授？学生掌握语文知识的基本规律有哪些？语文教学内容和语文知识有着怎样的联系？语文知识如何才能有效地转化为语文能力？

课程改革在经历了一个时期的热火朝天般的推进之后，这些曾经被打入冷宫、流放千里的有关"语文知识"的课程论问题，再次引起了诸多有识之士、有志之士的重新眷注和反思。我们发现，语文课堂教学的无效和低效，在很大程度上跟"语文知识"这个令语文界深感纠结的问题紧密相关。

于是，"语文知识"犹如咸鱼翻身，又一次颤颤巍巍地登上了课程改革的大雅之堂。

才华的《凡卡》一课，正是在这样一个课改背景下，凭着自身某种敏锐的语文意识、谨严的教学勇气，对阅读课的"语识"（即"语文知识"，相对于"语感"）问题所进行的一番艰苦探索。

一、反复：语文知识的发现与提取

《凡卡》一课，从语文知识的角度加以检视，留给我们印象最深的当属"反复"这一事关言语表达知识的提取和落实。

"反复"，既是一种常用的修辞格，偶尔也会作为一种谋篇布局的特殊笔法加以使用。当"反复"作为一种修辞格时，它指的是作者在行文时重复使用同一词语、句子或句群的特殊语文现象。"反复"的语用意图，或在于加强语势，抒发强烈情感；或在于理清行文脉络，增强语言的节奏感。

《凡卡》一文，"反复"是作为一种修辞格出现在契诃夫的笔下的。那么,《凡卡》一课,是如何将这一语文知识纳入阅读课的教学目标和内容,并加以有效落实的呢?

1. 在矛盾中发现语识

在理清《凡卡》全文的脉络之后,教学转入了对"反复"这一语文现象的聚焦。在凡卡的信中,反复出现了"求爷爷带他回乡下"的词语和句子。其中,"亲爱的爷爷"出现了四次,"带我离开这儿"出现了三次。在这里,教师并没有直截了当地告诉学生,这叫"反复",这样写是为了加强语势,抒发凡卡强烈的悲苦之情、祈求之愿。而是采用了类似"欲扬先抑、抑后再扬"的比较方式,通过补充契诃夫自己的创作名言"简洁是天才的姊妹",于无疑处激活学生对这一语文现象的疑问和困惑。一句话,"反复"这一语识是在教师创设的矛盾情境中由学生自己发现的。显然,由问题情境引发的语文知识是真实的,因而也是建构的、和学生的认知体验融合在一起的。其实,知识皆始于问题。从这一角度看,《凡卡》的教学显然是按照知识真实的生产过程来设计的。那么,这样的设计就有了方法论的启示了。

2. 在体验中感悟语识

其实,要解读、掌握"反复"这一语文知识,关键在于让学生对凡卡的悲惨生活和强烈的祈求心愿有一个设身处地、感同身受的理解。语文知识,只有融入了学生对文本、对文本所刻画的人物命运的真切体认,才能被活生生地,而非机械死板地掌握。所以,当"反复"作为一种语文矛盾被揭示之后,教学就此宕开一笔,刚刚聚焦的"反复"现象被暂时悬置起来,师生的目光转而投向"凡卡连狗都不如的生活"。对于凡卡的生活,教师引领学生进行了紧锣密鼓、敲骨吸髓般的细读体验,这就为贴肉贴心般地感悟"反复"这一语识积蓄了充足的情感能量。这一环节的实施,既从源头上为学生建构"反复"这一语识指明了方向,也从根本上拒绝了以理性分析、简单灌输来落实语文知识的方式。唯有体验,知识才能内化为学生生命的某个要素,从而深深地扎根于个体的精神土壤中,这是知识活化的不二法门。

3. 在回旋中巩固语识

到了揭示矛盾的阶段,语言的反复、表达的反复已经瓜熟蒂落一般成为凡卡的生命之辞,也成为学生的情动之辞。在学生通过切己体察、移情体验、回旋美读等方式深切地感悟和体认到凡卡的悲惨命运之后,那一声声"亲爱的爷爷,带我离开这儿"的恳求、祈求、苦苦哀求,已经化作了每个学生巨大的同情和悲悯之辞。貌似啰唆的反复,才是最真、最强、最具感染力和穿透力的生命话语！老师创设情境引领学生一遍又一遍地诵读凡卡的反复之辞，大雪无痕般地运用着反复、回旋的课堂技巧和艺术，使学生一次又一次地感受到"反复"这一修辞格的语言表达力量。教学看似没有刻意安排"巩固"这一环节，但是，谁又能质疑这样一种回旋的教学安排对于"反复"这一语识所起到的复习和巩固的作用呢？

二、融合：语文知识的领会与运用

《凡卡》一课，对于"反复"这一语文知识的发现和提取是苦心孤诣的，但这只是问题的一个方面。事实上，我们从来不缺少所谓的"语文知识"，我们真正所缺的，恰恰是以何种方式、何种策略、何种类化的模式传授语文知识，这种传授是基于真实情境的、主体建构的、融于生命的，是能有效促成"语识"向"语感"转化的。老实说，回到从前的那种理性化、系统化、机械操练化的方式只能是死路一条。在"反复"这一语识的传授上，才华可谓独具匠心，独辟蹊径。

1. 语识与形象感悟相融合

知识本身是剔除了生活的种种纷繁复杂、有血有肉的细节之后的抽象概括，但是，知识的产生却始于感性、始于细节、始于生活的纷纭多姿。同时，知识也只有融入了生活的种种现象、细节和变幻莫测的真实情境后才能最终被学生深刻理解、牢固掌握。在《凡卡》的教学中，"反复"这一语识的传授是和对凡卡这一人物形象的感悟合二为一的。一遍遍的"带我离开这儿"，话语的背后是凡卡的凄凉境况、悲惨命运，更是凡卡于凄惨遭际中怀抱着一点希望的苦苦挣扎。这里，"反复"的反复呈现，是与凡卡这一人物形象的种种细节融合在一起的，是现象本身的一体两面。对于这一点，才华不但有着清醒的意识，亦且做得相当到位。

2. 语识与情感体验相融合

据我看来，"反复"与其说是一种语文现象、修辞现象，毋宁说是一种情感现象、思想现象。正如才华自己在课的总结点化中所讲的那样：文章不是无情物，情到深处才反复。是的，当人物的内心世界悲苦到无法排遣又不得不排遣的时候，种种所谓的抒情方法、技巧、艺术就会随着情感自身的逻辑应运而生。在这里，真正反复的并非一串相同的词语、句子，而是一再伤害、一再折磨、一再煎熬着凡卡这个人物内心世界的情感。由此，我们就不难理解为什么在"引发矛盾"与"揭示矛盾"这两个环节之间，老师要插入"体味生活"这个与"反复"语识的掌握并无直接关系的教学环节。而且，此环节在整堂课的章法处理上显然是一处"详写"，教师的课堂生成可谓浓墨重彩、泼墨如云，至该环节的收煞处，学生对凡卡所过的"连狗都不如的生活"确实有了某种切肤之痛。一句话，蕴涵着高浓度情感的"语文知识"只有用情感的方式才能被学生切实地理解并掌握。

3. 语识与审美建构相融合

语文知识的掌握，说白了不外乎有两种基本方式：一种是基于理性，通过理性，最终以理性结果加以存储的方式；一种是基于感性，通过感性，最终以感性色彩加以领悟的方式。我们说前一种是"科学的"，后一种是"审美的"。《凡卡》一课，对于"反复"这一语识的落实，显然走了审美的路子。首先，教师在课堂上刻意回避了对"反复"这一修辞格的概念性解释，甚至连"反复"这一术语也是通过"反复听到"、"反反复复听到"这样一种教学情境话语神不知、鬼不觉地嵌入学生的理解视野的，回避直白、回避告诉、回避简单灌输，正是"审美化教学"所秉持的课堂规则。其次，"反复"这一语识的教学，被精致地融入到某种一唱三叹、回旋复沓的课堂节奏中。这种课堂节奏，有着音乐一般的气质、诗一般的神韵，这种节奏本身就是某种教学元素的一再反复。在同一语言的反复诵读中、在对同一情感的反复渲染中、在对同一生活的反复体验中，学生不知不觉地理解了"反复"，掌握了"反复"，语文知识与课堂的审美建构在此取得了一种艰苦但不失优雅的融合。

[附：《凡卡》课堂实录及点评]

一、导入新课

师：（出示契诃夫图像）认识他吗？

生：这是契诃夫吧。

师：很好，他就是一百多年前俄国的著名作家契诃夫。联合国教科文组织宣布2004年为"契诃夫年"，因为那一年是契诃夫逝世一百周年。现在，几乎他的所有小说和剧本都有了中文译本，大家可以多读读他的作品。

师：（出示主题图：凡卡）接下来这个人，你们一定认识吧？

生：（齐）凡卡。

师：（板书课题）没错，他就是凡卡。联系你的预习，你想说些什么？

生：我通过预习知道了凡卡是个可怜的孩子，他吃不饱，穿不暖，过着连狗都不如的生活。

生：透过这幅图，我知道了这是凡卡偷偷给自己爷爷写信的情景，感觉到他很可怜。

二、理清脉络

师：他为什么写信呢？

生：他写信让爷爷来接他回家。

师：请大家快速浏览课文，哪些段落似乎与凡卡写信毫无关系？把这些段落找出来。

生：（自学后汇报）4、5、6、13、14段与写信没多大关系。

师：对！总的来说，有两处是吧？一处是4、5、6自然段，另一处是13、14自然段。那么这两处分别写了什么呢？

生：一处是写爷爷守夜，另一处是写爷爷带凡卡砍圣诞树的情景。

师：对！这是在凡卡写信的时候对乡下生活的回忆，它是插在凡卡写信的过程中写的，这叫插叙！（板书：插叙）

师：除了插叙部分，哪些才是凡卡写信的内容呢？

生：凡是凡卡写信的内容都有引号。

师：没错！文中标有引号的段落才是信的具体内容。

【作为学科的"语文"，边界意识是必需的。而"课时意识"则是边界意识的某种具体反映。这里，作为第一课时的教学，安排整体感知、理清脉络是必要的，也是适时的。理清脉络，既是揣摩行文思路——先写什么、后写什么，做到胸怀全局，也是感知章法秘妙，擦亮"语文"这双慧眼。显然，两处"插叙"确是本文的一大秘妙。同时，理清脉络还是对教学内容的一种归类处理。在我看来，要规避"情节分析"这一阅读教学的痼疾，对内容归类不失为一种有效的"防疫"措施。】

三、引发"矛盾"

师：信中直接写求爷爷接他回乡下的句子有哪些？

生：亲爱的爷爷，发发慈悲吧……

生：快来吧，亲爱的爷爷，我求您看在基督的面上，带我离开这儿。

……

（大屏幕出示：① 亲爱的爷爷，发发慈悲吧，带我离开这儿回家，回到我们村子里去吧！我再也受不住了！……② 带我离开这儿吧，要不，我就要死了！……③ 亲爱的爷爷，我再也受不住了，只有死路一条了！……④ 快来吧，亲爱的爷爷，我求您看在基督的面上，带我离开这儿。⑤ 亲爱的爷爷，来吧！）

师：我们反复听到的"亲爱的爷爷"在信中出现了几次？

生：出现了四次。

师：我们又反反复复地听到"带我离开这儿吧"。这又出现了多次，读起来有些啰唆。可是，契诃夫作为一位非常了不起的小说家，他说——

（大屏幕出示：简洁是天才的姐妹）

师：同学们，看到这些句子，联系契诃夫说过的话，你一定有问题要提了！

生：契诃夫说文章要简洁，可是这几处却这么啰唆，这不是自相矛盾吗？

师：这究竟是为什么呢？让我们走进凡卡的生活看一看。

【教学直指"反复"这一"语识"。"一课一得"可谓提高教学实效的金玉良言。"一得"之"得"，既有"重点"之义，又有"收获"之义，且两者形成某种因果关系，即只有做到一课一重点，学生最终才能一课一收获。对"反复"这一"语识"的掌握，便是《凡卡》第一课时的重点所在。】

四、体味"生活"

师：课文里有一句话直接写出了凡卡的生活，是哪一句？

生：我的生活没有指望了，连狗都不如！……

（大屏幕出示：我的生活没有指望了，连狗都不如！……）

师：（板书：连狗都不如！）连狗都不如的生活！那究竟是一种怎样的生活啊？赶快去读书，把相关的句子找出来。

【课至此突然宕开一笔，转而指向"凡卡的生活境况"。这一"宕"，独出机杼，慧心可鉴！】

（生速读，找句子）

生：（读第8自然段）这一段写出了老板和老板娘对凡卡非常不好。

生：（读第15自然段）这一段也写出了凡卡的生活非常痛苦，非常艰辛。

师：孩子们，我们的理解是否能更深一层，比如这第8自然段？

（大屏幕出示）

昨天晚上我挨了一顿毒打，因为我给他们的小崽子摇摇篮的时候，不知不觉睡着了。老板揪着我的头发，把我拖到院子里，拿皮带揍了我一顿。这个礼拜，老板娘叫我收拾一条青鱼，我从尾巴上弄起，她就捞起那条青鱼，拿鱼嘴直戳我的脸。伙计们捉弄我，他们打发我上酒店去打酒。

吃的呢，简直没有。早晨吃一点儿面包，午饭是稀粥，晚上又是一点儿面包；至于菜啦，茶啦，只有老板自己才大吃大喝。

他们叫我睡在过道里，他们的小崽子一哭，我就别想睡觉，只好摇那个摇篮……

师：老师把第8自然段的前面部分分成了三节，为什么？

生：文章用不同的三件事写出了凡卡的生活非常艰辛。

师：挨打、挨饿、挨困，读这些文字，我们得读出画面。在这些场景中，有哪些细节深深地刺痛着你的心？

生：（朗读该段的第二层语句）我想到咱们一日三餐吃得饱饱的，而凡卡只能吃一点东西，可怜啊！

师：读到"稀粥"这个词语，你似乎看到什么了呢？

生：我仿佛看到那粥里都是水。

师：而旁边的老板呢？

生：他们吃着大鱼大肉。

师：多么鲜明的对比呀！一起读。

（生朗读该段的第二层语句）

师：是的，所以凡卡这样说——

（大屏幕出示：我的生活没有指望了，连狗都不如！……）

（生齐读此句）

【第一次回旋，"吃得"连狗都不如。】

师：连狗都不如的生活还表现在哪些地方？

生：（朗读该段的第一层语句）凡卡被皮带毒打，是多么疼啊！

师：你注意到了毒打。还有哪一个特写镜头也深深地刺痛着你的心？

生：揪！

师：怎样地扯、怎样地拉才是"揪"啊？

生：使劲地揪。

生：狠狠地揪。

生：蛮横揪。

师：是的，老板不顾一切地、残忍粗暴地拉着、扯着、揪着凡卡啊！此刻我们再读这个句子，感觉一定不一样！

（生朗读该段的第一层语句）

师：此时的他不能走动了，被托着走啊。再读。

（生再次朗读该段的第一层语句）

师：是的，所以凡卡这样说——

（大屏幕出示：我的生活没有指望了，连狗都不如！……）

（生齐读此句）

【第二次回旋，"活得"连狗都不如。】

师：挨打仅仅只有这一次吗？

生：（朗读该段的第一层语句）这一句中的"戳"，也像一把刀一样刺痛了我的心！我仿佛看到老板娘恶狠狠地朝凡卡戳过来。

师：在我们眼前仿佛出现了一幅惨不忍睹的画面啊！带着我们的理解读吧！

（生朗读该段的第一层语句）

师：是的，所以凡卡这样说——

（大屏幕出示：我的生活没有指望了，连狗都不如！……）

（生齐读此句）

【第三次回旋，依然是"活得"连狗都不如。】

师：还有哪些地方给你留下了深刻的印象？

生：（朗读第15自然段）楦头是非常硬的东西，打下去，凡卡一定很痛。

师：是的，那么重的木头打下去，凡卡昏过去了，好不容易才醒来。我们不敢想啊，来，我们读一读这个句子！

（生齐读第15自然段）

师：是的，所以凡卡这样说——

（大屏幕出示：我的生活没有指望了，连狗都不如！……）

（生齐读此句）

【第四次回旋，继续强化"活得"连狗都不如。】

师：你还有什么迫不及待地想说的吗？

生：（朗读第 8 自然段的第三层语句）凡卡睡觉也睡不好，他一定又痛又困。

师：你从哪些词中注意到凡卡连觉都睡不好？

生：凡卡没有床，睡在过道上。

师：在你的想象中，"过道"是个怎样的地方？

生：过道里有蟑螂。

生：常常有臭虫。

师：是啊！在炎炎酷暑里，到处是嗜血的蚊虫，凡卡只能在哪儿睡？

生：过道里。

师：秋天到了，瑟瑟的秋风吹来，凡卡还在哪儿睡？

生：过道里。

师：凛冽的寒冬里，老板缩在暖和的被窝里，而凡卡仍然在哪儿睡？

生：过道里。

师：我们一起读读这个句子。

（生齐读第 8 自然段的第三层语句）

师：从哪个词中，你猜想出凡卡一定很困很困？

生：别想。

生：只好。

师：对于凡卡来说，觉都不能睡！这是人过的生活吗？所以凡卡这样说——

（大屏幕出示：我的生活没有指望了，连狗都不如！……）

（生齐读此句）

【第五次回旋，"住得"连狗都不如。】

师：对凡卡来说，连狗都不如的生活，何止这样几个画面？读着他饱蘸血泪的叙述，听着他悲苦无助的哭诉，我们的眼前仿佛再次出现了这样的悲惨画面——

（大屏幕出示：凡卡在莫斯科过着连狗都不如的生活。我还看到，有一次_____。）（音乐响起）

（生想象写话，老师巡视）

师：读着凡卡饱蘸血泪的述说，听着凡卡声声悲苦的哭诉，我们痛心地看到——

生：有一次，老板叫伙计去买酒，伙计却叫凡卡去。凡卡向伙计抱怨，却遭到了伙计的一阵毒打，但是凡卡不敢叫，生怕会再惹上一顿毒打。

生：有一次，店里的伙计喝醉了，拿起扫帚就打凡卡，凡卡哭了，把熟睡中的老板给吵醒了。老板十分生气，伸出他鹰爪一样的大手，凶狠地揪着凡卡的耳朵在屋子里转圈，然后再回到自己温暖的被窝里继续呼呼大睡。

……

【由对文字的直接品读到对情节的间接想象，内在的逻辑只有一条——情感。非如此，不足以让学生深入感受凡卡的悲苦生活；非如此，不足以激活学生的内心体验；非如此，不足以让学生体认"反复"这一辞格的情感诉求。】

师：是的，这不是人过的生活！这甚至是连狗都不如的生活啊！可凡卡是人啊，还只是一个九岁的孩子啊，一个比你们还小两岁的善良的男孩啊！他每天都是这样度过的！来，咱们再一次去感受凡卡那度日如年的生活，那连狗都不如的生活！

（大屏幕出示第8自然段）

（生朗读）

五、揭示"矛盾"

师：凡卡再也受不住了，他向爷爷发出了痛苦的哀求，发出了绝望的哭喊！

【情感如开闸之水，一泻而下。凡卡如是，学生如是。于是，对于"反复"的解读便有了共通的心理前提和情感储备。】

（大屏幕出示：① 亲爱的爷爷，发发慈悲吧，带我离开这儿回家，回到我们村子里去吧！我再也受不住了！……② 带我离开这儿吧，要不，我就要死了！……③ 亲爱的爷爷，我再也受不住了，只有死路一条了！……④ 快来吧，亲爱的爷爷，我求您看在基督的面上，带我离开这儿。⑤ 亲爱的爷爷，来吧！）

（生朗读第1句）

师：凡卡实在太痛苦了，太想回到乡下去啊！第一组同学，我们来帮凡卡求求爷爷。

（生朗读第2句）

师：第二组，我们也来帮帮凡卡吧！

（生朗读第3句）

师：第三组同学，我们也不能无动于衷啊！

（生朗读第 4 句）

师：让我们全班同学一起，为凡卡哀求，一起哭喊！

（生朗读第 5 句）

师：（面对刚刚读第 1 句话的学生）你知道老师为什么请越来越多的同学来帮你一起求爷爷吗？

生：因为我写着写着，想起了很多的事，我觉得越来越痛苦，越来越想回到乡下，所以老师让越来越多的同学来帮我一起求！

【角色置换如羚羊挂角，无迹可求；语识理解如瓜熟蒂落，水到渠成。】

师：是啊！你在写信，也在回忆着一件件往事。当越来越多的往事浮上心头时，你多么想回到爷爷身边啊！此时此刻，你还觉得这些话啰唆吗？

生：不啰唆，凡卡实在是太悲惨了！

生：不啰唆，凡卡实在是太痛苦了！

师：是的，文章不是无情物，"情到深处才反复"啊！正是因为凡卡的生活太痛苦，太悲惨，甚至连狗都不如，所以凡卡才一次次地哀求，才一次次地哭喊，因为他心中只有一个强烈的愿望，那就是——

生：（齐）回到乡下去。

【"情到深处才反复"，点睛之笔！辞者，情之用；情者，辞之体。情与辞在本质上是同构的，是共生的。"反复"是辞，"反复"亦是情。形式与内容至此实现了完美的统一！】

师：对，回到乡下去，回到爷爷身边去，回到他唯一的亲人身边去。总之，离开这儿，结束这连狗都不如的生活！

师：（稍顿，轻声）那么，乡下的生活又是怎样的？爷爷会带凡卡回乡下去吗？这封信能改变凡卡的命运吗？我们下节课继续学习。

（彭才华，广东省东莞市莞成中心小学教师）

4. 智慧的梳理

——评金明东老师执教的《惊弓之鸟》

《惊弓之鸟》一文，令人不得不对一个射手的智慧和境界击节叹服。而《惊弓之鸟》一课，又令人不得不对执教者的课程智慧刮目相看。全课匠心独具，不露痕迹地折射着三个层面的逻辑智慧。解读它，梳理它，使之成为学生生命中的逻辑智慧，无疑是金明东老师力图实现的课堂旨趣。

一、智慧：思维方式的缜密

本课第一层面的逻辑智慧，体现在更羸射雁的思维方式上。这种思维方式的展开，首先涉及对大雁行为背后的深层原因的解读。事实上，大雁过去的中箭经验与大雁目前的行为反应，从人类思维的角度看，恰恰是一种类比推理的逻辑。尽管这种类比推理最终导致了一个"千古奇案"，但引领学生解读这种貌似合情实不合理的类比思维，却是本课教学的思维幽谷。金老师领着学生，在想象大雁第一次中箭的每一个细节中一步一步地攀越了这个思维的幽谷，结案报告的二星题对此做了精彩的诠释。其次，更羸射雁的思维方式，还涉及这位射箭能手本身对大雁边飞边鸣这种现象的合理推断过程。由此现象推断曾经被射这一原因，再由此原因做出拉弦惊鸟的决策，我们从中可以体认到这位智慧箭手的过人之处。而这个过程，在金老师的课上得到了熨帖的平展，结案报告的一星题为此画上了一个圆满的句号。

二、智慧：叙事结构的巧妙

本课第二层面的逻辑智慧，反映在故事本身的叙事结构上。这一叙事结构，是对更羸射雁思维的一种反动。先将射雁结局和盘托出，再将此一令人瞠目结舌的结局像剥笋似的予以层层展开。制造悬念，吊起胃口，引发期待，激活探究，这是本文在叙事结构上的一种智慧。而这种智慧，被精明的金明东老师转化为用"破案"来架构课堂结构的教学智慧。于是，课堂角色发生了戏剧性的变化，学生成了警官甚至神探，教师成了指挥破案的警司。在这样一种破案氛围的笼罩下，以及在破案任务的驱动下，整堂课就有了情趣盎然的气息，单调、抽象、枯燥的理性思维就被这种气息消融了。

三、智慧：课堂流程的奇崛

本课第三层面的逻辑智慧，彰显在课堂教学的操作流程上。这个流程，给人以一种"文似看山不喜平"的奇崛印象，是典型的苏格拉底似的产婆术在课堂上的生动演绎。聪明的警官是在一次次的发现问题又一次次的解决问题中成长起来的，同样，聪明的学生是在老师的启迪下一次次的自己发现问题又一次次的自己解决问题中成长起来的。细细欣赏金老师的教学智慧，最精彩的教学话语莫过于"这黑板上的内容可以擦掉了吗"的一次次询问和之后的一次次追问。我们惊喜地发现，学生的智慧就是在这样一次次的询问和追问中绽放出绚丽的火花的。

[附：《惊弓之鸟》课堂实录及点评]

一、在期待中"倾听"文本

师：上节课老师与大家一起学了《惊弓之鸟》，读读课题，这篇课文主要讲了什么？（生用上课题简答了课文的主要内容）

师：今天我们来学这个成语故事，同时要向更羸学一招推理的本领，来破这个"惊弓之鸟"案。破案先要干什么呢？

生：找线索。

师：对，我们先找第一条线索：更羸为什么只拉弓不用箭就能射下大雁？这条线索怎么理清？我们先去倾听作者是怎么告诉我们的，自读后讨论。（给学生充分的时间读书，学生自读自悟后组内分工讨论）

师：好，下面请各位"小福尔摩斯"发表意见！

生：因为这是一只受过箭伤的鸟，伤口没有愈合，又离开同伴，孤单失群，得不到帮助。

师：用波浪线画下这些句子，这是依据。（出示课件，梳理领悟）更羸怎么就知道这是一只受过箭伤的鸟？
（1）大雁飞得慢，是因为它受过箭伤，伤口没有愈合，还在作痛。
（2）大雁叫得悲惨，是因为它离开同伴，孤单失群，得不到帮助。
所以更羸知道这是一只受过箭伤的鸟。

师：还有别的理由吗？
生：它一听到弦响，心里很害怕，就拼命往高处飞。它一使劲，伤口裂开了，就掉了下来。

师：快速读一遍课文，然后合上课本，敢接受挑战吗？
（师将"弦响"、"害怕"、"高飞"、"裂开"、"掉下"这几个词贴在黑板的方框内）

师：用上"因为……所以……"来说一说大雁直掉下来的经过。
生：因为大雁听到弦响，所以心里就害怕，一害怕就拼命往高处飞……
生：因为它拼命往高处飞，所以伤口就裂开了，结果从天上直掉了下来。

【"向更羸学一招推理的本领。"开宗明义，不落俗套。于是，全课以"推理"这一逻辑智慧的梳理为主线、为主旨，一路行来，势如破竹。这从一个侧面折射出执教者的课程设计智慧："推理"叙事是文本的主旨，"推理"破案是教学的主线，主旨和主线的合二为一、有机交织，让课堂顿时充满了智慧的光芒！】

二、在期待中"叩击"文本

师：我们弄清了更羸只拉弓不用箭就射下大雁的原因，问题解决了，这黑板上的内容可以擦掉了吗？
生：当然可以。
师：真的吗？老师觉得一个有责任心的警官破案到一定程度时，肯定会想：这个案子好不好结呢？能不能让人们信服呢？
师：（满腹疑虑地）只拉弓不用箭大雁就直掉下来，问题的症结在哪里？
生：那是因为大雁很害怕。
师：不错，可为什么会那么害怕呢？
生：因为它受过一次箭伤。
师：有道理。请同学们展开想象的翅膀，用语言描述大雁第一次受箭伤的情景。
生：一天，大雁在天上自由自在地飞，听得"嘣"的一声响，以为是什么，没去理会。说时迟，那时快，一支箭正中它腹部，幸亏不是要害，但还是吃尽了苦头。

生：那天，大雁在天上飞，瞧见地面上有许多人朝它指指点点，很开心，以为人们在赞美它，防备之心一点儿也没有了。没想到会遭此厄运，不过大难不死，真是不幸中的大幸啊！

生：刚才两位同学说得非常好。我要说的是正因为它第一次受过箭伤，知道箭的厉害，吃尽了苦头，一听到弦响，以为又有箭射上来了，所以才会那么惊慌失措。

师：嗯，现在这些内容可以擦掉了吗？

生：可以，真的可以了！

师：但一个真正令人信服的警官，弄清案情后，应该向人们陈述报告，交代说明案情的前因后果。（让学生结合板书自读课文，小组内陈述）

生：这只大雁飞得慢，叫得悲惨，可知这是一只受过箭伤的鸟。它一听到弦响，心里很害怕，于是就拼命往高处飞，一使劲，伤口裂开，就掉了下来。

生：这只大雁边飞边鸣，孤单失群。因为它受过箭伤，现在一听到弦响，就以为又有箭射来，心里害怕，于是使劲往高处飞，伤口就裂开，直掉了下来。

【细心的老师一定已经发现，在本环节的教学进程中，执教者前后两次不厌其烦地逼问学生："黑板上的内容可以擦掉了吗？"显然，没有这两次逼问，学生对《惊弓之鸟》的"推理叙事"的理解就是肤浅的、不到位的。正是金老师这两次不失时机、不露痕迹的智慧点拨，使学生借由课堂复述，对更羸无箭射雁的问题症结和推理逻辑有了一种清晰的认知。《学记》有言："故君子之教，喻也。道而弗牵，强而弗抑，开而弗达。"在这里，我们感受并感动着的正是这样一种"善喻"的教学智慧。】

三、在期待中"读活"文本

师：大王有一次到郊外去，看到一只边飞边鸣的大雁，也学更羸的样子，拉动弓弦，但大雁不落，这是为什么呢？有哪些可能？把自己的思考写下来。

生：这只大雁根本就没受伤，从来都没有过中箭的体验。

生：也许这只大雁有边飞边鸣的习惯，此时此刻它思想正开着小差，悠闲着呢！

师：那么，这样，大王是不是更佩服更羸了呢？课文中有一句话概括地

告诉了我们,一起读。(更羸是古时候魏国有名的射箭能手)

师:刚才更羸跟大王说话是在大雁边飞边鸣的时候还是大雁掉下来的时候?

生:是在边飞边鸣的时候。

师:那我们如何读更羸说的这几句话?选自己喜欢的方式,读一读,练一练。(指名朗读更羸说的话)

师:读得不错!更羸的话要读得胸有成竹。那么大王的话该怎么读呢?

(生练读)

师:你为什么这样读?

生:"是吗?""你有这样的本事?"这是魏王不相信更羸的话,表示怀疑,所以读"是吗"语调要向上扬一点,"这样"两字要读得稍重一些。我再读一遍。(又读一遍)

生:我读的是:"'啊!'魏王看了,大吃一惊,'真有这样的本事!'"这句话,我认为要读出大王"大吃一惊"的味道。

师:你试试这"啊"字,该怎么读?当你十分吃惊的时候,这"啊"声会如何发出?

(几名学生读"啊",不到位)(师范读,让学生看老师的表情读)

师:我们班朗读最好的"三剑客"在哪儿?站起来读。

(三位学生上讲台分角色朗读、表演)

【本课在一次新的情境推理中被引向高潮。这一情境的巧妙创设,最终兑现了"向更羸学一招推理本领"的承诺。从"边飞边鸣"到"大雁不落"这一叙事情境,留出了足够的推理空间供学生想象、推理,检验学生对"推理本领"的掌握情况至此已经水到渠成,瓜熟蒂落。情境创设和时机把握,再一次彰显了执教者令人叫绝的课程智慧。】

(金明东,浙江省绍兴县实验小学教师)

5. 情教，抵达文字彼岸

——评许珂老师执教的《我盼春天的荠菜》

情教，即"情感教育"，自然不能和语文教育画上等号。但两者间确乎有着天然、必然、自然而然的联系。在我看来，情教的基本特征有两条：第一，教育的目的和定位指向"情感"；第二，"情感"是教育的基本路径和主要策略。一句话，情教就是"用情感去培养情感"的教育。

那么，我们的语文教育呢？语文教育自然指向"语文"，即"语言文字"，而语文有言情、说理、叙事、状物四大基本功用，其中，言情又是语文最重要、最突出的功用，即便是说理、叙事、状物，若无一种情致的流露，那就"成了枯燥的没有生趣的日常应用文字"（朱光潜先生语）。这样看来，正是"情感"将两种并不对等的教育粘在了一起。

悟文字之情，既是语文教育的重要内容，亦是情教在语文学科的一种渗透。那么，"以情悟文字之情，进而培养学生的美好情感"也就成了语文课义不容辞的职责了。

《我盼春天的荠菜》正是这样一堂"情感型"的语文课、阅读课。通观全课，"情"既是教学内容又是教学结构，既是教学目标又是教学手段。以情悟情、情情交融，正是此课最大的亮点、最鲜明的课堂气质。这里的"情"，关涉着相互联系又各自独立的四个维度：一是文中人物的表现之情，二是文本作者的抒写之情，三是教师的传递之情，四是学生的体验之情。而所有的情，又最终交汇、融合到学生的情感上。我以为，这正是文字的彼岸所在。

其中，最为关键的问题是：此情、彼情最终如何融合为学生之情？本课在这一点上给了我们诸多有益的启示。

一、教学内容：以情感为主线重组教材

《我盼春天的荠菜》是一篇带有自传气息的极具诗意的小说。就文本而言，情感是它的先天基因。那么，是以"情节"（叙事）为主线还是以"情感"（言情）为主线也就成了执教者必须面临的一大选择。其实，两种取向皆可成为绾结课堂板块的主线，只不过各自体现的教学旨趣和审美个性不同罢了。对此，许珂选择了后者——以"情感"为主线驾驭全课。

本课在开掘文本情感时，出乎意料地从多种情感混合物中萃取出"坦然"之情，并以"坦然"之情作为主线绾结各大板块，可谓"见人所未见，发人所未发"。细读文本，我们不难发现，"荠菜"在小说语境中是某种具有象征意义的符号，在物质的层面上，"荠菜"象征"温饱"；而在精神层面上，"荠菜"则喻指"坦然"，一种没有饥饿、没有威胁，可以尽情舒展身心的平静和安顿。

一旦确定了"坦然"这一教学主线，板块之间的情感张力也就成了设计的重中之重。为此，许老师的安排如下：第一步，联系学生的生活体验初步感受"坦然之情"；第二步，联系上文"被人追赶、跳进河里的巨大恐惧"，在对比中体验"坦然之情"；第三步，联系上文"游荡田野、不敢回家的无限孤独"，在又一次深刻的对比中体验"坦然之情"；第四步，在配乐诵读中强化体验"坦然之情"。这样一种主线和板块的设计，彻底解构了以"情节"为主线的教学模式，整堂课学生为情所动，因情而悟，缘情会文，融情于心，可谓怎一个"情"字了得！

二、教学策略：综合运用感性化的学习方式

体悟文字所承载的情感，要在"举象"，重在"移情"，贵在"入境"。可以说，"象"、"情"、"境"是体悟情感的三大支点，这也正是我极力主张的感性化教学策略。本堂课在举象以生情、移情以悟情、入境以融情上可谓用心良苦、匠心独具。

如"把画面想象在脑子里"的学法指导。当学生研读"被人追赶、跳进河里"这部分文字时，老师就明确要求学生"把画面想象在脑子里"。在引导学生品读"不顾一切"这一关键语词时，老师又一次要求学生"跟着文字一起去想象"，于是才有学生"仿佛看到了……"这样一种身临其境的感悟。

又如"把自己当作这个小女孩"的学法指点。在品读"游荡田野、不

敢回家"这部分文字时,老师启发学生"走进小女孩的心中,写写小女孩的怕",果然,学生写下了一连串的"我怕……"。而这一连串的将心比心的"怕",正是对小女孩"无限孤独"之情的最好注脚。

上述学法,具体操作多有不同,但都综合了"象"、"情"、"境"这些要素,具有典型的感性化教学特征。实践证明,感性化教学更有助于学生感悟文字、积累文字、运用文字,更有助于学生在体悟文字之情的过程中受到情感的熏陶和培养。要郑重声明的是,感性化教学并不拒斥理性、排挤思想,恰恰相反,此处所谓的"感性化"正是积淀着种种理性和思想的策略。

三、教学结构:在回旋复沓中动情、悟情

教学结构,从宏观上看,不外乎"知识性结构"和"情感性结构"两大类型。"知识性结构"的课堂教学,基本遵循"知识"的掌握规律来设计,通常表现为"旧知铺垫——新知呈现——变式巩固"这样一个过程。而"情感性结构"的课堂教学,则是依据"情感"的生发逻辑来设计的,通常表现为"创设情境——移情体验——升华情感"这样一个范式。

《我盼春天的荠菜》所采用的正是"情感性结构",课的主体部分,实质上是由三次比照、三次回旋构成的。第一次是将日常的轻松与小女孩此时此刻、此情此境的"坦然"相比照,激发学生新的阅读期待,使之产生新的情感共鸣;第二次是将死亡的威胁与小女孩当下的"坦然"相比照,让学生感悟这份坦然的安全,体会精神上的洒脱;第三次是将害怕孤独又甘于孤独的矛盾心情与小女孩当下的"坦然"相比照,让学生体悟坦然背后的自由与幸福,激起他们对美好生活的憧憬与向往。

这种回旋式的设计,是符合情感的唤醒和生发规律的。研究表明,情感的唤醒总是基于某种特定的情境,尽管情境有"外情境"(即客观呈现的种种物象与境况)和"内情境"(即主观内在生起的种种回忆和想象)之分,但无论内外,某种具象之境是情感被唤醒的前提条件。这一点,许老师的设计可谓俯拾皆是。事实上,在"情感性结构"的教学过程中,创设情境不是一个固定的环节,更不是一次性环节,它是随着情感生发的逻辑不断呈现、不断创设的。一次情境,一次唤醒;又一次情境,又一次唤醒。这样一次又一次的唤醒,就形成了我们现在看到的"回旋复沓"的课堂模式。在这种回旋式的教学过程中,学生情感的生成,如阵阵的风吹向松林,又如叠叠的浪涌向岸边。唤醒,体验,感悟,升华,于是,文本情、作者情、教师情,就

这样指向并融合在学生心上，最终化作了学生情。

[附：《我盼春天的荠菜》课堂实录及点评]

[教学内容]
浙教版小学语文第十册第 16 课《我盼春天的荠菜》。
[学习目标]
1. 通过反复朗读，体验作者困苦的童年生活。
2. 通过对"坦然"的探究研读，理解作者对荠菜特殊的感情，感受作者对幸福生活的渴望。
3. 走进作者的心中，通过写话感受作者因"饿"而遭受的精神折磨，萌发对贫苦孩子的同情心。

【三大目标，每次都整合了"知识与能力"、"过程与方法"、"情感态度与价值观"。目标一重在体验痛苦，目标二重在感受渴望，目标三重在萌发同情。不难看出，许老师是以情感为主线将学习目标结构化、层次化的。】

[教学过程]
一、讨论照片主题，引入新课
（出示战争中的儿童、贫困山区的儿童等照片）
师：请你用心看，看他们的眼睛和表情，感受他们的心情……如果给这些照片起一个主题的话，起什么主题？（生议论，发言）
师：同学们，你们都是情感丰富的孩子，那么富有同情心，老师感到非常欣慰。刚才同学们说到了"盼"字，是啊，照片上的儿童们生活在苦难中，他们盼望吃饱，盼望和平，盼望学习。就像我们学的课文中的那个小女孩一样——（揭题）今天我们再来读读课文，读读书上那个小女孩的期盼。
师：在上节课中，我们知道因为饿，所以小女孩盼荠菜，她盼望荠菜能填饱肚子。那么荠菜还给女孩带来了什么，使她如此期盼呢？请你再读读课文的第 9 自然段，看看还能从哪些语句中找到答案。

【荠菜能填饱肚子，荠菜美味好吃，这是着眼于物质层面上的期盼。然而，纵观全文，对精神层面上的期盼才是作者的深意所在。许老师精研文字，胸有块垒，才会在新课伊始，宕开一笔，创设出"荠菜还给女孩带来了什么"的问题情境。一个"还"字，不露声色地将物质层面的期盼引向精神层面的寄托。】

二、探究研读"坦然",品读课文

1. 联系生活,自由朗读,初解"坦然"

生:我找到第9自然段的这句话:"而挖荠菜时那种坦然的心情,更可以称得上是一种享受……"作者如此期盼春天的荠菜,还因为那种坦然的心情。

师:坦然是一种怎样的心情?

生:坦然就是放松,没有负担,完全自由。

师:你们在生活中什么时候是坦然的?

生:我在做完作业后看电视的时候最坦然。

生:我考试考完后,觉得自己都做得不错,对得起自己,这时最坦然。

师:请带着这种心情读读这一段。

2. 联系前文,反复回旋,理解"坦然"

师:那么,文中女孩的那种坦然和我们平时的放松心情完全一样吗?

生:不一样,我们体会的坦然是很普通的放松的感觉,而书上的小女孩是"再也不必担心有谁会拿着粗木棍凶狠地追赶我",那种放松的感觉应该跟我们的不同。

师:的确,联系上下文学习,这是一种非常好的读书方法。的确,只有读懂小女孩被人追赶的故事,才能更深地理解小女孩的"坦然"。

请你自由地读读4—8自然段,并闭上眼睛想象。可以把画面想象在脑子里,也可以把自己当作这个小女孩,感受她此时的心情。在这些语句中,哪一个情景给你印象最深,让你对坦然有了更深的理解?

(1) 一次回旋,体验害怕后的"坦然"

① 重点品读以下自然段:

A. 第5自然段。

生:(先朗读)小女孩不顾一切地跳进河里,说明她已经害怕到了极点了。而挖荠菜时,小女孩就不必那么害怕了。

师:你体会得真好,当小女孩跳进河里时,她已经顾不上什么了?

生:顾不上寒冷的河水。

生:顾不上可能会生病。

生:顾不上生命的威胁。

生:一切的一切,小女孩都顾不上,因为她实在太害怕了。

师:是啊,那种巨大的恐惧甚至超过了对死亡的害怕,让小女孩"不顾一切"地跳进河里。让我们跟着文字一起去想象吧。(引读)

B. 第6自然段。

生：（先朗读）我仿佛看到了小女孩在河水中挣扎，感受到了小女孩的绝望和痛苦。

生：我也找了这一段。我觉得小女孩在河水里挣扎时一定害怕极了，她自己都不知道她是怎么上来的。

师：你们能通过想象走进那个故事里去，都挺会读书的。带着我们的感受读读这一段。（生自由朗读）

② 体会可怜女孩的"坦然"，再读重点句。

师：读了这些段落，你能体会到小女孩挖荠菜时那种坦然的心情是怎么样的吗？

生：对小女孩来说，挖荠菜时坦然的心情跟我们的不一样，她不用再绝望，不用再痛苦，不用再害怕。

生：小女孩的坦然是不必面临死亡的威胁、完全放松的心情，是很紧张后的放松。

师：你们理解得真深刻。请你再读读这一句，体会小女孩的坦然吧！
（生自由读，师指名读）

【"坦然"一词，语感极其丰厚，它是作者在精神层面对荠菜的一种期盼：没有威胁，没有害怕，自由自在，无忧无虑……许老师以其敏锐的语感，紧扣"坦然"这一语感富矿，深入开掘，精心提炼，使学生不仅把握了"坦然"的表层意思，更感悟到了它的深层意蕴。针对"坦然"的深层意蕴，许老师采用了多种感悟教学策略，值得一提的是其中的"形象再现"策略和"移情体验"策略。让学生通过想象，真切地看到了小女孩在河水中挣扎的样子；把自己当作小女孩，感受她的害怕、痛苦和绝望。这种感性化的学习策略，使语言文字的感悟，深植于人的情感、想象和心灵，在发展语言的同时，也促进了学生精神生命的成长。】

（2）二次回旋，体验孤独后的"坦然"

① 继续品读，重点咀嚼第8自然段。

生：（先朗读）小女孩独自游荡在田野上，多么孤独无助。她在挖荠菜的时候就不用那么孤独了，荠菜就是她的好朋友，会招呼她，欢迎她。

生：我也觉得这一段很打动我，夜色越来越浓，乌鸦、羊儿都能回家，可小女孩却不敢回家。有了春天的荠菜，小女孩就能坦然地回家了。

师：是啊，这个小女孩受了那么大的委屈，她本该扑到母亲的怀抱去痛哭一场啊，她为什么不敢？她怕什么？请你走进小女孩的心中，写写小女孩的怕。（板书：写写小女孩的怕）

生：我怕看到妈妈那双哀愁的眼睛。

  生：我怕地主追到家里找我算账，怕妈妈看到我狼狈的样子伤心。
  生：我怕地主报复妈妈，怕妈妈为自己不能让孩子吃饱而内疚。
  师：是啊，书上的小女孩跟你们一样懂事啊，来自别人凶狠的追赶也许还可以承受，而让自己的亲人——母亲哀愁忧伤这样的精神折磨让她更加害怕。
  ② 体会懂事女孩的"坦然"，再读重点句。
  师：理解了小女孩的怕后，你对她的坦然有了怎样的更深的理解？
  生：小女孩的坦然就是不再孤独无助。
  生：她的坦然就是让母亲不再哀愁，不再忧伤。
  生：在和荠菜作伴的日子里，所有的怕都烟消云散了，她觉得特别坦然。
  师：多么舒畅的坦然，多么懂事的坦然！让我们一起坦然地读这一句。
  3. 配乐朗读，释放情怀，表达"坦然"
  师：在经历了冬天的饥饿，特别是精神上的百般折磨后，小女孩格外盼望春天的荠菜，格外盼望春天挖荠菜时那坦然的心情……

（生配乐读第9自然段）

【对"坦然"的感悟和理解，既如"层层剥笋"，又似"步步登山"。层层剥笋，由表及里：放松心情→远离威胁→不再孤独，这是一种横向的深入感悟。步步登山，由低至高：坦然是一种放松→坦然是一种安全→坦然是一种自由，这是一种纵向的深入理解。许老师对教材的创造性的处理与把握，使整堂课脉络显得尤为清晰，面貌显得越发精神。】

  三、总结全文思想，深化主题
  师：学完了课文，你说小女孩为什么如此期盼春天的荠菜？
  生：因为她小时候吃不饱，所以她期盼春天的荠菜。
  生：小女孩如此期盼春天的荠菜，还因为挖荠菜时那种坦然的心情。
  师：那么，小女孩期盼的仅仅是荠菜吗？
  生：不，她盼着每天都能吃饱肚子。
  生：小女孩盼着一年四季都是春天。
  生：小女孩盼着过上美好幸福的生活，就像我们在课前看到的那些照片上的孩子一样。
  师：是啊，他们有着共同的期盼。让我们记住荠菜，记住它曾经是一个小女孩所有的希望和梦想。（深情地念课题）

（许珂，浙江省杭州市拱宸桥小学教师）

第二辑 鉴课：价值的判别与皈依

评课最终是为了解决问题，解决真实的课堂情境问题。当然，评课本身并不能直接解决课堂问题，但是，通过评课可以为解决课堂问题指明方向、指点迷津。其方式万变不离其宗，不过是"一正"、"一反"、"一合"而已。一为"正指"，即指出课的优点和长处，为解决问题提示课的模型和范式；一为"反指"，即指出课的缺陷和短板，为解决问题提醒课的戒条和底线；一为"合指"，即在指出课的问题的同时设想课的理想状态，为解决问题提供课的策略和路径。

6. 质疑与感悟的视界融合

——评虞大明老师执教的《温暖我一生的冰灯》

阅读教学策略，说到底就是两条：一条是基于质疑的教学策略，一条是基于感悟的教学策略。质疑偏于理性思维，强调问题的发现、提出、分析和解决；感悟偏于感性思维，侧重内涵的领悟、想象、直觉和体验。两者各有所长，也各有所短，偏执于一端恐怕都不是科学的态度。为此，吴立岗先生指出"要正确处理阅读教学中质疑问难和感悟积累的关系"，"要因地制宜、因势利导地将质疑和感悟有机地结合起来"。虞老师的这一课，为阅读教学中质疑和感悟的视界融合提供了一个精彩的样本。

从整堂课的结构安排来看，大体上经历了"质疑——感悟——解疑"的过程。课始，虞老师先让学生就词语质疑，再组织学生针对课文内容质疑，通过小组合作、学生提问、教师梳理，形成了三个涉及课文意蕴的问题：第一，冰灯融化了为什么还能温暖我一生？第二，什么东西是岁月消融不了的？第三，冰做的东西怎么还能温暖我一生？这三个问题如果再作深层探寻，其实就是一个问题。然后，课由质疑宕开一笔，进入了感悟学习。从交流印象深刻的地方开始，一路行来，强化体验，倾诉感动，移情诵读，设境对话，将父爱的坚忍、细腻、无私演绎得淋漓尽致。最后，课在"三个问题都解决了吗"的回应中戛然而止。

不难发现，课始的质疑，为学生感悟点的聚焦和把握奠定了良好的基础，而感悟的过程，恰恰又是一个解决问题的过程。这样，质疑和感悟的视界就得到了有机的融合。这种融合，是扬质疑和感悟之长的融合，是二者相互渗透又相互提升的融合。质疑因了感悟，不再意象枯燥，情味干涸；感悟因了质疑，不再浮光掠影，泛化混沌。于是，父亲的鲜活形象和父爱的鲜明意蕴就这样温暖着课堂上的每一个学生。

[附：《温暖我一生的冰灯》课堂实录及点评]

一、导入

师：见过冰灯吗？

生：见过……没有。

师：没见过也没关系，现在请你想象一下：是什么样的冰灯？

生：透亮的冰灯。

生：美丽的冰灯。

生：晶莹的冰灯。

师：晶莹透亮的冰灯。因为它是冰做的。

生：晶莹剔透。

师：这个词用得好，说完整。

生：晶莹剔透的冰灯。

师：好。有一个叫马德的人，在他的心中，有一盏永远透亮、永远温暖的冰灯。今天咱们就一起来学习这篇课文。把课题读一读。

生：（齐读）温暖我一生的冰灯。

师：（范读）温暖我一生的冰灯。（"一生"重读）

师：再读一遍好吗？

生：（齐读）温暖我一生的冰灯。

二、围绕新词质疑

师：昨天，你们马老师让大家进行了预习抄词。马老师告诉我，你们在抄写的时候，这几个字有错误。一个是"县"，县城的"县"。（板书：县）错在哪儿呢？（手指着黑板提示错误部位）这里是——两横，有人写成了三横。还有一个字，（板书：炕）念什么？

生：炕。

师：再念一遍！

生：（齐声）炕！

师：有个别同学写成了另一个字，（板书：坑）写成了提土旁，那就变成了"坑"。你是怎么记住这个"炕"的？

生：它左边是火字旁。

生：在北方，"炕"的意思是火炉，所以它是火字旁。

师：这炕下边往往有什么？

生：一般炕下都是燃烧着的煤炭，一般都叫暖炕。

师：暖炕。炕下边是烧火的，躺在上边非常暖和，所以它是火字旁。读一读。

生：（齐读）暖炕。

师：有一个字你们居然一个同学都没有写错，这一点令虞老师非常佩服。（板书：襟）什么字？

生：（齐声）襟。

师："衣襟"的"襟"。它是和衣服有关系的，所以（手指向偏旁）应该是什么偏旁？

生：（齐声）衣字旁。

师：现在，把你认为还不是很有把握写对的那些字，再在旁边自由地抄写抄写。给大家1分钟时间。（生认真地抄写，师边走边看）

师：停！现在马上进行听写，有问题吗？

生：（陆陆续续地）没有……没有。

师：啊，没问题，真没问题呀？

生：（齐声）没有！

师：既然都没问题，咱们就不听写了，虞老师非常信任你们。昨天，你们在预习时都提出了问题。在预习课文的时候能够提出一些疑问，这说明你们是非常会学习的。你们所提的问题当中有没有关于词语方面的？交流一下。

【开始质疑。和一般人不同的是，教师对质疑进行了有梯度的归类处理——第一类，针对"词义"，这是基础层面的质疑，旨在疏通文句、扫清障碍。此类质疑，是必要的，但不是主要的。】

生：这里的"泅进"能不能换成别的？

师："泅进"这个词在什么地方？读句子。

生：（朗读）两颗豆大的泪珠就"泅进"棉絮了。

师：这个"泅进"可以换成别的什么词？你若能换词了，说明你对这个词就理解了。

生：流进。

生：透进。

生：渗进。

师：流进、透进、渗进，这三个词你觉得哪几个比较准确？

生：（齐声）渗进、透进。

师："渗进"和"透进"就是"泅进"的意思。

生："父亲尴尬地说……"那里有个"寻思"（错读成 shi），是什么意思？父亲寻思（shi）是什么意思？

师：有没有寻思（shi）啊？

生：没有。

师：没有！你自我纠正好不好？

生：应该是寻思（si）。

师：寻思。请你把句子读出来。（生读第 11 自然段）

师：你真会研究！第一个问题："寻思"是什么意思？是研究词语的。父亲寻思着什么？这个问题已经不是词语方面的了。我们先来解决第一个问题。

【教师的当堂处理，再次验证了前述"有梯度的归类处理"的看法。显然，教师对于学生的质疑，早已胸有成竹，应对自如了。】

生：我觉得"寻思"的意思是——这个小孩要一盏灯笼，要透亮的，但是父亲找不到合适的废玻璃，所以他寻思着用什么东西来做这个灯笼好。

师："寻思"，是不是他在找东西呀？

生：不是。

师：那里面不是有个"寻"字吗？那是什么意思？

生：好像在脑子里面找东西。

师：在脑子里面找东西叫寻思。

生：这个"思"字就代表想。

师：那么请你给"寻思"换一个词。

生：思考。

三、围绕课文内容质疑

师：就是这个意思。词语方面没有别的问题了吗？（生齐点头）看来你们读书时理解的能力都非常强。剩下的问题可能是关于课文的。咱们以四人小组为单位交流下，待会儿，每个小组提出一个你们最想研究的问题。

【质疑进入第二梯度，指向课文内容。但是，处理的章法显然与"词义的质疑"有所不同。这里，教师引入了某种"筛选机制"，借助"合作小组"这种学习平台，对相关问题进行不同梯度的处理。通过交流能解决的，组内完成；不能解决的，则选一个最想研究的提出来，班上研讨。由于针对内容的问题可能是大量的，而课堂教学时间又是一个常量，因此，这一机制的引入，有效地化解了"大量"与"常量"之间的矛盾。同时，因为筛选

权交还给了学生,"以学定教、顺学而导"这一方针的落实也就有了扎实、真实的学情作为保障。】

（四人小组讨论）

师：1号小组，哪位是发言人呢？

生：为什么冰灯融化了，还温暖我一生？

师：冰灯已经融化了，为什么它还能温暖我一生？你们认为这个问题问得好不好？

生：（小声）不错。

师：不错，非常好！他们提出了一个好的问题，就给了我们一个学习的机会，咱们就应该向他们表示祝贺，表示感谢。用什么方式感谢？（生鼓掌）如果你们组的问题跟他们差不多，你就说"我跟他们的问题差不多"。

生：我们的问题差不多。

师：差不多。

生：我们也差不多。

师：你们也差不多。（看向第四组）我估计你们也差不多。（生点头）啊？真的？（指向第五组）

生：什么东西是岁月消融不了的？

师：好，现在有两个问题了啊！（指向下一小组）

生：差不多。

师：跟谁差不多？

生：跟小娟他们组（第一组）差不多。

（师指向剩下的组）

生：我们跟第一小组的问题差不多。

（指向剩下的组）

生：冰灯是冰做的，为什么还能温暖我一生？

师：冰灯是冰做的，是冷的还是热的？

生：冷的。

师：冷的东西怎么还能温暖我一生呢？这个问题有价值。（指向最后一组）

生：他们是从最后一段出发的。我们是从课题出发的。那个冰灯，它是用冰做的，怎么会温暖我一生呢？

师：那又是差不多的。好，同学们提出的问题，集中在三个问题上。咱们回忆下，是哪三个问题？

生：冰灯融化了为什么还能温暖我一生？

生：什么东西是岁月消融不了的？

生：冰做的东西怎么还能温暖我一生？

师：虞老师相信，通过今天这堂课的学习，这些问题都能够得到比较好的解决，有信心吗？

生：（齐生）有。

【质疑结束。经过学生的预习和小组合作学习后，对课文内容的质疑最终被锁定在三个问题上。令人欣喜的是，三个问题个个想在关键处，问到了点子上。看来，只要引导有方，质疑在先的教学安排就一样能够紧扣教学目标、教学重点，那种"脚踩西瓜皮——滑到哪儿算哪儿"的尴尬局面完全可以避免。】

四、在体验和倾诉中感悟内涵

师：咱们先来看看课文的 2 至 6 自然段，这儿主要写父亲答应给我做冰灯。请同学们按自己喜欢的方式将这几个自然段读一读，感受下，在这几个自然段中，什么地方给你的印象最深刻？用笔画一画。

【寻找"印象深刻"处，开始了感悟之旅。】

（生开始朗读，师巡视指点）

师：第 2 至 6 自然段什么地方给你的印象最深？

生：2 至 6 自然段中，我跟父亲说要灯笼笼罩的那种，父亲毫不犹豫地答应下来。这里给我的印象最深。

师：当我提出要求时，父亲马上就答应了，他只说了一个字——

生：（齐声）行！

师：大家是不是也对这里的印象特别深啊？（生纷纷举手）现在，请你自由找一个小伙伴合作，将我和父亲之间的对话表演一下。一个演父亲，另一个演课文中的那个我。但虞老师觉得有一个地方非常困难。因为 2 至 6 自然段当中没有直接描写，那怎么办呢？（生纷纷举手）

生：自己改。

师：能改吗？

生：（齐声）能！

师：好，自己找一个小伙伴，开始。（生合作表演）

师：现在，虞老师确定两组同学来表演，好不好？（生踊跃举手）

师：（问第一组同学）谁是父亲？（其中一位举手）你是父亲，因为你个子长得高一点啊。

生：（表演读）"父亲，我要一个灯笼，你给我做一个嘛！你给我做一个嘛！""行！没问题。""我不要纸糊的。""你不要纸糊的，那要啥样的呢？""透出亮的就行了。""没问题，我给你做一个好了。"

师：这是他们的表演。不管表演得怎么样，咱们都要向他们表示感谢！（生鼓掌）能站在这里表演不容易！

师：（对演儿子的学生）你把刚才说的第一句话再说给同学们听一听，好吗？

生：父亲，我要一个灯笼，你给我做一个嘛！你给我做一个嘛！

师：你听出了什么？

生：说起话来应该是有点撒娇的。

师：那你撒娇地说一说。

生：（撒娇地）父亲，给我做一个嘛！

师：你真能体会。

生：他不该叫"父亲"，应该叫"爹"。东北人都叫爹的。

师：你领悟得更深！你从什么地方看出要叫"爹"的？

生：后面有啊。"爹，您干啥呢？"

师：你放学回到家里，见到你爸爸就说："父亲，我回来了。"是不是？（众笑）

生：不是。

师：那你叫什么呢？

生：爸爸，我回来了。

师：南方一般都叫"爸爸"，或者叫"老爸"。北方人才叫"爹"。第二组同学开始表演！

生：（表演读）"爹，过年了，我想要一个灯笼。你给我做一个吧。""行！""我不想要纸糊的。""不要纸糊的，那要啥样的？""我想要一个透亮的。"（演父亲的学生摸着下巴）"没问题。"

师：课文中是什么？

生：（齐声）行！

师：你们有没有注意到他有一个动作。他在用手摸胡子。为什么要摸胡子啊？

生：考虑一下。

师：考虑什么？

生：考虑那个冰灯要怎么做？透亮的怎么做？

师：你觉得有点困难，是不是？

生：嗯！等想好了，再说"行"。

师：（指向第一组的"父亲"）我觉得你没有任何犹豫就说"行"，你为什么那么快就答应了？

生：因为毫不犹豫地答应，让孩子放心点。

师：你要让你的儿子开心一点是吗？

生：是！

师：你毫不犹豫地答应了，可见你非常爱你的孩子。（再指向第二组的"父亲"）那你犹豫什么？

生：用什么材料做。

师：因为要做一盏透亮的冰灯，还是有困难的。所以父亲先犹豫一下，寻思一下，思考一下，然后再——

生：回答。

师：他们两组的表演虽然有地方不一样，但是，都能够体现出父亲是非常非常——

生：爱孩子的。

师：爱他自己的孩子。孩子提出的要求他都尽量去满足。好，谢谢你们的表演。（生鼓掌）

师：在他们的帮助下我们理解了父亲答应给我做冰灯。现在你们都来当我的"父亲"。

生：啊？

师：我当你们的"儿子"啊。（众笑）

师：咱们是模拟表演，想好两个"行"怎么说。"爹，快过年了，给我做一个灯笼吧！"

生：（毫不犹豫地）行！

师：我不想要纸糊的。

生：那要啥样的？

师：我要……透亮的。

生：（犹豫一下）行！

师：谢谢！

生：不用谢。

【好一段"模拟表演",又是一次感悟学习的巧妙尝试。通过情境还原,通过角色体验,通过细节想象,一位朴实、淳厚、爱子深切的父亲形象就已跃然课上。】

师:你们读得真不错,表演得也不错。通过你们的表演,虞老师仿佛看到了一位朴实的、淳朴的,又非常爱自己孩子的父亲。父亲答应给我做冰灯了,所以,第7至16自然段就是具体写父亲为我做冰灯的经过。现在请你快速地默读这几个自然段。想一想:父亲要做冰灯,他首先要干什么?

生:找冰。

生:找材料。

师:虞老师昨天也学这位父亲,去冻了一些冰块。待会儿每一个小组可以拿到一块。你们瞧,整整一袋,冻了一个晚上,冻得正好着呢。(举起来给同学们看)这么大一个冰块。现在,请同学们猜一猜,虞老师把冰块带到课堂上来,究竟有什么用意?

生:让我们知道父亲做冰灯是多么艰辛。

师:让你们也在课堂上做一回冰灯,是吧?

生:不是,不是。

师:做冰灯只有一块冰行不行啊?

生:(齐声)不行!

师:还得有其他材料吧。那虞老师是什么用意?

生:让我们亲身体验一下。

师:体验一下什么?

生:体验一下做冰灯时候的感觉。

生:让我们在做冰灯时体验一下冰的寒冷,让我们知道父亲做好一个冰灯后,他的双手会冻得红肿。

生:我觉得也是亲身感受一下父亲做冰灯的时候那种艰辛的感觉。

【又一个出乎意料的教学设计——"紧握冰块"。都云教者痴,谁解其中味?好在学生都解出了"体验"之味。感悟基于体验,对此,虞老师早已了然于心。出其不意的背后,是教师对感悟教学的一般规律的自觉遵循。】

师:同学们猜得不错。下面请每一组的组长到虞老师这儿领一块冰,待会儿每一个同学都用手握住这块冰块感受一下是什么滋味。

(各组长纷纷上台领冰块)

师:把它从碗里拿起来,用手紧紧地握住。(学生纷纷握住了冰块,师巡视）每一个人都把手握上去。（差不多时间后）好，把冰块放回碗里。我想请几个同学说说你有什么感受。

生：冷。

师：一般的冷？

生：感觉很麻木。

师：整个人很麻木吗？

生：不是，手很麻木。

生：觉得冰冷。

生：冻久了手就觉得很麻。

生：手好像冻僵了一样。

师：好像要冻僵了。有没有比这个感觉更厉害的？

生：有点全身都要发抖的感觉。

师：握着这个冰时全身都发抖了，这说明冷得厉害。有没有比她更冷的？

生：冰冷刺骨。

师：骨头里都冷进去了，冷得比你厉害了。

生：冷得全身发痛。

师：已经疼了是不是啊？我估计没有超过她这种感觉的了吧。

生：我抽筋了。（众笑）

师：啊？

生：手抽筋了。

师：的确冷啊！

师：刚才同学们都用手握了冰块，感受了一下那种滋味。现在再请你快速地读读 7 至 16 自然段，什么地方让你最感动？画下来。（生读、画）

【只有有了切身体验打底，感动才会来得真切、真挚、真诚。情感一旦被唤醒，感悟就是迟早的事了。】

师：什么地方是最令你感动的？

生：父亲在用他的体温融化那块冰呢。

师：为什么这个地方令你感动呢？

生：因为我们普通人一摸到冰马上就把手缩出去了，而他却一直打磨着。

师：不是缩出去，是缩回来。

师：课文中哪几句话是写打磨的？

生：（朗读）我努力地睁开眼睛，只见父亲在离炕不远的地方，一只手托着一块东西，另一只手正在打磨着。

师：这一句是写打磨的，但是有一句话比它写得更具体，是哪一句？

生：他用双手打磨着，姿势很像是在洗碗。

师：什么叫打磨？你做一个动作。（生模仿洗碗的动作）看得出，你有洗碗的经验。其他同学试试。（生模仿）

师：有些人怎么像洗衣服？再请一位表演洗碗的动作，大家看仔细了。（生模仿洗碗动作）这就是打磨。来，一起把那句话读一读。（生齐读）

师：那样一个冰块要使它的中间凹进去，做成一个灯罩，就需要用他的大拇指打磨它的中间，使中间融化。（做打磨的动作）所以你跟父亲比较一下，就觉得父亲很伟大了。是吗？

生：是。

师：父亲在用他的体温融化那块冰，这个我好像不是很理解。虞老师好像几次看到父亲，打磨一阵然后把手放到脖子里面取暖，这是不是因为父亲怕冷？

【问得好！问得妙！前有体验，现有质疑，于学生无疑处当头棒喝，将质疑融入学生的感悟之中，使感悟不流于空泛、玄乎和混沌。小疑小进，大疑大进，无疑不进，信哉斯言！】

生：不是。

师：那是为什么呢？他这样做是为什么？

生：因为那个冰实在很难融化，手冻冷了之后，手的温度就降低了，所以他要取暖，等手指的温度升高了，再用手打磨来融化冰。

师：打磨时间长了，手指头变冷了，效果就不好了，所以放在脖子里暖和一下再继续打磨，是为了使冰块融化得更快一点。所以父亲正在用体温融化那块冰。感动吗？

生：感动！

师：一起把这句话读好。

生：（齐读）父亲正在用他的体温融化那块冰呢！

师：哪个词要强调出来？

生："体温"、"融化"。

师："体温"读重音！再来一次。（先读）

（师范读，生齐读）

师：还有什么地方令你感动？

生：第13、14自然段令我最感动。

师：请一个同学把第13、14自然段读一读。

生：（朗读）看着父亲又一次把手放在脖子上取暖的时候，我说："爹，来这儿暖和暖和吧！"随即我撩起了自己的被子。父亲一看我这样就急步过来，把我撩起的被子一把按下，又在我的前胸后背把被子使劲挪了挪，连连说，我不冷，我不冷，小心冻着你。末了，父亲又说，天还早呢，再睡一会吧。

师：这个字应该是"末"了，不是"未"了。上面一横长，下面一横短。来，把它改一改。

生：（朗读）末了，父亲又说，天还早呢，再睡一会吧。

师：好，读对了。父亲为什么要这样做？

生：他为了不让自己的孩子着凉。

师：不让自己的孩子着凉，时时刻刻都在关心着自己的孩子。那咱们读这一段的时候，你说应该怎么读？

生：慢一点。

师：慢一点，"我"就着凉了。

生：快一点。

师：快一点。来，咱们一起读。

生：（齐读）父亲一看我这样就急步过来……再睡一会吧。

师：这些地方都深深感动了我们。现在，虞老师请你们观察一下碗里的那块冰。有什么发现？

生：化了。

生：化了，都化成水了。

师：现在我再请你们看看最后那个自然段：（范读）"后来没几天它就化了，化成了一滩水。"父亲做的冰灯没几天就化了，化成了一滩水。"现在我们桌子上的冰块没几分钟就化了。你从中又感悟到了什么？

生：冰灯好几天没有融化，父亲却用他的大拇指把冰块化掉，很难，很难。

师：我们的冰块一会就化了，而父亲做的冰灯能玩上好几天。你又感悟到了什么？这又是令我们非常感动的地方。

生：父亲的冰块冻得很牢固。

师：我估计父亲那块冰块很坚硬，而我们的这块冰没多长时间就化了，你又感悟到了什么？

生：因为北方天气很冷。

师：从哪儿看出这是在北方？

生：爹。

生：炕。

师：刚才我们很多同学都感受到了，咱们在这样一个环境里握住这个冰块，手就麻了，就痛了，有的同学还抽筋了。（众笑）而在天寒地冻、滴水成冰的北方，父亲打磨着冰块，做着冰灯，这是多么不容易呀！你们想见见那位父亲吗？

生：想！

师：好！（放幻灯片）有什么想对父亲说的？

【情感被唤醒，又一次一次被浓化，于是，情浓于心，不吐不快。学生的角色，由旁观者转为参与者，每个学生都活在了文本的这一刻。情动于中而辞发于外，多么自然！多么感人！】

生：爹，谢谢您！

生：爹，您做的冰灯将温暖我一生。

师：父亲用他的体温在做，这个冰灯里面包含着父亲的体温，包含着父亲的挚爱，所以能够温暖我一辈子。

生：爹，我永远也不会忘记您给我做的冰灯。

生：爹，您做的冰灯虽然融化了，但它永远在我的心中。

师：冰灯虽然融化了，但您对儿子的爱是岁月消融不了的。

生：亲爱的爹，您做的冰灯，冻了您自己，却温暖了我一辈子。

五、结课

师：同学们提出的三个问题都解决了吗？

生：解决了。

师：同学们学习感悟的能力非常强！这堂课，咱们围绕提问读书、讨论，感悟到了父亲对孩子深深的爱。让我们再来深情地读一读课题。

【前后呼应，回归质疑。师心之缜密，由此可见一斑。通观全课，由质疑定方向，由感悟明内涵。质疑时通过感悟释疑，感悟时借助质疑觉悟，教学因此走向了质疑和感悟相融合的新境界。】

生：（齐读）温暖我一生的冰灯。

（虞大明，浙江省杭州市崇文实验学校教师）

7. 蓄势，课堂节奏的审美秘妙
——评邵宏锋老师执教的《为中华之崛起而读书》

一直担心，现在的孩子无法走进那段不堪回首的历史隧道。"洋人"、"租界"、"巡捕房"、"华人与狗不得入内"……这些现在只能在沉重的历史词典中才能翻到的"语词"，与当代学生的生命体验不知隔了多少层坚硬的壁障，让他们感同身受、入境入情，又谈何容易？但是，当邵宏锋老师教完这堂课的时候，我这颗悬着的心终于安然放下了。现场的感动与震撼，在我心头回旋三日，挥之不去。静下心来反思，是什么最终拆除了历史境况与学生体验之间的那一道道坚硬的壁障呢？第二次细读本课实录，才渐渐悟出个中的门道和机宜。

一、"蓄势——倾诉"的板块链接

这堂课，在整体构架上采用了"蓄势——倾诉"的板块链接。这样的构架，其创意和优势是十分明显的。第一，由蓄势而倾诉，逻辑地内含了文本的总体思路和学生的心理思路。这样，文路、学路、课路，就自然地被整合在一起了。第二，先蓄势，后倾诉，板块清晰，框架开阔，为课堂上"以学定教、顺学而导"构建了一个有效的对话平台，学生学得开放、学得自主、学得积极，教师则在点拨、点化、点染、点题上狠下工夫。第三，从蓄势到倾诉，着眼于学生的情感。所蓄之势，乃学生的情感之势；所诉之辞，乃学生的情感之声。这一课，其生命、其精神乃在"情感"。这样一种构架，正是情感教育的有效线索。

二、"集中——层叠"的课堂节奏

这堂课，在"读"的设计和处理上，采用了"集中——层叠"的课堂节奏。所谓"集中",是指语言材料的单一和凝聚;所谓"层叠",是指朗读感悟的回环和推进。本课的语言材料,锁定在那个妇女被洋人欺侮的四句话上。之所以锁定这个语段,意图有三:这个语段包含了"中华不振"的内涵,可以起到窥斑见豹的作用,此其一也;这个语段有着生动的形象和情节,极易激活学生的情思,此其二也;这个语段节奏鲜明,语势畅达,适合朗读传情,此其三也。对这个语段的层叠处理,体现了三个层级,即再现情景,读出形象;身临其境,读出体验;感同身受,读出思考。

三、"对比——回环"的创生机制

这堂课,在"情"的激活和蓄积上,采用了"对比——回环"的创生机制。首先,这堂课将对"中华不振"的郁闷、愤慨和对"中华崛起"的渴盼、警醒置于同一背景下,产生了震撼人心的课堂效应。更为巧妙的是,这种对比在时间的配置上并未作对等处理。对"中华不振",邵老师不惜浓墨重彩,强势渲染,极尽铺排层叠之能事;对"中华崛起",则惜墨如金,惊鸿掠过,近乎"不着一字,尽得风流"。而这种对比却暗合着一条主线,那就是"爱我中华"。这条主线,通过课堂上一次又一次的围绕"中华不振"的朗读感悟,由横向铺排而纵向开掘,由形象感悟而反躬醒悟,由心潮涌动而直抒胸臆。

[附:《为中华之崛起而读书》课堂实录及点评]

师: 请大家把目光投向大屏幕,读一读课文的题目——
生:(齐读)为中华之崛起而读书。
师: 请你们清晰而坚定地读一读课题。
生:(齐读)为中华之崛起而读书。
师: 能不能用铿锵有力的声音再读一遍?
生:(齐读)为中华之崛起而读书。
师: 在课文中,有一个词语和题目中"中华崛起"的意思正好相反。这个词语,请大家迅速地在课文中找一找。

【从搜索反义词入手,引导学生聚焦本课的核心内容。直截了当,直插

心脏。不知节省了多少课堂笔墨！大手笔！】

（生用很快的速度找到并举手）

生：是"中华不振"。

生：也是"中华不振"。

……

师：（在课题下方板书：中华不振）请一起再读一读这个词语。

生：（齐读）中华不振。

师：在课文当中，你从哪些地方读出了"中华不振"这个词语的意思？把它画下来，挑自己感受最深的一些地方来读给大家听！

（生自由读课文，感受"中华不振"）

师：（读书声慢慢地安静下来了）画下来了吗？（走近一学生）你画的是哪一处？

生：我画的是"街道两旁行走的大多是黄头发、白皮肤、大鼻子的外国人和耀武扬威的巡警"。大多是黄头发、白皮肤、大鼻子的外国人，而不是黑头发、黄皮肤的中国人。

师：如果是在别的地方还不奇怪，奇怪的是这是在哪里？

生：这是在中国。

师：是啊！这就是"中华不振"。

生：我画的是第8段"一问才知道……反而把她训斥了一通"。（学生读时，教师及时为学生正音：惩处、训斥了一通）从这里可以看出"中华不振"。

师：非常好。从中国妇女的遭遇当中读出了"中华不振"。

生：我画的一句话是"一个风和日丽的星期天，周恩来背着大伯，（师正音：背着大伯）约了一个要好的同学闯进了租界"。这是中国的地盘，为什么中国人要"闯"进去，而不能光明正大地进去？这就是"中华不振"。

师：从一个词语当中也看出了"中华不振"。

生：我从"他始终忘不了大伯接他时说的话……"这一段周恩来想的这些话中看出，中国人的土地却被外国人占领了，这就是"中华不振"。而"租界地"名义上是外国人来租房经商，实际上是干不法之事的地方，如果不是"中华不振"，就不会有"租界地"这种地方。

生：我找到的是"围观的中国人都紧握着拳头……只能劝劝那个不幸的妇女"。从这句话看出"中国不振"。因为这块租界地是我们中国的，但是被外国人统治着,我们中国人谁也不敢进去。这就是"中华不振"!

　　生:我画出来的是"正当周恩来和同学左顾右盼时……一个大个子洋人则得意扬扬地站在一旁"。这里说到一个衣衫褴褛的中国妇女正在哭诉,而洋人则得意扬扬地站在一旁,这说明了"中华不振"。因为这是在中国的土地上,洋人是得意扬扬的,而中国人则哭诉着。

　　【放手让学生解读"中华不振",一口气挖出了六个感悟点。先在横向的铺排上为感悟"中华崛起"蓄势,蓄情形之势、情感之势、情境之势。】

　　师:这是一个多么鲜明的对比啊!从这个鲜明的对比当中,我们也能够读出这一点(指板书),读——

　　生:(齐读)中华不振。

　　师:流淌在课文字里行间的都是——

　　生:(齐读)中华不振。

　　师:是啊,"中华不振"!老师发现,有一段话几乎每一位同学都把它画了下来。(投影出示:这个妇女的亲人被洋人的汽车轧死了,她原指望中国的巡警局能给她撑腰,惩处这个洋人。谁知中国巡警不但不惩处肇事的洋人,反而把她训斥了一通。围观的中国人都紧握着拳头。但是,在外国租界里,谁又敢怎么样呢?)

　　师:我记得刚才是这位同学读到了这段话。请你站起来,你把这段话再读一遍,行吗?

　　(两位学生朗读了课文段落,学生报以热烈的掌声)

　　【从六个感悟点中筛选出一个点来,这是在纵向的开掘上为感悟"中华崛起"蓄势。所有的势,最后都将通过这个点得到蓄积。】

　　师:听着两位同学的朗读,我不知道你们的脑海里是不是想到了些什么,听到了些什么,甚至还看到了些什么?

　　生:我想到了:当时,在外国的租界里,中国人为什么敢怒不敢言,不敢出手去惩处那些恶毒的洋人?是因为惩处洋人之后外国人就要打我们中国吗?这就是我们"中华不振"的地方。

　　生:我看见了外国人在租界里横行霸道的身影,这是中国的土地,为什么外国人能在这里行走,而中国人不能?而且是他们蛮不讲理,为什么我们就敢怒不敢言呢?

　　生:我看见当时地方上的巡警局是多么的懦弱!在外国的租界里,他们有义务去管教这些洋人,但为什么敢怒不敢言?当地的官兵又在干什么呢?

师:本末不要倒置啊!是外国人租借了我们中国的土地啊!同学们,这段话让我们想了很多,让我们看到了我们不愿意看到的情景。谁再来读一读这段话?

(生有感情地朗读,博得了大家热烈的掌声)

【对这个点的感悟,紧紧贯穿以读为本的主线。对于"读"的处理,匠心独具,颇有章法。第一层次,再现情景,读出形象。】

师:同学们,假如当时你就在现场,假如当时你亲眼目睹了这样的事情,你会怎么想?怎么做?

生:我会想,为什么在我们中国的土地上,洋人犯了事,可以不去追究其责任,而中国人却要哭诉呢?我会去帮助这个妇女说这个洋人。

师:去斥责这个洋人!

生:我在想,在中国的土地上,洋人凭什么可以胡作非为、横行霸道?如果我在现场,一定会为这个妇女打抱不平,和洋人讲道理的。

生:既然中国巡警连这些人命关天的事情都不管,也就只有我们这些平民百姓才能去指责这个洋人了。我会挺身而出,为那个妇女打抱不平。

师:我深深地为你讲的这段话而感动,老师希望你来读这段话(指屏幕),好吗?一个有责任心、有使命感的中国人!

(生身临其境地读)

【第二层次,身临其境,读出体验。】

师:谁又敢怎么样呢?同学们,读着这样的话,亲眼目睹着这样的事情,你的脑子里是不是有很多的问题想问?

生:为什么在中国的土地上,洋人可以横行霸道,而有的中国人却不能进去呢?

生:为什么外国人衣冠鲜艳而整齐,中国人却衣衫褴褛?

生:我想问,这些围观的中国人他们的自尊在哪里?他们的脸面又在哪里呢?

生:我想问,这个妇女的亲人被洋人的汽车轧死了,中国的巡警局为什么不给她撑腰?她的亲人死得不是太冤了吗?

生:我想问,围观的群众都紧握着拳头,为什么这些拳头不恶狠狠地朝着那个洋人打下去呢?

生：这些巡警本应该主持公道，然而，他们不帮助妇女也就罢了，为什么还站在洋人的一边，把这个本来已经痛苦不堪的妇女又痛斥了一顿呢？

【第三层次，感同身受，读出思考。】

师：既然脑子里有那么多的问题困扰着你们，折磨着你们，那么，你们想过这些问题的答案吗？

（连续指名4位学生回答"想过吗"，学生都回答：想过。）

师：既然你们都想过这些问题，那老师就一个一个地来问你们。

师：（指名）请你来读一读这段话。（手指大屏幕）

生：（读）一问才知道，这个妇女的亲人被洋人的汽车轧死了，她原指望中国的巡警局能给她撑腰，惩处这个洋人。谁知……

师：这个中国的巡警有没有给咱们中国人撑腰啊？

生：他没有给我们中国人撑腰，反而帮洋人训斥了中国的妇女。

师：为什么啊？（教师板书：?）

生：因为这件事发生在租界地里。

生：因为在租界地里，中国人是管不了外国人的事情的。

生：因为中国人没有强大的力量和外国人对抗。所以，我认为这是我们"中华不振啊"！

师：问题的答案就写在黑板上：中华不振啊！（教师补充板书：啊！）

（教师指名学生继续往下读课文）

生：（读）谁知……反而把她训斥了一通。

师：这个把中国人轧死的洋人，最后有没有被惩处啊？

生：他没有被惩处，而且还站在一旁得意扬扬地笑！

（教师连续指名两位学生回答：他被惩处了吗？生均答：没有。）

师：那我们又不禁要问：这究竟又是为什么？（教师板书：?）

生：这是因为"中华不振"。

生：这是因为他们贪生怕死，怕外国的洋人来攻打他们——

师："他们"指谁？

生：他们指中国巡警局的巡警。

生：中华不振啊！

师：答案还是在这里——中华不振啊！（教师补充板书：！）请全体同学把剩下来的话读完！（手指大屏幕）

生：（读）围观的中国人都紧握着拳头……谁又敢怎么样呢？

7. 蓄势，课堂节奏的审美秘妙 / 81

师：这些围观的中国人有没有为自己的同胞讨回一点公道呢？

生：（齐答）没有。

师：他们说了一些什么？

生：中国巡警局的人把那个妇女训斥了一通，尽管围观的中国人都很气愤，但是他们没有其他办法，只能劝劝那个可怜的妇女。

师：他们还做了一些什么？

生：他们站在妇女和洋人的周围，紧握着拳头，但没有做什么。

师：这可是在咱们中国人自己的土地上啊，而且站着的是"一群中国人"啊！但是他们怎么会连做一些什么，说一些什么都办不到呢？

生：因为当时的中国太弱了，他们都不相信能够打赢那些外国人。

生：因为中华不振！

师：因为"中华不振！"……（补充板书：！）

师：（配乐朗读大屏幕上的课文）一问才知道，这个妇女的亲人被洋人的汽车轧死了……谁又敢怎么样呢？

生：（配乐齐读）一问才知道，这个妇女的亲人……谁又敢怎么样呢？

【一次次地引读，一次次地配乐读，一次次地强化"中华不振"，如汹涌的海潮一浪盖过一浪，又如翻卷的云雾一层压向一层。课堂情势越蓄越强，越蓄越厚，即将到达引爆点。】

师："谁又敢怎么样呢？"身为中国人，亲眼目睹这样的事情，我们怎么能够不冲动？身为中国人，亲眼目睹这样的事情，我们又怎么能够不愤怒？但是，在当时的中国，发生这样的事情，太平常了……

（投影出示"华人与狗不得入内"的事例介绍。教师配乐朗读。）

师：华人，与狗，不得入内！你们有什么想说的？

生：洋人太猖狂了，竟然把我们华人比作狗！

生：洋人实在是太蛮不讲理了，把我们堂堂的中国人比作一条狗！

生：这些洋人竟然把我们华人跟狗相提并论，把中国人当畜生一样看！

生：我觉得这些洋人简直就是欺人太甚，居然把狗，把这种宠物与中国人比作一物！

……

【蓄势之大功告成矣！】

师：从租界回来以后，周恩来常常一个人在沉思，他在想一些什么呢？

同学们，请你们把它写下来！

【课堂情势陡然转向。蓄势到了极点，该是宣泄、倾吐、直抒胸臆的时候了。】

（学生自由抒写"周恩来的沉思"）

师：要不是这节课快要下课了，同学们可以一直写下去……

（指名学生读自己写的话）

生：从租界回来以后，周恩来常常一个人在沉思。他想着，的确，洋人实在是欺人太甚了，可是，更令人憎恨的是中国巡警局！中华民族之所以这么软弱，中华民族同胞之所以被欺凌，是因为什么？中华民族地域辽阔，人又多，若打起来，不见得会输给外国人。关键是中华同胞不能够团结一心，要不然，中国人怎么不为自己人撑腰啊？

生：为什么，为什么中国人不敢和洋人作斗争？为什么，为什么中国人没有权力、没有勇气去和洋人作斗争？为什么中华不振啊？

师：问得好！

生：从租界回来以后，周恩来常常一个人在沉思。他想着，人与人都平等，外国人没有权力来侵犯中国，更没有权力像看待动物一样看待中国人。为什么中国人民敢怒不敢言？为什么中国人民不万众一心，把前来欺凌我们的外国人给打倒？中国人为什么不能夺回自己的自尊？为什么不能夺回自己的自尊呢？

师：那么多的问题，一直在你们的脑海里翻江倒海！尽管我们已经找到了答案，可是，我们还是得一遍又一遍地来拷问自己。

生：他会想，如果不是"中华不振"，也许外国人就不会这么张狂，就不会歧视中国人，租界里的事情就不会发生了。中国巡警也一定会为中国人讨回公道。

师：这一次，周恩来从租界回来，他的的确确想了许多许多。请同学们把手放下来。周恩来从租界回来，始终忘不掉一些东西：

他忘不了在中国人自己的土地上却给不了一个中国妇女以起码的公道。

他忘不了在中国人自己的土地上却让洋人站在一个中国妇女面前耀武扬威、专横跋扈。

他更忘不了在中国人自己的土地上、在光天化日之下有一群中国人竟然眼睁睁地看着自己的同胞被侮辱、被欺凌、被折磨，却不敢给自己的同胞伸张正义。

在修身课上听见魏校长问同学们"为什么而读书"时，周恩来恍然大悟，听到魏校长点他的名字，于是，周恩来胸有成竹地站了起来——读！

生：为中华之崛起而读书！

师：周恩来站了起来，清晰而坚定地回答道——（连续指名学生回答）

生：为中华之崛起而读书！

生：为中华之崛起而读书！

……

师：同学们，为什么而读书？

生：为中华之崛起而读书！

师：请你们清晰而坚定地回答，为什么而读书？

生：（齐答）为中华之崛起而读书！

师：请你们铿锵有力地回答，为什么而读书？

生：（齐答）为中华之崛起而读书！

师：下课！（学生嘹亮的声音仍然在耳畔回荡）

【学生的写话和诵读，其情之切，其思之广，其悟之深，其心之真，可谓发自肺腑，水到渠成。】

（邵宏锋，浙江省杭州市拱宸桥小学教师）

8. 诗与思的对话

——评王自文老师执教的《古诗两首》

古诗教学历来是阅读教学的一大难点，其难有三：由于古诗内容的时空跨度太大，加之学生的阅历背景又太浅，他们很难与诗人心同此情、意同此理；由于古诗的话语风格离学生的现有语感相去甚远，多数古诗教学仅仅满足于诗意的疏通和诗句的积累，至于诗的文化底蕴则往往无暇顾及；因了上述两难，古诗教学的模式还相对比较陈旧和保守，尽管时下有新课程理念的引领，但古诗教学却是涛声依旧，难有突破。

《古诗两首》的教学，在新课程理念的自觉引领下，知难而上，勇于求索。江南才俊自文老师以其丰厚的文化底蕴、开阔的课程视野、高超的教育智慧、创新的专业人格，实现了古诗教学的三大突破。

一、主题凝聚、资源整合，实现古诗教学模式的突破

纵观全案教程，一去传统的"逐首教学"（即一首一首地教学）和"逐环教学"（即解题开始、正音跟上、疏通为主、背诵断后）模式，大胆采用"合——分——合"的教学思路，让人耳目为之一新、精神为之一振。自文老师以其深厚的文化底蕴和敏锐的审美嗅觉，洞悉了两首古诗的内在联系和同构本质。于是，以诗人"忧国忧民"之情怀为主题，将三维目标、三首古诗有机地整合为一体。

首次整合，同中求异，奠定了两首古诗不同的情感基调；二度整合，异中求同，索解出两首古诗一致的精神本质。分步解读，则是在两次整合之间的跨度上，架起一道绚丽的彩虹。悟遗民之"泪"，解权贵之"醉"，为二度整合铺垫情感和意象的基础。

二、比照参读、因果索解，实现古诗解读模式的突破

本案精读古诗两首，略读古诗一首，精读的两首古诗，从内容上比照，不难发现其中的因果关系——权贵寻欢实为遗民苦盼之因，反之，遗民苦盼必为权贵寻欢之果。用遗民之泪浇权贵之醉，多么让人心酸；以权贵之醉衬遗民之泪，多么让人悲愤。这种形象、情景、氛围的强烈反差，形成了一种震撼人心的情绪场。自文老师以其不凡的身手，引领学生切己体察、感同身受，师生在情绪场中共同受到了一次刻骨铭心的精神洗礼。陆游的两首古诗，则在时空的比照中，产生了另一种发人深省的艺术效果。一年又一年，苦盼再苦盼，一次次希望化为一次次失望，一次次失望又燃起一次次希望，然而一直到死，诗人盼来的依然是山河破碎、遗民泪尽。这种时间上的纵向对照和空间上的横向比较，大大拓展了古诗解读的文化背景，丰厚了古诗解读的文化底蕴。

三、举象显情、借象悟情，实现古诗感悟模式的突破

感悟古诗，不在诗句的字面意思，而在诗句背后的情味和意蕴。如何引领学生读出诗句背后的那份情、那段爱、那颗心、那种味，自文老师独辟蹊径，别开生面，紧紧抓住"诗象"这一中介，成功实现了古诗感悟模式的突破。

"胡尘"两字化为这样的画面：战马嘶鸣，铁蹄肆虐，白发苍苍的老人惨死在金兵的铁蹄下，青青的禾苗被金兵的马队连根踢起，秋风中瑟瑟的茅屋在狼烟中化为灰烬……

试想，此景此境，怎不让人顿生悲切凄凉之情？情来自何方？靠咀嚼字面意思是很难生成的。"情"要靠"象"去显，当平面的诗句通过学生的想象生成为一幅幅鲜活的画面、一段段感人的旋律、一幕幕立体的场景时，学生才能投身其中，感诗人所感，想诗人所想，悲诗人所悲，恨诗人所恨。于是，诗句背后的情味和意蕴，就在"象"的召唤和引领下，喷涌而起，一泻千里。

[附:《古诗两首》课堂实录及点评]

[教学内容]

浙教版六年制小学语文第十二册古诗两首:《题临安邸》、《秋夜将晓出篱门迎凉有感》。教学时间为一课时。

[教学理念]

1. 语文课程具有综合性的特点。遵循这一特点,语文课堂教学应该努力在整合上做文章。三维目标要整合,课程资源要整合,教学方式要整合,在整合中提高课堂教学效率,提升学生的语文综合素养。

2. 语文课程具有审美性的特点。遵循这一特点,语文课堂教学应该努力在情感上下工夫。让学生在形象感知中入情,在切己体察中悟情,在展开想象中融情,在参读互训中升情。

3. 语文课程具有人文性的特点。遵循这一特点,语文课堂教学应该努力在价值上指航向。古诗是民族精神文化的重要载体,本身又是一种独特的民族文化。古诗教学应该引领学生融入这种文化,从而洗涤心灵,铺垫精神底子。

【理念是课堂教学的灵魂与精髓,理念贯通在课堂教学的全部结构和全部过程中。理念正,则课堂正;理念新,则课堂新;理念亮,则课堂亮。理念设计贵在精专:一"整合"对应主要策略,一"情感"对应主体内容,一"价值"对应主导目的,大处泼墨,高屋建瓴,真有"推窗观天地,挥毫凌云烟"的气派。】

[学习目标]

1. 借助教材注释,结合课外资料,通过独立自主的学习,正确理解两首古诗的大概意思。

2. 咀嚼和体悟重点诗句的情味,在反复诵读与融情想象中,感受诗歌的情绪和意象,受到心灵的熏陶和滋养。

3. 在两首古诗的对比参读中,初步感受借景抒情的表达方式,明了诗与诗之间的内在联系,体悟诗人忧国忧民的情怀。

【三大目标,层层设置,步步晋阶。目标一,旨在疏通古诗之意思,此为表层解读；目标二，旨在体悟古诗之意味，此为中层解读；目标三，旨在挖掘古诗之意蕴，此为深层解读。由"意思"而"意味"而"意蕴"，方得古诗学习之"三昧"。又值一提的是，三大目标，个个融合了三维之要诀。每一目标之表述，亦知能，亦方法，亦情感，总是水乳交融、浑然一体。】

[教学过程]
一、整体通读，把握诗境

1. 自由读两首古诗，要求读正确、读通顺。读后借助课文注释，试着说说两首诗的大概意思。（教师板书诗题：题临安邸 秋夜将晓出篱门迎凉有感）

2. 指名朗读古诗，一人读一首。听听是否读得既正确又通顺。

3. 全班齐读两首古诗，边读边想：两首古诗有哪些相同的地方？读后交流：

① 作者都是南宋的诗人。随机让学生说说对南宋的了解，教师随机补充南宋王朝贪图安逸、屈膝求和、不思收复失地的史实。

② 都有景物描写。随机设疑：写景只为写景吗？对此我们需要认真体会。

③ 都写到了人。随机追问：此处的"游人"指哪些人？（南宋权贵）此处的"遗民"又指哪些人？（北宋遗民）"遗民"的"遗"在这里当什么讲？（遗留）

【知人论诗，整体观照，实为古诗学习之重要门径。本案设计，巧在开课伊始，即将两首古诗和盘托出，此为整合策略之小试牛刀。借助注释初知大意是整合的基础，聚焦同质、求同存异则是整合的关键。此处整合，意在铺垫史实背景、把握情绪基调、营造解读期待。从整合入手解读古诗，实乃教学模式之一大突破也，妙！】

二、分步解读，品悟诗情
（一）学习《秋夜将晓出篱门迎凉有感》

1. 过渡：一边是南宋的权贵，一边是北宋的遗民。当他们被如此鲜明地摆在一起的时候，我们会有何种感受呢？我们该做何种感想呢？

2. 指名朗读《秋夜将晓出篱门迎凉有感》，读后说说题目的意思。

3. 指名说说诗的大意，疏通诗意后追问：

① 这里的"胡尘"，写出的难道仅仅是金兵战马所扬起的尘土吗？

② 听音效展开想象：在金兵战马啾啾的嘶鸣声中，在金兵战马嗒嗒的

践踏声中，你仿佛看到了一幕幕怎样的场景？（学生想象后言说）

③ 哀声遍野，生灵涂炭。老人在流泪，小孩在流泪，妇女在流泪，北宋的遗民在流泪啊！（板书：泪）这滴滴流淌的是怎样的泪啊？（痛失亲人的泪、家破人亡的泪、流离失所的泪、充满仇恨的泪、苦苦期盼的泪……）

④ 金兵横行，遗民泪尽，国破家亡，生灵涂炭，这是何等凄凉、何等悲惨的生活呀！当你面对这一切的时候，你的心情是什么样的？

请你怀着这样的心情读读这首诗吧！

⑤ 国家破碎，山河依旧，不同的是，奔腾咆哮的黄河已经成了金兵的饮马之槽，巍峨高耸的华山已经成了金兵的牧马之地。黄河向大海悲泣，华山向苍天哭诉。引导学生反复诵读古诗，读出凄凉，读出悲愤。

4. 参读陆游的《示儿》，深化感悟。

① "南望王师又一年"，你可知道，这"又一年"是多少年吗？诗人陆游写这首诗的时候，中原已经沦陷整整65年了。同学们，65年啊，780个月啊，23739个日日夜夜呀！

1年过去了——引读"遗民泪尽胡尘里，南望王师又一年"。

10年过去了——引读"遗民泪尽胡尘里，南望王师又一年"。

65年过去了——引读"遗民泪尽胡尘里，南望王师又一年"。

② 又一个十年过去了，遗民们苦苦盼望的南宋王师来了没有呢？补充陆游《示儿》，齐读。南宋王师盼到没有？你是从哪儿体会到的？（但悲不见九州同）此时此刻，你还体会到了什么？

③ 古诗读到这里，你觉得"遗民"的"遗"仅仅是"遗留"的意思吗？（遗忘、遗弃）

是谁早早地遗忘了他们？是谁无情地遗弃了他们？

【该诗的解读，紧扣一个"泪"字。遗民之泪，如瑟瑟秋雨，裹挟着满腔的凄凉、悲惨和绝望，洒向了三万里河、五千仞岳，洒向了满目疮痍、遍地废墟的中原大地，冷冷地滴落在诗人的心头。一个"泪"字，上承金兵踩躏百姓之残暴，下启遗民苦盼王师之悲凉，可谓牵一发而动全身是也。教材透则教法秀，此例即为一典型，高！】

（二）学习《题临安邸》

1. 过渡：那些令人心凉的南宋王师干什么去了？（男生齐读《题临安邸》）

那些令人心凉的南宋权贵干什么去了？（女生齐读《题临安邸》）

那个令人心凉的南宋皇帝又干什么去了？（全班齐读《题临安邸》）

2. 讨论：王师、权贵、皇帝，他们干什么去了？你是从哪儿读出来的？在对话交流中相机作以下引导和点拨：

①"暖风熏得游人醉"，这是一副怎样的醉态呀？读着这个"醉"字，你的眼前仿佛出现了怎样的画面？学生想象说话，教师相机点拨：这是烂醉如泥的"醉"，这是纸醉金迷的"醉"，这是醉生梦死的"醉"。那一杯杯琼浆玉液，灌入一个个酒囊饭袋之中，倾倒在一具具行尸走肉的体内。引导学生有感情地诵读古诗的后两句。

②在这帮酒囊饭袋的眼中，杭州还是杭州吗？（课件播放《清明上河图》，教师解说：汴州又称汴梁、汴京，是北宋的都城。据史书记载，汴州当时的人口超过百万，是当时世界上最发达、最繁荣的城市。北宋画家张择端的这幅《清明上河图》，生动地再现了一个王朝的兴盛和一座都城的繁华。大家看——街道纵横，店铺林立，人来车往，川流不息。好一派繁荣昌盛、国泰民安的气象啊！但是，这一切的一切，从城门被金兵攻破的那一刻起，从两个皇帝沦为金人阶下囚的那一刻起，就不复存在了。山河破碎，城市萧条，金兵肆虐，遗民泪尽。锦绣河山就这样无情地断送在这批酒囊饭袋的手中。是啊，无论是在昔日的汴州还是在今天的杭州，那些权贵们还不都是朝朝寻欢、夜夜作乐吗？他们已经断送了一个繁华如织的汴州，难道就不会再断送一个锦绣如画的杭州吗？）

③想到这些，我们怎能不焦急？我们和诗人一起问问他们——指名朗读"西湖歌舞几时休"。

想到这些，我们怎能不担忧？我们和诗人一起再问问他们——指名朗读"西湖歌舞几时休"。

想到这些，我们又怎能不愤慨？我们和诗人一起，指着他们的鼻子问问他们——指名朗读"西湖歌舞几时休"。

【解读该诗之难，难在一个"情"字。感悟诗人之情，要在一个"愤"字。其中，有面对中原破碎萧条之悲愤，有面对权贵醉生梦死之激愤，有面对故土无人收拾之义愤。此情此愤，宜让学生感同身受、切己体察。然诗人彼时之情与学生当下之情，实在落差过大、间距过远。因此，缩小情感落差、拉近情感间距就成了该诗教学的全部枢纽。对此，本案共设三招：第一招，抓住"醉"字，融情想象，让学生身临其境；第二招，抓住"作"字，含情解说，让学生触目惊心；第三招，抓住"问"字，激情诵读，让学生感

同身受。难点破，则解读成矣，神！】

三、整体参读，体察诗蕴

1. 当这两首诗同时摆在我们面前，当权贵寻欢和遗民泪尽两幅截然不同的画面同时出现在你的眼前时，你有何感受？做何感想？（自由畅谈）

2. 交替互读两首古诗。

① 北方的壮丽河山沦陷了，西湖边还是一派歌舞升平、纸醉金迷——学生齐读《题临安邸》。在"西湖歌舞几时休"的质问声中，在"直把杭州作汴州"的痛恨声中，你感受到了作者那一颗怎样的心？

② 杭州的权贵们在歌与酒的沉醉中昏昏度日，中原的百姓们却在金兵的铁蹄下苦苦期盼、度日如年——学生齐读《秋夜将晓出篱门迎凉有感》。迎凉有感的背后，是诗人一颗怎样的心在跳动啊？

③ 这是两首各不相同的古诗，场景不同，人物不同，情绪不同，但现在，我们却再次发现了它们的相同之处。（板书：忧国忧民）那颗忧国忧民的心是完全相同的。

3. 面对醉生梦死的南宋权贵，面对水深火热的北宋遗民，面对忧国忧民的爱国诗人，你想对谁说些什么？（自由选择，自由练笔。畅谈体会，随机点评。）

4. 沉沦的是无道昏君，堕落的是无耻佞臣。（课件播放 MTV《满江红》，随着悲壮的歌曲响起，老师动情言说）面对破碎的河山，面对苦盼的人民，抗金名将岳飞喊出了"精忠报国，还我河山"的豪言壮语。他的抗金事迹连同他的千古绝唱《满江红》，如同黑夜中一道犀利的闪电，划破长空，光照千秋。

【整合之精髓，在索解两首古诗内在精神之一致也。林升诗，以愤起首；陆游诗，以悲作结。表面视之，情感各异，但深层探之，则诗心昭昭，可谓"满纸忧愤言，一把辛酸泪"。此处的整合，用了对比参读的策略。对比之意，非为求异，实为探求内在精神之一致也。"忧国忧民"四个血字，当让学生铭记在心。纵观两首古诗的解读过程，总有"长夜难明赤县天"之感，让人喘不过气儿来。然史实终归是史实，本案教学压台于岳飞的《满江红》，课堂氛围顿时豪气冲天、壮怀激烈。此举用时虽短，用意颇深，大有"一唱雄鸡天下白"的痛快，爽！】

（王自文，浙江省安吉天略外国语学校教师）

9. 一线穿珠，一唱三叹

——评邹清老师执教的《秋天的怀念》

我是含着眼泪听完这堂课的！但我还是执著地认为，这堂课最大的受益者是我们的孩子。课的尾声，孩子们大段大段的肺腑之言，让我们不仅听到了孩子们精彩、华丽的语言表达，更是深切感受到了他们作为一个人的灵魂的觉醒。这是何等神圣又何等幸福的课堂时光！语言和精神，在这堂课、在这短短的四十分钟里得到了最大限度的协同发展。我以为，这才是语文课最高的价值和最大的魅力所在。对此，我深信不移！

一、一线穿珠的教学构架

邹老师显然精心设计了课的全部流程。我们现在反观整堂课，就会很清晰地找到两条主线：第一条是明线，第二条是暗线。一明一暗交织在一起，就像一枚硬币的正反两面。明线就是"好好儿活"，暗线就是"好好儿活"背后交织、浸润着的儿子对这位伟大母亲的深深怀念与无限敬意。明线贯穿了课的始终，暗线编织在明线之中，二者水乳交融。

邹老师把"好好儿活"作为这节课教学的主线和主旨，贯穿于以下三个层面：第一个层面是聚焦"好好儿活"，第二个层面是感悟"好好儿活"，第三个层面是内化"好好儿活"。孩子们最后的写话，写话以后的动情诉说，就是对"好好儿活"的深刻诠释。由聚焦、感悟到最终的内化，很自然、很深切地激起孩子们对母亲的思念与敬意。全课形成了一个高度向心的教学球体，没有枝蔓，没有冗余动作，上得干干净净、清清爽爽。这是极富创意的设计。

二、一唱三叹的课堂支点

为了更好地穿起"好好儿活"这一主线,执教者精心选择并成功搭建了三个教学支点,这三个支点就像高楼大厦的骨架一样把整堂课撑了起来。这三个支点是什么呢?其实,明眼人早就发现,支点就是文章的最后一段:

又是秋天,妹妹推着我去北海看了菊花。黄色的花淡雅,白色的花高洁,紫红色的花热烈而深沉,泼泼洒洒,秋风中正开得烂漫。我懂得母亲没有说完的话,妹妹也懂。我俩在一块儿,要好好儿活……

这一段话在教学中适时适度地出现了三次,营造出了一唱三叹的审美节奏和情绪氛围。

第一次是引出"好好儿活",因为那是母亲曾经对儿子的嘱咐,课堂的情感基调由此一锤定音。第二次是在充分解读了母亲"好好儿活"的深刻内涵和深厚亲情之后,学生动情诵读最后一段。正是这一读将儿子觉悟之后对生命的憧憬、对母亲的缅怀之情推向了高潮。第三次是在简介了史铁生的坎坷经历和创作成就之后,出于一种印证,学生再次有感情地朗读最后一段。那一刻,泼泼洒洒的秋菊和"好好儿活"的觉悟深深地定格在学生的心上。

三、一反常态的文本拓展

这堂课对文本的拓展、对文本的超越有突破性的设计与实施。我们过去听到的很多阅读课,往往把拓展固定在课堂教学的某个环节上,而这个环节往往是放在新课教学结束时。这节课从一开始就安排了拓展,前后一共出现了四次。最妙的是第四次拓展,教师把从两个文集中采摘下来的三段文字整合在一起,采用滚动的方式,师生合作对读。这种形式的拓展不光为学生提供了一个更加开阔的与文本对话的文化平台和信息平台,还有一个更重要的突破——借助拓展的文本帮助学生直抒胸臆,帮助学生深刻理解文本。此时此刻,作者的千言万语——对母亲深深的思念、沉重的忏悔以及那遥远的祝福,都融入在这三段经由执教者精心选择的拓展文字中。

从根本上说,只有语言操练的语文是死的语文,只有精神清谈的语文是空的语文,唯有语言和精神相辅相成、协同发展的语文,才是真的语文,自然也是善的语文、美的语文。

[附:《秋天的怀念》课堂实录]

[教学目标]
1. 有感情地朗读课文。
2. 体会"母亲"深沉的爱和无私的关怀,从中懂得不管在什么情况下都应该"好好儿活"。

[教学过程]
一、导入课题
1. 出示史铁生的照片。
2. 简介史铁生。
师:请同学们仔细地看,照片上的这位伯伯给你一种什么感觉?(学生回答)
师:这个神采飞扬的人,其实是个瘫痪了三十多年的残疾人。尽管命运对他很不公平。但他就像他的名字铁生那样坚强地活着。可曾经有那么一段日子,他对生活绝望了。后来,他在文章中这样写道——
"双腿瘫痪后,我的脾气变得暴怒无常。望着望着天上北归的雁阵,我会突然把面前的玻璃砸碎;听着收音机里甜美的歌声,我会猛地把手边的东西摔向四周的墙壁。"
(学生朗读上述文字)
师:再看他写的另一段话——
"我那时脾气坏到极点,经常是发了疯一样地离开家,从那园子里回来又中了魔似的什么话都不说。"(园子指的是北京地坛公园)
(教师朗读上述文字)
师:那是在史铁生21岁那年,一场大病后,他就再也没有站起来,只能坐在轮椅上靠两只手摇着轮椅去自己想去的地方。究竟是谁使他鼓起了生活的勇气呢?请同学们用心地读课文,读完后说说你的感受。

二、整体感知
1. 自由读课文,读后多名学生谈感受。
2. **师**:这的确是位无私的、伟大的、让人震撼的母亲。每当秋天来临的时候,我的心里充满了对母亲的深深怀念。

三、引出"好好儿活"

1. 指名学生配乐朗读文章最后一段——

"又是秋天,妹妹推着我去北海看了菊花。黄色的花淡雅,白色的花高洁,紫红色的花热烈而深沉,泼泼洒洒,秋风中正开得烂漫。我懂得母亲没有说完的话,妹妹也懂。我俩在一块儿,要好好儿活……"

2. 师:"好好儿活"是母亲曾经对儿子的嘱咐。让我们随着作者纷纭的往事,感受母亲那一句"好好儿活"。

四、理解"好好儿活"

1. 默读第一自然段,你是否能读懂母亲为什么一而再地嘱咐儿子要好好儿活?……

2. 学生谈感受,教师根据学情,随机指导。

3. 重点学习:母亲扑过来抓住我的手,忍住哭声说:"咱娘儿俩在一块儿,好好儿活,好好儿活……"

(1) 指名读。

(2) 这句话中最让你感动的是什么?

(3) 指导朗读。

五、感受"好好儿活"

1. 读课文3—6自然段:母亲的哪些言行让我们感受到母亲希望儿子能"好好儿活"?

2. 学生汇报交流,教师顺学而导。重点指导以下两处:

(1) 那天我又独自坐在屋里,看着窗外的树叶"刷刷拉拉"地飘落。母亲进来了,挡在窗前:"北海的菊花开了,我推着你去看看吧。"她憔悴的脸现出央求般的神色。

① 学生谈感受。

② 母亲希望儿子内心充满——

师:一个"挡"字让我们感受到母亲对儿子的理解,一个"挡"字让我们感受到母亲的那句"好好儿活"。

(2) 她出去了,就再也没回来。邻居们把她抬上车时,她还在大口大口地吐着鲜血。我没想到她已病成这样。看着三轮车远去,也绝没有想到那竟是诀别。邻居的小伙子背着我去看她的时候,她正艰难地呼吸着。别人告诉我,她昏迷前的最后一句话是:"我那个生病的儿子,还有那个还未成年的女儿……"

① 学生谈感受。

② 指名读。（读出儿子对母亲的歉意）

③ 指名读，配乐齐读。

六、简介生平，感悟"好好儿活"

1. 指名读最后一段——

又是秋天，妹妹推着我去北海看了菊花。黄色的花淡雅，白色的花高洁，紫红色的花热烈而深沉，泼泼洒洒，秋风中正开得烂漫。我懂得母亲没有说完的话，妹妹也懂。我俩在一块儿，要好好儿活……

2. 简介史铁生

师：命运对史铁生很不公平。21 岁史铁生双腿瘫痪。29 岁又患急性肾衰竭，手术后只留下受损的左肾。47 岁起患上尿毒症的史铁生隔天去医院做透析。透析使他的身体永远缺乏足够的精力，他活得非常艰难。但母亲的匆匆离去，母亲的那句"好好儿活"，使他明白：无论如何，都要勇敢地直面人生的磨难，不仅要活着，而且要活得精彩。28 岁那年他发表第一篇小说《法学教授及其夫人》。32 岁那年他创作的小说《我的遥远的清平湾》获当年度"青年文学奖"和"全国优秀短篇小说奖"。以后，陆续发表了不少作品，成了我国著名作家。

3. 指导学生有感情地朗读最后一段——

又是秋天，妹妹推着我去北海看了菊花。黄色的花淡雅，白色的花高洁，紫红色的花热烈而深沉，泼泼洒洒，秋风中正开得烂漫。我懂得母亲没有说完的话，妹妹也懂。我俩在一块儿，要好好儿活……

师："好好儿活"要一字一顿地读，要读出史铁生将直面人生苦难，坚强地活下去。

七、适度拓展，感受对母亲的思念

1. **师**：如今菊花依旧，可做儿子的只能在深深的歉意中思念母亲。师生对读《我与地坛》、《合欢树》中的有关段落——

（1）在我的头一篇小说发表的时候，在我的小说第一次获奖的那些日子里，我真是多么希望我的母亲还活着。我便又不能在家里呆了，又整天整天独自跑到地坛去，心里是没头没尾的沉郁和哀怨，走遍整个园子却怎么也想不通：母亲为什么就不能再多活两年？为什么在她的儿子就快要碰撞开一条路的时候，她却忽然熬不住了？莫非她来此世上只是为了替儿子担忧，却不该分享我的一点点快乐？她匆匆离去时才只有四十九岁呀！

（2）我坐在小公园安静的树林里，闭上眼睛，想，上帝为什么早早地召母亲回去呢？很久很久，迷迷糊糊的我听见了回答："她心里太苦了，上帝看她受不住了，就召她回去。"我似乎得了一点安慰，睁开眼睛，看见风正从树林里穿过。

（3）摇着轮椅在园中慢慢走，又是雾罩的清晨，又是骄阳高悬的白昼，我只想着一件事：母亲已经不在了。在老柏树旁停下，在草地上在颓墙边停下，又是处处虫鸣的午后，又是鸟儿归巢的傍晚，我心里只默念着一句话：可是母亲已经不在了。把椅背放倒，躺下，似睡非睡挨到日没，坐起来，心神恍惚，呆呆地直坐到古祭坛上落满黑暗然后再渐渐浮起月光，心里才有点明白：母亲不能再来这园中找我了。

2. 书面练习：难忘母亲，面对母亲的遗像，史铁生会说些什么？

3. 交流汇报。

（邹清，浙江省拱墅区教师进修学校教师）

10. 探寻识字教学的文化意蕴

——评朱柏烽老师执教的《词串识字8》

本节课用的是苏教版国标本的教材，教材编得非常好。有一句广告语叫"药材好，药才好"。我可以做个简单的套用——"教材好，教才好"。当然，教材是素材，进入教学时还需要教师们进行二度开发、三度开发甚至数度开发。这堂识字课的成功与出彩，在于朱老师将教材本身的优势和特色创造性地发挥到了极致。它带给我们的教益和启示是多方面的，既有可以打包复制的独具创意的课堂范式，又有范式背后充满着形上思考和关怀的文化底蕴。这堂识字课的教学特色，我觉得可以概括为以下三点。

一、随时随地，特别讲究识字习惯的养成

识字习惯的养成，一定是随机的，随时随地随行就市。朱老师的识字课，并没有安排特定的环节来培养习惯，而是将习惯的训练和养成贯穿、渗透于课堂教学的方方面面、角角落落。这种习惯养成的意识，在朱老师的课上是非常自觉、非常强烈的。

比如孩子拖腔，低段的语文老师对这个问题相当不敏感。我记得杨明明老师（著名特级教师）是第一个旗帜鲜明地提出"拖腔"问题的人。低段语文教学一定要高度警惕拖腔现象，要随时纠正学生的拖腔习惯，这个习惯往往是从幼儿园里带上来的。低段的孩子读书是唱读的，比唱读稍微轻点就是拖腔。拖腔不光是拖一句话，拖一个词也是拖腔。这是不好的习惯，怎么办？随时纠正。怎么纠正？随时提醒。孩子们经过一个学期的训练，如果坚持这样的标准，朗读就会有一个质的飞跃。朱老师的识字课正是这么做的。好！

再比如倾听的习惯，低段的孩子自我中心意识普遍膨胀，他只会听他自

己的，不会听同桌的，不会听别人的。回顾朱老师的课堂，他使用频率最高的一个词就是"专心听"。要听同伴的，听同桌的，听其他同学的发言。教过低段的老师都清楚，倾听习惯的养成对于这些孩子来说是很难很难的，很难也得练啊！

又比如写字姿势的随时提醒、随时强化，查字典的习惯训练、部首查字法、音序查字法，在朱老师的课上都有很好的落实。

由知识而方法，由方法而技能，由技能而习惯，这是语文教学、识字教学必须跨越的目标阶梯。习惯的养成既没有秘诀，也没有捷径。要说有，那就是像朱老师的课一样，随时抓、随地抓、反复抓、坚持抓，在教师自身高度自觉的习惯意识的指引下，促成每个学生的习惯养成。

二、显性隐性，特别重视识字方法的渗透

《词串识字8》的教材很简单，实际上识字课的教材都是很简单的。我们翻翻教材就知道，它的显性目标其实只有两个：第一，"我会读"，会读4个生字；第二，"我会写"，会写4个生字。这会读和会写的4个生字是统一的。识写统一有它的好处，搞太多的识写分离，弊端也是显而易见的。但是，如果我们语文教师在识字教学时，只是局限于显性目标的完成，那么，这样的课是很单薄的，骨瘦如柴啊，这样的课孩子没兴趣。

朱老师的课很丰满，很细腻，这种丰满和细腻首先来自他对识字课目标的把握和开掘。他的课自始至终关注着一些非常重要的隐性目标的落实，比如，识字方法的指导在他课上就是一个自觉的追求。我们看到，在他的课上，识字方法既是多元的，又是整合的。

比如归类识字法。这是由教材本身的特点决定的。教师的高明之处在于，同是归类识字，第一词串和第二词串的处理方式又是极富变化的。第一词串的归类识字，是由个别走向一般。三个带"鸟"字旁的字，一个一个学完后，抽象集中，发现规律，这叫由个别走向一般的归纳式识字。第二词串的归类学习正好相反，是由一般走向个别。先把"隹"字旁提出来，然后再把"隹"字旁落实到三个生字上面去。这叫由一般走向个别的演绎识字。这样的处理，有变化，有节奏。这个变化不是人为的，而是基于这两组词串本身的难度，以及学生识字的基础与接受能力。

比如联想识字法，学完"鸟"字旁后很自然地就联想到我们以前还学过哪些带"鸟"字旁的字。再比如比较识字法，拿"隹"字旁与"住"、"佳"

进行比较。这些方法的渗透、指导，随风潜入夜，润物细无声。它们虽是隐性的，但对学生的影响却是深远、绵长的。从整合的角度看，朱老师的方法又是统一的，那就是无论归类识字法、联想识字法、比较识字法，都将教材语境和生活语境结合起来。正是语境识字法将各种有着明显技术特征的识字方法整合了起来，统一了起来。

三、意象意蕴，特别在意识字文化的熏陶

识字课最容易上浅了，变成小儿科的小儿科。是什么原因造成的呢？一是受到学段特征的限制，一是教材本身的张力与厚度。但我们今天听朱老师的课，却没有小儿科的感觉，相反，我们觉得这堂课很厚实，很有嚼头，充满了文化的气息。这堂课，最大的特色和亮点在哪里？两个字——"文化"！他的课赢在识字文化上。

比如由识字主题生发出来的文化取向。第一词串和第二词串的识字都跟鸟有关，因此以"鸟"作为教材的主题。这一主题的文化意蕴是什么呢？大自然是可爱的，是丰富多彩的，每只鸟儿都有它们生存的理由和权利。爱鸟就是爱自己、爱人类！当然，这样的话语我们可以不直接言说，但这种价值取向、这种文化影响则是必须自觉加以渗透的。课上，朱老师安排了一次句式的表达训练："大自然中生活着各种各样的鸟，有（　　），有（　　），还有（　　）……我最喜欢（　　），因为（　　）。"我想，个中情趣和意蕴大家都该是心知肚明的了。

再比如由文字本身生发出来的文化意识。我们说，中国的每一个汉字都是一个故事，都是一段文化，都是一个灵魂。每一个汉字看起来都是一幅画，读起来都是一首诗。你看学生说到"乌鸦"的故事，乌鸦的反哺现象所彰显的"孝义"，不正是某种文化的自觉吗？浙江的"义乌"地名不就是这么来的吗？再比如杜鹃，它在中国的古典诗词中是一个非常有代表性的意象，杜鹃究竟蕴涵了怎样的意义呢？杜鹃鸟，俗称布谷，又名子规、杜宇、子鹃。春夏季节，杜鹃彻夜不停地啼鸣，啼声清脆而短促，唤起了人们多种情思。如果仔细观察，你还会发现杜鹃的嘴巴和舌头都是红的，古人误以为它啼得满嘴流血，凑巧杜鹃高歌之时，正是杜鹃花盛开之际，人们见杜鹃花那样鲜红，便把它说成是杜鹃啼血染红的。中国古代还有一个"望帝啼鹃"的神话传说。望帝，是传说中周朝末年蜀地的君主，叫杜宇。后来禅位退隐，不幸国亡身死，死后他的灵魂化作了鸟，暮春啼

苦，一直叫到口中流血，声音哀怨凄惨，动人肺腑，名为杜鹃。所以，杜鹃在中国古典诗词中常与悲苦之事联系在一起。杜鹃的啼叫又好像是在说"不如归去，不如归去"，因此，它的叫声容易触动人们的乡思乡愁，宋朝的范仲淹就写过这样的诗："夜入翠烟啼，昼寻芳树飞；春山无限好，犹道不如归。"这样看来，杜鹃鸟或花都带上了神话色彩，寄托着诗人的伤感和无尽的哀怨。中国几千年来一代又一代的文人墨客，早已把杜鹃当作一种悲鸟，一种乡思乡愁的文化意象和符号了。我们当然没必要把杜鹃讲得这样深透，但像朱老师在课上这样，适当地点上一点，那么，识字课的品位跟厚度就大不一样了。类似这样的文化渗透和熏陶，在朱老师的识字课上可谓比比皆是。

这样的识字课，是朱老师个人的学识修养、审美旨趣、课程意识、人格魅力的综合体现与折射，它是本色的，因而是充满特色的；它是"朱氏"的，因而是大家的。

[附：《词串识字8》课堂实录]

[教材简析]

《词串识字8》是苏教版国标本二年级下册的一组识字教学内容，属于特殊偏旁教学。教材中有一张偏旁演变图表、两行词串。课文通过"实物图——古文字——今文字"的演变过程，清楚地揭示了汉字形与义之间的联系，学生借此可以初步掌握形声字的特点。图中的鸟同时对应"鸟"字旁和"隹"字旁，说明同一个事物可以用不同的符号来表示。

[教学目标]

1. 学会本课4个生字，认识了解6种鸟。

2. 认识新偏旁"隹"，进一步了解象形字、形声字的构字特点。

3. 正确、流利地朗读词串，能对带"鸟"和"隹"字旁的字进行归类，培养良好的识字习惯。

4. 激发学生学习汉字的兴趣，提高其识字能力，培养他们热爱祖国语言文字的思想感情。

[教学实录]

一、归纳识字，渗透字义蕴涵的文化

师：同学们，在自然界中，生活着各种各样的鸟。有的鸟儿，天生有副好嗓门，只要听到它们的叫声，就能让我们忘却烦恼；有的鸟儿，虽然没有甜美的歌喉，却长了一身漂亮的羽毛，也能给人以美的感受；可还有一些鸟儿，既没有甜美的歌喉，也没有漂亮的羽毛，然而却为我们人类作出了巨大的贡献。你们想跟鸟类交朋友吗？

生：（齐答）想。

师：看，它们来了……认识吗？和它们打个招呼吧！（大屏幕出示图片，依次为乌鸦、杜鹃、海鸥）

生：（拖着长长的腔调）乌鸦。

师：来，孩子，我们坐正了，叫得轻快些，不拖腔，这样乌鸦就更喜欢你了。

生：（不拖腔）乌鸦。

师：真好听！下一个呢？

生：麻雀。

师：嗯，这位朋友长得的确很像麻雀，但它不叫这个名字。

生：是杜鹃。

师：对了，杜鹃。哪个小朋友再亲切地跟它打个招呼？

生：杜鹃好。

师：还有一只小鸟呢，是谁啊？

生：还有一只是海鸥。

师：小朋友真聪明。你找到了杜鹃在哪儿吗？

生：在粉红色的圈圈里边。

师：这只杜鹃鸟非常热情，我们来听一听，它跟小朋友打招呼了呢！（播放杜鹃"布谷布谷"的叫声）你也来跟杜鹃打个招呼？

生：Hello，杜鹃。

师：杜鹃怎么说啊？学着杜鹃叫一叫。

生：布谷，布谷。

师：我们一起来叫一叫它的名字。

生：杜鹃。

师：叫得真好听，你有一副杜鹃一样的好嗓子，要是能加上表情，那就更好了。不信，你试一试。

生：（面带微笑地）杜鹃。

师：昨天小朋友回家查了资料，认识了杜鹃，谁来介绍介绍它？

生：杜鹃的肚皮上有黑色的条纹。

师：接着说。

生：杜鹃的尾巴上有白色的斑点，它还有一个名字叫作"布谷鸟"。

师：你们还查到了什么？

生：杜鹃是益鸟，特别爱吃松毛虫，是捕捉松毛虫的能手、保护树林的卫士。

生：我昨天查的是大杜鹃，它喜欢居住在宽阔的林地。

师：小朋友对杜鹃了解得真多。让我们一起再来叫叫它的名字。

生：杜鹃。

生：老师，我还知道关于杜鹃的一个传说呢。

师：是吗？那愿意讲给我们大伙儿听听吗？

生：愿意啊，可是记得不是很清楚了。

师：没关系，来，孩子们，我们用掌声为她加油！

生：古时候有个叫杜宇的皇帝，很爱自己的百姓。他死后，灵魂变成了一只杜鹃鸟。每年春季，杜鹃鸟都飞来唤醒老百姓："快快布谷！快快布谷！"嘴巴啼得流出了血，那一滴一滴的鲜血洒在大地上，染红了漫山遍野的杜鹃花。

师：谢谢你，孩子。这个传说太有意思了！这就是我们今天要认识的第一位朋友。谁还能把它的名字叫好？

生：杜鹃。

师：一起叫吧。

生：杜鹃。

师：我们今天认识的第二个朋友，它是谁啊？

生：海鸥。

师：为什么你想跟海鸥交朋友？

生：它有一张红红的嘴。

生：它有白白的羽毛。

生：它有一双乌黑的眼睛。

师：把"它"改为海鸥。

生：海鸥有一对乌黑的眼睛。

师：（大屏幕出示海鸥在海上飞翔的图片）海鸥的外形最吸引你的是什么？

生：雪白的翅膀。

生：翩翩起舞的翅膀。

生：长长的翅膀。

生：灵活的翅膀。

师：它这双强有力的翅膀，能够使它在海上——

生：自由地飞翔。

生：海鸥在海上自由地翱翔。

生：跟海浪拼命地飞翔。

师：老师看到了，海鸥正因为有了这对强有力的翅膀，才不怕大风、大浪，在大海上自由地飞翔。它是多么勇敢、坚强啊。谁来赞美一下善于飞翔、坚强勇敢的海鸥？

生：海鸥——

师：把鸥字读得饱满一些。

生：海鸥。

师：还有一位朋友，叫乌鸦，你们了解它吗？

生：乌鸦是很有孝心的，乌鸦反哺，喂年老的父母。

师：她还知道这个故事，真了不起！乌鸦反哺，非常有孝心。妈妈年纪大了，它会去找食物给妈妈吃。

生：乌鸦喝不到瓶子里的水，它把小石子丢进瓶子里，水满上来了，乌鸦就喝到水了。

师：这个故事叫作？

生：乌鸦喝水。

师：非常有意思，这个故事告诉了我们什么？

生：这个故事告诉我们乌鸦很聪明。

师：还有呢？

生：乌鸦爱动脑筋。

师：我们还知道《狐狸和乌鸦》的故事。它又告诉我们什么呢？

生：乌鸦它上当受骗了，狐狸太狡猾了……

师：这就是我们刚认识的新朋友。（大屏幕出示乌鸦图片）

生：乌鸦。

师：孩子，不要拖腔，我们把它念得字正腔圆。

生：乌鸦。

师：你们看，三个鸟朋友聚在一起了。（大屏幕出示：杜鹃　海鸥　乌鸦）谁来读读？

生：杜鹃、海鸥、乌鸦。

师：到目前为止，你是念得最出色的一个。祝贺你！

师：看它们的名字，你发现了什么？

生："鸦"、"鸥"、"鹃"这三个字都有"鸟"字旁。（大屏幕上标红右半部分"鸟"字旁）

师：所以我们知道带有"鸟"字旁的字一般都跟鸟有关。你还知道哪些鸟字旁的字？

生：鸡、鸭。

生：鸵鸟的鸵、丹顶鹤的鹤。

师：你非常聪明，老师奖励你把鸵鸟的"鸵"和丹顶鹤的"鹤"字写到黑板上。

生：还有鸳鸯、鹦鹉。

师：你更棒了，不但知道得多，还说得很清楚，声音响亮。小朋友，把掌声送给她。现在我们拿起笔，把你知道的、最难的、其他小朋友不一定认识的"鸟"字旁的字写下来。（学生在本子上书写）

师：刚才我们简简单单地认识了三个鸟朋友，一起再来读。

生：乌鸦、海鸥、杜鹃。

师：孩子们，跟刚才比，你们有了很大的进步，但几个词语一起读的时候，如果既能轻快、又能饱满地读，一点都不拖腔的话就会更好。

生：乌鸦、海鸥、杜鹃。

二、演绎识字，传承部首积淀的文化

师：鸟儿们觉得小朋友这么热情，又看到乌鸦、海鸥、杜鹃和你们成了好朋友，还有三只鸟可羡慕啦！也想跟你们做朋友，欢迎吗？

生：欢迎。

师：（大屏幕出示图文：麻雀 老雕 大雁）瞧，它们来啦！谁能用响亮又准确的声音来欢迎它们？

生：老雕。

师：不拖更好。

生：麻雀、大雁。

师：去掉拼音，还认识吗？

生：认识。

师：谁来当小老师，带大家读读？

……

师：鸟儿们听到小朋友读得这么认真，非常喜欢你们。它们非常希望找个最聪明的孩子做朋友，他在哪儿啊？（生纷纷举手）

师：为什么把这三个词语放在一块儿呢？

生：因为它们都有"住"多一横这个字。

生：因为它们都有一个相同的偏旁。

师：你们发现了这个规律，真了不起！知道这个偏旁读什么吗？（师板书：隹）

生：这是个"住"。

生：不对，它比"住"字多一横。

师：是啊，你有一双很明亮的眼睛。我们一起来写写这个"隹"字。（生集体书空）

生：老师，我知道这个字念"佳"。

师：你是怎么知道的？

生：我，我经常吃"上好佳"。

师：孩子们，你们说对吗？（生犹豫、迷茫）

师：那我们再一起来写写上好佳的"佳"字。（生跟老师一起书空）

师：这两个字一样吗？

生：很像，但不一样。

师：那怎么办呢？

生：查字典。

师：是啊，还有一个不开口的老师能帮我们的忙呢！快动手吧！（生动手查字典）

生：老师，单人旁里没有这个字啊？

师：是吗？那怎么办呢？老师相信你们肯定有办法的。

生：老师，老师，我查到了，我查到了。（异常兴奋）这个字读"隹"（zhuī）。

师：是吗？你是怎么查到的？

生：我在单人旁里找不到，我就想"隹"是一个偏旁，所以我直接在八画里找到"隹"字旁，结果就查到啦。

师：哇，太不简单了，你真的太聪明了。小朋友，会学习的小朋友，首先要会动脑子。来，你带着大家读好这个"隹"字。（大屏幕出示：隹 zhuī）

（生跟读"隹"）

师：（看一生还在举手）你还要补充吗？

生：我也查到这个"隹"字了。

师：是吗？那你能告诉大家，你是怎么查到的吗？

生：刚刚第一位查到的小朋友说这个字读"zhuī"，所以，我就直接翻到 zhuī 这一页，就找到了。

师：呀，这个小朋友更聪明啦，老师发现他有一双特别特别灵敏的耳朵，小朋友一句提醒的话，他都听得那么仔细，而且又成了自己学习的好方法。太不简单了！小朋友，恭喜你。掌声！

师：小朋友，课堂上我们如果善于倾听，学会听别人的发言，然后加上自己的思考，这样，我们的学习就会越来越棒。记住了吗？

生：（兴致勃勃地）记住了。

师：我们通过字典认识了"隹"字旁，字典里还告诉了我们什么啊？

生：我还知道了"隹"是表示短尾巴的鸟。

师：你看，这位同学更会学习了，不仅知道了读音，还知道了它的意思。你们也读读。（生读）

师：真是这样的吗？让我们再来好好认识认识"麻雀、老雕、大雁"它们。（大屏幕出示）

生：麻雀、大雁、老雕。

师：三个鸟朋友有意见了——你们光会叫我的名字，却不知道我的生活习性。谁来当一回"小动物学家"简单地介绍一下？

生：老雕的身体比较大，全身黑褐色，颜色是雕类中最黑的一种。

生：老雕是一种猛禽，视力很好。它跟老鹰不一样，老鹰是专门吃活的小动物的。

师：课前若收集资料，就能够学到其他同学没有学到的知识。谁来简单地介绍一下大雁？

生：大雁是候鸟，喜欢游泳和飞行。

生：大雁喜欢一群一群地住在水边，飞的时候排成人字形或一字形。

生：大雁可以成为旅行家。

师：大雁为什么被称为旅行家呢？

生：因为天气冷了，大雁要飞到南方去过冬。它的飞行速度非常快，每小时能达到 70—90 公里。

师：真了不起！你懂得真多！麻雀是我们经常能见到的吃谷粒的小鸟。你们看到过吗？

生：它会在树上筑巢。

师：让我们再来好好地叫叫它们。

生：麻雀、大雁、老雕。

师：现在这些鸟儿都回家了，只剩下了它们的名字，还认得他们吗？请你自己读读，等会儿再请小朋友来读读。

生：乌鸦、海鸥、杜鹃、麻雀、大雁、老雕。

师：像这样看着字读，把它们的名字都记在心里，这是很好的识字方法。再请几位同学看着卡片读读，注意不要拖腔拖调。

（生读）

师：是啊，孩子们，我正纳闷呢，同是表示鸟，为什么有的用"鸟"字旁，有的用"隹"字旁。你们明白了吗？

生："隹"字旁的字特指短尾巴的鸟。

师：更有意思的是，"鸟"和"隹"都是从鸟类象形演化而来的，表达同一个意思呢。

（师大屏幕出示"鸟"和"隹"的演化动画）

师："隹"字旁的朋友可多了，请小朋友用部首查字法查带"隹"字旁的字，然后读一读，写一写。

（生查字典，记录，认读）

师：我们现在使用的汉字，已经不像古代把长尾巴鸟、短尾巴鸟分得那么细了，表现鸟类的字大多数以鸟字作偏旁，只有少数字以隹为偏旁。如老雕的"雕"、大雁的"雁"，鸟类的公母叫"雌雄"，小鸟叫"雏"，野鸡的学名叫"雉"。（边讲边板书）

三、主题识字，勾勒成语生发的文化

师：今天我们认识了这么多鸟朋友。大自然中生活着各种各样的鸟，等着我们去认识。你能用下面的句子说一说吗？［大屏幕出示：大自然中生活着各种各样的鸟，有（　　），有（　　），还有（　　）……我最喜欢（　　），因为（　　）。］（生同桌互说）

生：（指名说）大自然中生活着各种各样的鸟，有（蜂鸟），有（鹦鹉），还有（孔雀）……我最喜欢（孔雀），因为（孔雀有漂亮的尾巴，会开屏）。

生：大自然中生活着各种各样的鸟，有（丹顶鹤），有（麻雀），还有（蜂鸟）……我最喜欢（鹦鹉），因为（鹦鹉会学人说话，可好玩了）。

师：你抓住了鹦鹉的特征来说话，你看它都跳出来了呢。（大屏幕出示鹦鹉的画面）

生：大自然中生活着各种各样的鸟，有（丹顶鹤），有（鸵鸟），还有（鸽子）……我最喜欢（鸽子），因为（鸽子的羽毛最漂亮）。

师：你自己试试把鸽子叫出来吧，看看鸽子能不能满足你的要求。我们都来说说吧，自己说自己的。

生：我最喜欢鹰雕。它会捉狼，它会等到狼没有力气的时候，弄断狼的脖子，抓瞎狼的眼睛。

……

师：我们认识了鸟的名字，知道了鸟的习性。你还知道哪些关于鸟的成语吗？

生：鸡飞狗跳。

师：这个小朋友非常聪明，偷梁换柱啊，这个成语里没有鸟，但是"鸡"带了个"鸟"字旁。

生：自鸣得意。

师："鸣"带了个鸟，是鸟在鸣叫。

师：我们先说成语中带有鸟字的，比如说惊弓之鸟，等会儿再说带有"鸟"字旁的。

生：一石二鸟。

生：一箭双雕。

师：有意见吗？

生：没有鸟。

师：鸟躲在哪里了？

生：躲在"隹"字旁的字中了。

师：老师也带来了几个带鸟字的成语，一起读读。（大屏幕出示：笨鸟先飞　惊弓之鸟　鸟语花香　鸟枪换炮　百鸟朝凤　一石二鸟）

师：请几个同学来读读。一个小朋友读的时候，其他同学若能够看着大屏幕，把这几个成语记在心里，那就更棒了。

生：百鸟朝凤。

师：上节课我们刚学过，傍晚的太阳叫夕阳，早上的太阳叫朝阳。这个字在这儿读——

生：zhāo。

师：错了，这个字读——

生：cháo。

师：再来读读这个成语。

生：百鸟朝凤。

师：最后这个成语我们轻轻地读一读。

生：一石二鸟。

师：尽管这些成语的意思我们还不是很理解，不过，没关系。在以后的学习与应用中会积累得越来越多。今天我们认识了这么多鸟朋友，大家可要好好保护它们哦！这些鸟朋友都回家了，可是有几个生字朋友还不肯走，我们来看看是谁舍不得离开我们。

（大屏幕以鸟巢的形式出示生字：鸥、鹃、雕、雁）

师：这四个字都好难写，我们挑其中的两个来分析一下。你来教教小朋友该如何写好这几个字。

生：我挑了杜鹃的鹃字。我提醒大家，月字里边的第一横写在横中线上，鸟字的竖折钩的横写在横中线上。

师：（范写）这是个左右结构的字，要写得左窄右宽。

（生书写一个）

师：孩子们，会场的桌子跟我们教室里的可能不一样，有的小朋友似乎不太自然，歪着身子写字了，这样不好，来，我们先坐正，注意写字姿势。

师：刚刚有个小朋友说大雁的雁笔画这么多，很难写。谁来提醒一下小朋友？

生：大雁的雁，厂字头不要多一点。

师：你告诉大家是什么头？

生：厂字头。

师：不能多加一点。继续说。

生：里边两个单人旁不要少写一个。第二个单人旁的竖要写在竖中线上。

师：而且第二竖要写得长一点。有个小朋友是这样记的，大家能不能学着来记一记？雁字里边的两个单人旁就像两只领头的大雁，后边的四横就像四只小雁排成一队跟着飞。（大屏幕出示动态演示图）

（生在田字格中慢慢地写一个"雁"字）

师：今天我们一起认识了鸟朋友，学会了几个字。刚才我们在写的过程中也发现了，中国的汉字真的很神奇。一个字就是一幅动人的画，里边蕴涵着一个动人的故事。以后我们在生活中可以不断地积累，可以学到更多的字。

（朱柏烽，浙江省浦江县实验小学教师）

第三辑　析课：擦亮独识

　　评课者通常扮演两种角色：一为热情的参与者，一为冷静的旁观者。因为只有参与，你才能投入其中，才能对所评之课感同身受，才能真实、真切、真诚地体验课中的酸甜苦辣，从而抱持一种"同情的理解、理解的同情"的心态；因为只有旁观，你才能超然其外，才能对所评之课理性思辨、独立判断，才能发现课所承载、所体现、所隐匿的课程价值、教学规律、教育本质，进而彰显"独立之人格、自由之精神"的学术信念。

11. 灵巧、精巧、细巧
——评金萍老师设计的《一个小村庄的故事》

"课品"这个字眼儿是我首创的。在我看来,"课"是教师最具职业特征、最可宝贵的劳动成果。教师的劳动是创造性的,有着高度的个人风格和人格特质,因此,他的劳动成果——"课"就不应该成为某种标准化的"产品",它们应该是性格鲜明的"艺术"、"作品",正是在这个意义上,我把"课"称为"课品"。

金萍设计的《一个小村庄的故事》,正是这样一个"课品"。细细品读这一课品,颇多意味。教师的文心和课心,均凝聚在一个"巧"字上。

一、以"情"为经,课脉灵巧

全课的脉络走向为情所动,循情而行,悟情则止。用金老师的话来说,课始,一展画面铺感情;课中,一柄斧头悟感情;课尾,一抒心声融感情。文本蒸腾的忧患之情、救赎之情始终是本课安顿步骤、采取行动、考量目标的教学主线、课堂主干。一个"情"字,将文本、作者、学生、教师紧紧地凝聚在一起、包容在一起,它不仅成了师生共同行走在故事地带的精神动能,也成了师生直面生态、痛苦思考的最后家园。所以,在语文课堂上,"情"是言语学习之器,更是言语发展之道。

二、以"斧"为眼,课局精巧

抓住"斧头",正反相交,先扬后抑,一唱三叹。这样的切入、这样的布局,让人大有出乎意料之叹,又有尽得情理之感。正读斧头,见其利端;反读斧头,显其弊端;合读斧头,方为人与自然相安无事的和谐之道。课局之巧,可圈可点。尤为可赞的是,读"斧头"时始终不忘读"村民"。或角色置换，或感同身受，或冷眼质问，或移情体验，将"斧头"的力量和"村民"的命运紧紧地交织在一起。我们说，入选教材的课文是教学的"一级文本"，经过教师二度加工的课程内容是教学的"二级文本"，依托"一、二级文本"引起学生注意的学习内容是教学的"三级文本"。只有"三级文本"才真正具有教育学的意义和课程论的价值。我们在金老师的课上，目睹了"三级文本"的美丽诞生。

三、以"境"为用，课艺细巧

金老师的课堂技术别具一格，细腻巧妙。通过"复沓"技术的运用营造某种特定"语境"便是一例。其实，三读"斧头"本身就是一种大跨度的复沓技术。而在具体环节上，这种技术更是被她运用得从容不迫、挥洒自如。"谁家想……就……"的数度列举，突兀地将斧头的作用和价值呈现在人们眼前，其气势如风过松林阵阵逼来，又如浪涌沙滩叠叠盖过。"置换"技术的运用又是一例。学生读文本，不外乎两种姿态：一种是站在文本的门外张望，一种是走进文本的家里端详。引领学生由"门外"而入"家里"、由"看客"而成"家人"，这就是一种角色的置换。在列数斧头的种种罪孽后，金老师让学生敞开诉说，或悲痛地看到了……或绝望地看到了……此刻，学生已经忘记了自己的身份，已经被深深地卷入到这群村民的凄惨境遇中。他们感同身受，在与文共舞、多元解读中获得了言语和精神的双重确证。我们说，没有思想的技术是盲目的技术，没有技术的思想是苍白的思想，只有思想与技术的高纯度合金，才能锻造出啸傲语文的倚天长剑。

[附：《一个小村庄的故事》课堂教学设计及点评]

[教学理念]

很喜欢这句名言：人，充满劳绩，但诗意地栖息在大地上。我们的课堂也应是诗意的课堂，为孩子搭建心灵放飞的教学舞台，让孩子自由地和文本对话，积淀语文情感，提升语文素养。本节课的设计我以"斧头"为贯穿整堂课的词眼，以对斧头的情感变化为主线，让孩子梳理斧头和小村庄的关系，得和失，孰轻孰重，风生水起，层层递进，引起孩子情感的共鸣，最后深化主题。

【理念是一课之魂。但理念与设计却存在两种境界：一种是"隔"的境界，即理念与设计是两张皮，是井水不犯河水的隔离关系；另一种是"不隔"的境界，即理念与设计打成一片，融为一体，是盐和水的关系，理念的盐融化在设计之水中，我们看不到理念，但在设计中却能处处品尝到理念之味。理念的行走当取"不隔"的境界。】

[教学过程]

一、一展画面铺感情

师：这节课咱们继续来学习（齐读）《一个小村庄的故事》，让我们静静地欣赏一下这个美丽的小村庄。谁能用书上的语言给我们介绍介绍？（播放音乐）

1. 生介绍。
2. 说说面对如此美丽的村庄的心情。

【金老师开宗明义——"情"是本课的主线。课始，未成曲调先有情。但是，这"情"既非空穴来风，亦非无病呻吟，这"情"附丽于小村庄的美丽形象，入境情始生；这"情"根植于文本优美的言语笔触，披文以入情。语文课的情，只有和"文之像"、"文之境"融在一起，只有和"像之文"、"境之文"合在一处，才是切实的、本真的。】

二、一柄"斧头"悟感情

师：孩子们，不知你们注意了没有，课文中三次提到了锋利的斧头（画斧头），可老师一直在纳闷，你说这锋利的斧头跟这个美丽的小村庄到底有什么关系？

（生自由读全文）

（用最简练的一句话来回答）

（板书：得到和失去）

【课从"斧头"纵深切入，气势峭拔，意象奇崛。一柄小小的斧头，太不显眼了，它一直默默地藏在文本的角落里，鲜有人去打探它、发现它。然而，"斧头和村庄到底有什么关系"的发问，却大有"声震林木，响遏行云"的思考力量。于是，"斧头"这一重要意象，就成了全课穿针引线、一唱三叹的支架和道具。】

（一）斧头一砍得多少

师：你从哪句话中看出靠着锋利的斧头他们得到了？

反馈：

1. "树木变成了一栋栋房子，变成了各式各样的工具，变成了应有尽有的家具，还有大量的树木随着屋顶冒出的柴烟消失在天空了。"

"大量的树木随着屋顶冒出的柴烟消失在天空了"是什么意思？用树木干什么？

生：把树木当柴了。

2. "谁家想盖房，谁家想造犁，就拎起斧头到山上去，把树木一棵一棵砍下来。"

3. 谁愿意来读一读这两句话？

（课件出示）

4. 师生接读——

师：看，有了斧头多方便啊！

句式训练："谁家……就拎起斧头到山上去，把树木一棵一棵砍下来。"

师：谁家想盖房，谁家想造犁，就——

生：拎起斧头到山上去，把树木一棵一棵砍下来。

师：谁家想做各式各样的工具，就——

生：拎起斧头到山上去，把树木一棵一棵砍下来。

师：谁家想做应有尽有的家具，就——

生：拎起斧头到山上去，把树木一棵一棵砍下来。

师：谁家想要大捆大捆的柴，就——

生：拎起斧头到山上去，把树木一棵一棵砍下来。

师：去年，谁家想拥有这些，就——

生：拎起斧头到山上去，把树木一棵一棵砍下来。

师：今年，谁家想拥有这些，还是——

生：拎起斧头到山上去，把树木一棵一棵砍下来。

师：明年，谁家想拥有这些，照样——

生：拎起斧头到山上去，把树木一棵一棵砍下来。

5. 面对一栋栋房子，面对各式各样的工具，面对应有尽有的家具，村民们认为这是一把怎样的斧头？

6. 他们从心底涌起怎样的情感？

【此为正读"斧头"。通观全课，这一步欲抑先扬，迂回包抄，在教学节奏的处理上，金老师极尽铺排敷染之能事，连用"想怎么样就怎么样"的句式、"去年、今年、明年"的段式，将斧头在村民心目中的种种功劳做足做透。教学在"感受村民从心底涌起的感激之情"中画上了休止符。然而，梅花一弄风波起！】

（二）斧头一砍失多少

1. 感受"慢慢失去"。

师：村民们喜爱斧头，感激斧头，依赖斧头。可他们根本没有注意，也正是因为这把斧头，（课件出示）小村庄在悄然发生着变化，在慢慢地失去，聪明的你注意到了吗？文中哪些句子告诉了我们答案？

课件出示：就这样，山坡上出现了裸露的土地。一年年，一代代，山坡上的树木不断减少，裸露的土地不断扩大……

（1）自由读一读这两句话。"裸露的土地"是什么意思？
（2）说说失去了多少树。（感受省略号的作用）
（3）小村庄失去的仅仅是不计其数的树吗？还失去了什么？
（4）补充阅读资料。请孩子们快速阅读以下这段话：

你知道吗？

郁郁葱葱的树木可是我们地球最好的朋友。

风沙来临时，它是勇敢的守卫者；

雨水咆哮时，它是坚实的阻挡者；

空气污染时，它是神奇的过滤器；

气候多变时，它是奇妙的调节器；

噪音满天时，它是厚厚的隔音墙；

……

2. 感受"最后的失去"。

师：读一读，说说从这些话中你体会到了什么？（课件第4段）

随机反馈：

（1）抓住"没喘气"体会雨大。
（2）抓住"咆哮"、"卷"体会洪水急。

师：做一下卷的动作，这时候的洪水已经形成了一个个旋涡，像……把小村庄给吞没了。

（3）想象说话。

师：那是一场怎样的大雨，怎样的洪水呀？孩子们，让我们闭上眼睛，听一听，想一想。（课件呈现：风声、雨声、雷声……）

我们听到了隆隆的雷声、呼呼的风声、哗哗的雨声，听着听着，你仿佛还听到了什么？你还看到了什么？

师：美丽而恬静的小村庄被咆哮的洪水卷走了。能告诉大家，你此时此刻的心情吗？

（4）指名读。

（5）读第5段。

课件出示：

你悲痛地看到了什么？男孩子说。

你绝望地看到了什么？女孩子说

那是多么凄惨的一幕啊。一起说。

3. 如果现在叫你来形容一下这把斧头，你会认为这是一把怎样的斧头？

【有前文的正读"斧头"，自然就有了此刻的反读"斧头"。对"斧头"作用的正反解读，正是对人类发展的辩证思考、科学判断。反读"斧头"，是全课的重心所在、枢纽所在。对此，金老师在处理上层层推进、步步攀升，处理得颇有章法。第一步，咀嚼文本，解读失去树木；第二步，拓展文本，猜读失去其他东西；第三步，创生文本，解读最后的失去。学生悲痛地看着，绝望地看着，恐惧地看着，仿佛是末日的降临，又仿佛是最后的审判，斧头成了这场浩劫的唯一祭品。正是，梅花二弄断人肠。】

（三）得失孰轻孰重究责任

师：同样的斧头，让村民们得到了很多，但让他们失去的更多。同样的斧头让村民们笑，又让他们哭。

1. 同样的斧头……

2. 面对如此惨痛的结局，我们能说罪魁祸首就是斧头吗？我们能将责任都推给斧头吗？（板书：村民）

3. 读补充资料。

师：也许，他们根本就不知道树有多大的作用，让我们大声地提醒他们！

师：也许，他们知道树有这么大的作用，可还要大量地砍伐，让我们大声地告诫他们！

【正反之后，到了合读"斧头"的境界。是的，斧头是道具，斧头是工具。真正的罪魁祸首乃是手操斧头的村民。合读斧头，读出的不再是斧头本身的所作所为，而是村民的无知、贪婪、自私、愚昧。一样的斧头，不一样

的结局；一样的斧头，不一样的感情；一样的斧头，不一样的言说。正应了那句：梅花三弄费思量，云烟深处水茫茫。】

三、一抒心声融感情

1. **师**：曾经美丽的小村庄因为村庄里的人不加节制地乱砍乱伐，被洪水卷走了。听到了小村庄的哭泣，我们感到痛心；看到了洪水中小村庄的垂死挣扎，我们感到愤慨。此时，你们肯定有很多的话想对村庄里的人说，把它写在课题的上边吧。（生写、说）

2. **师**：（结课）同学们说得多好啊！我想我们不但应该对村庄里的村民说，还应该对我们身边的每一个人说：我们生活在一个美丽的地球上，这里有郁郁葱葱的森林，这里有清如明镜的湖水，这里有活泼美丽的小动物们。可是，我们身边却有许多人如同那个村庄里的村民们一样无知、无情，他们肆意破坏我们的家园。于是，我们听到了大树的哭泣，听到了黄沙的怒吼，听到了大海的咆哮。孩子们，地球只有一个，那是我们共同的家园。让我们都来做一个小小环保宣传员，你可以用诗、用歌、用画来告诉我们身边的每一个人，来拯救我们的地球，保护我们的地球。好吗？

（金萍，浙江省诸暨市暨阳小学教师）

12. "见"出一种古诗教学的境界
——评叶淦林老师设计的《古诗词三首》

诗意语文致力于一种文化场的建构，将课堂视为一张文化的网、一扇文化的窗、一口文化的井。本案的设计，字里行间莫不渗透和洋溢着浓浓的文化气息和风韵。乡关、乡愁、乡思、乡情，这一亘古弥新的文化主题、文化意象，成了本案设计的逻辑原点，并内在地作为主线贯穿全程。体悟"见"之萧瑟，想象"意"之万重，品味"开"之内涵，可谓深得诗词学习之三昧。诗意语文将诗词学习提炼为"举象"、"造境"、"入情"这三大招数，由此三招方能得诗之三昧。其实，这三招并非在时间逻辑序列上展开的三个环节，而是在空间逻辑序列上呈现的三个侧面。即在举象的同时造境，在举象的同时入情，举象、造境、入情实乃同时发生，同时呈现。从这个意义上讲，三招实为一招，举象、造境、入情实乃一招之三面。这一招，用朱光潜先生的话说，即为一个"见"字。本案的设计，正是在"见"招上用足了工夫，做足了文章。看"秋风"之象，造萧瑟之境，入思乡之情，此一例也；忆"故园"之象，造温馨之境，悟心碎之情，此二例也；举"开封"之象，见"匆匆"之境，融游子之情，此三例也。这样的例证，在本案中可谓俯拾皆是。在"举象"、"造境"的同时，本案总是高度自觉地将"移情"、"入情"、"悟情"、"化情"融入其中。说到底，文化之要义还在于把握人之常情。人之常情，才是亘古弥新、千秋不移的文化之魂。

[附：《古诗词三首》课堂教学设计及点评]

[设计理念]

从语言文字入手，紧抓重点词句，反复咀嚼，反复品味，反复朗读，引领、点拨学生把握诗词意象，提升感悟内涵。运用诗意语文的建构策略，以情感人，注重情感体验，感同身受地与文本对话，入情，悟情，融情，升情。

【意象与情感，实乃诗之本质。写法决定读法，读法决定教法。诗由"意象"与"情感"凝结而成，则读诗、教诗自当在"意象"与"情感"上着力。如何着力呢？朱光潜先生认为："无论是欣赏或是创造，都必须见到一种诗的境界。这里'见'字最紧要。"此言良是！"见"是直觉的，凝神于"意象"；"见"是体验的，灌注于"情感"。正是一"见"，诗的境界全出矣！】

[教学过程]
一、温故知新，把握主旨
1. 复习《泊船瓜洲》，重温思乡情。
一水之隔，近在咫尺，偏不能还，不由感慨——明月何时照我还？
春满大地，离家已久，思绪万千，不由感慨——明月何时照我还？
2. 明月千里寄相思，故乡，不管身处何时何地，你，都是我们心中永恒的家园。这节课，我们又将学习另外两首表达思乡情绪的诗词。

【启课于温故，启得熨帖，启得明朗！"一水之隔，近在咫尺"温"意象"之故，"春满大地，离家已久"温"情感"之故。于是，乡愁的诗境在"明月何时照我还"的一唱三叹声中款款拉开了帷幕，学生读诗的焦点意识被迅速集中到"思乡"这一主旨上。】

3. 自由读两首古诗词，要求读得正确、通顺。通过看注释，查资料，试着说说两首诗词的大概意思。
4. 初步了解两首诗词的异同。两首诗词都是表达思乡之情。其中《长相思》是词。长相思是词牌名，内容多写男女或朋友久别思念之情。

二、对话文本，入情入境
（一）学习《秋思》
1. 指名朗读古诗。
2. 交流诗的大意，结合重点词随机点拨引导。
（1）体悟"见"之萧瑟。
◇"见"是什么意思？见到什么？（秋风）
◇看到"秋风"这个词，你会想到什么？（秋高气爽，凉风习习，心旷神怡；秋叶纷纷，落红遍地，寂寥肃杀。）

◇ 秋风是没有形状的，难道真的看得见？"见秋风"，见到的其实是一幅怎样的情境？（感受萧瑟冷清之氛围）

◇ 唐代洛阳是多么繁华，然而这一切诗人却视而不见，见到的，只是冷冷的秋风！

【好眼力！于二十八字的诗句中，首先拈出一"见"字来！品"见"已然成了品诗的一个缩影，品诗的全部奥秘都已在品"见"中。第一是"举象"——看到"秋风"，你会想到什么？激活并调取学生内心积淀的种种"秋"的意象。第二是"造境"——"见秋风"见到的其实是一幅怎样的情景？让学生感受某种萧瑟凄清的秋意、秋境。第三是"入情"——洛阳何其繁华，为何只见秋风？这一"见"服从的不是理智的逻辑，而是情感的逻辑。"见"的教学设计，可谓深得诗教三昧！】

（2）想象"意"之万重。

◇ "家书"是什么意思？古人说，"家书抵万金"。假如让你给家中写信，你会写些什么？

◇ 简介：张籍出身寒微。幼年家贫，年纪很小时，就远离故乡，到二十五六岁时，已经历了浪迹天涯的羁旅生活。常年四处奔波，漂泊异乡。他祖籍吴郡，后客居洛阳。

◇ 假如你就是诗人，就是远离故土思念家乡的诗人，你会在家书中写些什么呢？

◇ 有这么多的话想说，真可以说是——千言万语，用诗中的话说，就是什么？（意万重）反复读"意万重"。

◇ 秋风落叶唤起思乡梦，小桥流水的故土啊，你是否已改变了容颜？有多少话，想对你们诉说——情感朗读前两句诗。

【两次拟写书信，第一次是切己体察，将心比心；第二次是角色体验，以心契心。而前后两次书信拟写，为学生见出"意万重"这一诗境创设了极佳的想象空间。事实上，象、境、情的生发是并进的，"意万重"的教学便是一生动例证。】

（3）品味"开"之内涵。

◇ "开封"是什么意思？（打开封好的信）什么时候"开封"？为什么当信快要送出的时候又"开封"？

◇ "恐"是什么意思？为什么会恐"说不尽"？（意万重、匆匆）说不尽什么？

◇ 假如你就是诗人，在这落红遍地的时节，给家乡的亲人写了一封家书。临发前，又将封好的信拆开，你当时心中会说些什么？那一刻，你的神态、你的举止又是怎样的？——情感朗读"复恐匆匆说不尽，行人临发又开封"。

◇ 假如你就是行人，你目睹了诗人这一奇怪的举止，你会怎么说？这两人之间会发生什么故事？——情感朗读"复恐匆匆说不尽，行人临发又开封"。

◇ 当家书终于"开封"之后，你想象诗人是怎么做的？（添上一笔，补上……；重新合上，只字未动）——情感朗读"复恐匆匆说不尽，行人临发又开封"。

◇ 从这个"开"字中，你读懂了什么？

【"又开封"当是此诗的诗眼所在！这一怪异的细节，被诗人推进、放大，并做了最终定格，诗人心中的无限乡愁就凝结在"又开封"这一意象中。拈出诗眼需要眼力，教学诗眼更需要功力。这里，教师使用的教学策略全在"还原"上。"假如你就是诗人，你会说些什么？你的神态、举止又会如何"，这是角色还原；"假如你就是行人，你会怎么说"，这是场景还原；"当家书终于'开封'后，你想象诗人又是怎么做的"，这是细节还原。而所有的还原，都呈现为一种"意象"，一种可见可听可闻可感的生动意象。在这些意象被还原的同时，乡愁、乡情也早已被抒写、渲染得酣畅淋漓了。】

3. 诵读提炼。

千言万语说不尽，千愁万绪难落笔，这正是——学生齐读古诗。

意万重，说不尽。情难理，又开封。这真是——学生齐读古诗。

这就是《秋思》，一个游子说不尽，叙不完的思乡情。——学生背诵全诗。

（二）学习《长相思》

1. 看插图，说词义。

欣赏课文插图，同桌之间用自己的话互说插图所绘情景，并从这首词中找到相对应的描写景物的词语。

用自己的话说说整首词的大意。

2. 讨论。

（1）抓意象，山水风雪行。
◇ 说说"山一程，水一程"、"风一更，雪一更"的意思。（旧时一夜分为五更，每更大约两小时）
◇ 想象"山一程，水一程"、"风一更，雪一更"的情景。
◇ 能用自己的词语形容"山一程，水一程"、"风一更，雪一更"吗？（千山万水、风雪交加）
◇ 指导朗读，通过回环复沓的朗读读出边塞军旅的千辛万苦。
（2）品意蕴，故园无此声。
◇ "此"是什么意思？"此声"是指什么声音？在什么情况下会发出这样的声音？（随机点拨"千帐灯"、"聒"）这样的声音、这样的情景带给你怎样的感受？
◇ 顶顶帐篷，点点灯火，本该是多么豪迈、多么壮观！然而长途跋涉之后，在这样一个野外宿营的寒夜里，却要听着寒风朔雪的嘈杂声，叫人怎能安然入睡？指名朗读这首词。
◇ "故园"指什么？"故园无此声"，故园没有什么声音？故园有什么？想象说话。
◇ 故园没有这样的风雪交加，在故园不会这样地卧不成眠，在故园不会这样地寒冷孤寂；故园，有的是宁静祥和，有的是亲人的关爱，有的是温暖舒适……这一切的一切交织在一起，融成了一个字，一个包容了作者此时心中一切所想所思的字，那就是——（学生齐答"碎"）带着心碎的感觉读下阕。
◇ 从这一个"碎"字，你读出了作者一颗怎样的心？再读下阕。
3. 有感情地朗读全词。

【《长相思》的教学，一如既往地在"见"字上做文章，一如既往地在"举象"、"造境"、"入情"上下工夫。不同的是，为了引导学生深入品味"思乡心碎"这一悲情，教师采用了"比较"的策略，即拿"征途之景"和"故园之景"做比，在寒冷与温暖、嘈杂与宁静、艰险与祥和的比较中，感受作者的心碎之痛。这种变与不变的机变，便是一种难能可贵的教学智慧。】

三、总结延伸，升华情感
1. 再次回读这两首思乡诗词。
2. 体悟这两首诗词的表达方法之妙。（前者善于从寻常细节入手，刻画入微；后者善于将写景与叙事融于一体。最终目的都为抒情。）

3. 鸿雁传书，千言万语；夜宿边关，千辛万苦。山高水长隔不断我的思乡情，岁月流逝剪不断我的思乡情。——再次激情诵读《秋思》、《长相思》。

4. 乡愁，是游子心中难解的结；故乡，是游子心头永恒的家。多年以后，当我们离开家乡，远离故土时，我们的心中，会情不自禁地涌起——师生共同激情回顾《泊船瓜洲》、《静夜思》、《九月九日忆山东兄弟》。

5. 课后收集表达思乡情绪的诗词，交流。

【课终，不失时机地点出两首诗词的创作秘妙：一为从寻常细节处求奇崛，一为融写景、叙事于一体。然细节出奇也罢，景事交融也罢，终为"抒情"而作。情与景（象、境）相生而且契合无间，情恰能称景，景也恰能传情，这便是诗的境界（朱光潜先生语）。以诗的境界教诗，便是一种诗意语文的境界。技巧易得，唯境界难求！】

(叶淦林，浙江省湖州市太湖小学教师)

13. 建构生命化理解的课堂

——评张菊芝老师设计的《灰雀》

精神契合，是诗意语文力图在课堂上建构的一种生命化理解。在诗意语文看来，文本、学生、教师都是课堂上一种独特的精神存在。教学的过程，就是这种"在场"的敞开和对话。本案设计的亮点之一，在于引领学生进入男孩纯净而又复杂的精神世界，感受男孩在"撒谎"与"诚实"、"自私"与"良善"、"掩饰"与"忏悔"、"胆怯"与"勇敢"之间的痛苦折磨和煎熬，以及最终精神上的自立和心灵上的净化。这种精神光谱的复杂性和丰富性，对同样作为精神存在的学生来说，无疑是一种极其宝贵的精神营养。本案设计的亮点之二，在于对领袖人物列宁的一种人性化解读。列宁跟男孩之间的对话展开过程，是精神契合在文本介质中的一次经典言说。学生在这次对话展开过程中，收获的是精神上的细腻、敏感、委婉，是两个生命之间的深刻尊重、深层理解、深度交流和深切关怀。"灰雀事件"让列宁和男孩走向了精神契合，《灰雀》教学设计则让学生和列宁、男孩走向了精神契合。这两种精神的契合，都源于一种力量，那就是"爱"。将《灰雀》的精神高度提升到"爱"，无疑是本案设计的最大亮点。

[附：《灰雀》课堂教学设计及点评]

[设计理念]

以情为重点，引导学生与文本对话；以读为主线，打开学生情感的闸门；以悟为强音，加深学生认识的深度。潜心涵泳，通过对人物语言的揣摩，体会人物的心理活动；诵读体味，感受男孩的善良诚实，以及列宁对儿童的尊重和关爱。

【情、读、悟，看似"三字诀"，实则"一本经"。读中悟情、缘情悟读，情是读悟之旨归，读是悟情之手段，悟是读情之核心，读不离悟、悟不离情、情不离读，情、悟、读是为三位一体。】

[教学过程]
一、感受"灰雀"，铺垫情感的基调
1.（播放清脆的鸟鸣声）同学们，听！这是灰雀在婉转地歌唱呢！（停顿片刻）如果是在白雪皑皑的冬天，在万籁俱寂的雪地上，传来了这婉转的鸟鸣声，你会觉得怎样？

（生自由答：充满生机，带来欢乐，像听到了春天的声音……）

2. 创设情境。

师：是啊！是灰雀装点了这片雪地、这个冬天。我们来读读课文，看看文中是怎样描写灰雀的。请找出有关句子，读一读，品一品它带给你什么感觉。

3. 生自由读，找句子，朗读品味。

4. 反馈。

（1）两只胸脯是粉红的，一只胸脯是深红的。它们在树枝间来回跳动，婉转地歌唱，非常惹人喜爱。

指名读，说说你有什么感觉，哪个词语让你印象深刻？（婉转、来回跳动、惹人喜爱）

带着你的感觉，把这些句子读好。（指名读，齐读）

（2）第二天，列宁来到白桦树下，果然又看到那只灰雀欢蹦乱跳地在枝头歌唱。

（指名读）多么欢快、多么自由的小鸟啊！是一只装点了冬天，带来了生气的小鸟，怪不得列宁会那样喜欢！大家一起读！（齐读）

【教学从铺垫情感基调入手，举"灰雀之象"，入"生机之境"，从而让学生切实体会到列宁对灰雀的"喜爱之情"。这样设计，目的在于引发学生跟文中角色之间的情感共鸣。因为情感共鸣是走向精神契合的桥梁。灰雀带给每个学生的体验是"惹人喜爱"，这份情感与文中的列宁、男孩对灰雀的感受是完全一致的。有了情感共鸣这一前提，才会有以后的认知同一和视域融合。】

二、探究"果然",体会男孩的诚实

过渡:谁曾料到,就是这么一只可爱的小鸟,有一天却神秘地失踪了,但第二天又奇迹般地回来了。这句话中哪个词告诉了你?(果然)

1. 师:你知道"果然"是什么意思吗?(生答)能不能举一个你在生活中的例子呢?(生自由答)请你联系上文,说说"果然"在这儿是什么意思。(生:男孩昨天说灰雀一定会回来,今天灰雀真的回来了。)

2. 设置疑问,诵读体味。

师:男孩不是说他没有见过灰雀吗?怎么又说灰雀一定会回来呢?这不是前后矛盾吗?

请同学们读读课文,用波浪线画出描写小男孩的句子,仔细品味一下他的心理活动。然后四人小组交流一下自己的读书体会。

(1)学生自主释疑。

(2)反馈:学生各自阐述自己的理解,师作随机点评。

①男孩说:"没……我没看见。"

如果男孩没有捉那只灰雀,他会怎样说?(生答)那就说明他在撒谎。如果你就是那个可爱的男孩,撒谎的你心情会如何?(害怕、难受、犹豫……)那个男孩与你们一般大,体会一下,此时他说话的神情、语气会是怎样的呢?读好句子。

引读:此时此刻,他心里也许在想:不能让他知道,不然我会受到惩罚、嘲笑的。他害怕啊!读!(指名读)但说谎受到了良心的谴责,他想说又不敢说,他犹豫啊,读!(生齐读)

②那个男孩本来想告诉列宁灰雀没有死,但又不敢讲。

生发表意见。

师:男孩听到列宁这句话,他那颗小小的善良的心动摇了,诚实的品质在扣动他的心扉。但一想到说出真相后的批评,他又胆怯了,退缩了。怎么办呢?读!(指名读、女生读)

③男孩看看列宁,说:"会飞回来的,一定会飞回来的。它还活着。"

学生自由回答,教师随机点评。

师渲染情境,引读:"看看"——正是这"看看",让小男孩的心震动了。因为他自己小小的自私而给别人带来痛苦。这一切,让男孩善良的心受着前熬,受着拷问,受着谴责。终于,就在那一刹那,他的诚实善良战胜了他的胆怯、害怕,他终于鼓起勇气,说——(生齐读)你读懂了吗?读懂了,用你的朗读来表达吧!(指名读)

④"一定会飞回来!"男孩肯定地说。

此时,小男孩在想什么呢?(学生答)

师引读:这"肯定地说",不仅仅是在回答列宁,更是在回答他自己,是他心情犹豫后的坚定,决心改错后的坦然!大家一齐读!(男生齐读)

3. 激发想象,深度感悟。

(1)**师**:男孩"果然"说到做到,灰雀"果然"回来了。树林里又多了一份生气。现在,那个男孩就站在白桦树旁,低着头。他在干什么呢?请你闭上眼睛,展开你想象的翅膀,认真倾听孩子的心声。

(师范读第11小节,生闭目想象)

(2)反馈:也许他在虔诚地认错……

也许他在默默地祝福……

……

(3)此时此刻,你想对男孩说什么?

生:朋友,你真是一个知错就改的好孩子。

朋友,你不必伤心,不必惭愧……

……

【教师在这里对教学内容做了有意义的处理和加工。第一,列宁和男孩之间是一种对话关系,是一种时间轴上的线性关系。第二,如果对这种关系进行切分,存在两种可能:男孩在先,列宁在后;列宁在先,男孩在后。显然,教师在这里对文本内容既做了逻辑切分,又做了认知排序,即先集中品读男孩的心理变化。其实,这是一种因果倒置的教学策略。男孩的心理变化是事情发展之果,而列宁的言行神情则是事情发展之因。先读果,好处是制造悬念、引发期待,这种阅读心理是符合学生的认知状态和接受水平的。但是,这样处理会不会人为地隔断男孩与列宁之间的对话关系,从而造成理解上的断层和盲点呢?其实,这种担心大可不必。学生的真实阅读和课堂上的阅读教学并不能完全等同,事实上,学生首先触及的恰恰是两人之间的对话关系,即在聚焦"男孩的心理"之前,已经搭建了"列宁与男孩的对话"这一阅读背景。而教师则将这种懵懂的、模糊的对话关系进行切分,然后让学生从不同的视角进行品读。这样的读,恰恰是对学生真实的阅读经验的一种自觉尊重,因此,是有效的、高效的。也因此,学生才能和男孩实现真正的精神契合。】

三、品读"自言自语",感悟列宁的关爱

过渡:可爱的男孩从说谎到诚实,从犹豫到坚定,是什么在打动他,是什么力量在推动着他呢?

1. 自主感悟,讨论交流。

(1)**师**:请大家画出列宁说的话,也来仔细品味一下,尝尝你品出的味儿是什么,然后和同桌交流一下。

(2)学生自主感悟品味,交流讨论。

2. 反馈:学生自由解答,教师随机点评,引入情境,品读。

(1)列宁说:"一定是飞走了或者是冻死了。天气严寒,它怕冷。"

① 理解"飞走"、"冻死"、"怕冷"等词是列宁对灰雀的担心。

"严寒"能否换成"寒冷"?("严寒"更能说明列宁对灰雀的关心和担心)

② 引导体会:列宁仅仅是对灰雀表示担心吗?同学们,想一想,观察仔细的列宁会对男孩刚才吞吞吐吐的话语、犹犹豫豫的眼神,毫无察觉吗?(生讨论)

是啊!对这个小男孩,列宁是在试探他,更是在用自己的真诚打动他。谁愿意读?(指名读)

(2)列宁自言自语地说:"多好的灰雀呀,可惜再也飞不回来了。"

理解"多好"、"可惜"、"再"——十分喜爱灰雀。少了灰雀,这个寂寞的冬天就少了一份生命力。

品读"自言自语"。

① 什么意思?

② 你会在什么情况下"自言自语"?(学生自由发言)看来,人在感情激动的时候,都会……(生齐说)

③ 引读:在这凛冽的寒风中,在这冰冷的雪地上,列宁触景生情,十分挂念那只可爱的灰雀,心潮涌动,情不自禁地、自言自语地说——(指名读,齐读)

④ 反复回旋,激发情感:列宁仅仅是在对自己说吗?不!看到小男孩欲言又止,他也在对男孩说——(女生齐读)他是在用他的尊重、理解、真诚、关怀打动小男孩,说——(男生读)你读懂了吗?那就把你读懂的化作你的朗读,化作你的真情来告诉大家吧!(齐读)

(3)列宁问:"会飞回来?"

——这是喜出望外地、高高兴兴地问。

师：既是惊喜地追问，又是给男孩一股认错改错的勇气，一种求真向善的力量！读！（小组轮流读）

（4）列宁看看男孩，又看看灰雀，微笑着说："你好！灰雀，昨天你到哪儿去了？"

理解：怎样的微笑？（欣喜、宽慰、高兴、关心……）

"你好！"—— 既是对灰雀打招呼，为它的归来而高兴；又是对男孩打招呼，是对他行为的肯定。

3. 移情体验，感悟关爱。

师：要是你就是那个男孩，列宁问你，你会怎样答？（生答）

你觉得列宁这样做好吗？为什么？（对男孩自尊心的尊重）

【品读列宁的言行神态既是全课的重点，也是解读的难点。这是因为列宁的言行神态中贯穿着两条情感线，一明一暗，明线表现为对灰雀的喜爱、关心、担忧和期盼；暗线表现为对男孩的感化、尊重、理解和期望。其实，一明一暗，更深的意义是爱——爱灰雀、爱儿童。如何引导学生在感受列宁对灰雀的爱的同时，感受他对男孩的爱呢？必须承认，教师对此环节的设计是高度清醒、高度自觉的。此环节的点睛之笔即在于教师的两次追问：第一次，"列宁仅仅是对灰雀表示担心吗"；第二次，"列宁仅仅是在对自己说吗"。两次"仅仅是"的追问，将学生的理解焦点由"对灰雀的爱"推向"对男孩的爱"，完成了学生、列宁之间的精神契合。】

四、畅谈体会，理解真爱的力量

1. 分角色朗读3—12小节，学生畅谈自己最深的体会。

2. 激情提升情感。

同学们，男孩的善良诚实使他有勇气改错。列宁观察仔细，善解人意，其真诚的爱心的感染，春风化雨般的教育方法让人佩服，这既是对男孩的尊重、爱护，又是对生命的一种关怀。

这一切的一切，都源于一个字——"爱"。（板书）是"爱"像一阵春风吹进了男孩的心田，让男孩诚实善良的品质复燃，是"爱"像一声声鸟鸣，装点了寂静的寒冬；是"爱"感化了一切，是"爱"创造了一切。

3. （配鸟鸣声）朗读13小节。

4. 总结：同学们，爱的力量有多大啊！爱使世界更美丽，爱使人与人之间的感情更真挚、更纯洁，爱使男孩更诚实，爱使列宁更伟大……让我们心中充满爱吧！（播放背景乐《爱的奉献》）

13. 建构生命化理解的课堂 ／131

【爱就一个字，体验多么难，践行多么难。但列宁做到了，男孩做到了，学生们呢？大教立心，大育化人。一篇文章、一堂课的品读，也许还不足以达到这种境界，但是，一篇篇文章、一堂堂课，可以积沙成塔，集腋成裘。我们有理由期待，这种境界在学生生命成长中的顿悟和圆满。】

(张菊芝，浙江省乐清市乐城一小教师)

14. 想象，复活文字的感性生命

——评叶小平老师设计的《假如》

诗意语文视文本为一种感性的存在，视学生的语文学习为一种感性的学习。这种语境下的"感性"，以情感为内核，融想象、感知、直觉、思考于一体。本案设计，正是对诗意语文感性意识的一种皈依。"对生命的关爱"无疑是本案设计的一条主线，这条主线如何贯穿，更多地依托于想象技术的运用。梳理本案的想象技术，我们发现，其表现样式是丰富多彩的：一、完形想象技术。如认读"快活地成长"、"操场上奔跑"、"草地上游戏"，让学生感觉心情的变化，读出快乐的感觉。这是将几个不相干的词语整合为一种语境，学生的心情和感觉是在对这个语境的想象中生发的。二、再现想象技术。如："读着这一节，你的眼前是不是出现了一幅画？"三、关联想象技术。如："你们曾经有过苦苦等待的时候吗？那时你是怎么想的？带上这种感受读一读。"四、造境想象技术。如："早晨，西西坐在窗前的轮椅上，看见了什么？他在想些什么？傍晚，西西坐在窗前的轮椅上……星期天，西西坐在窗前的轮椅上……下雪天，西西坐在窗前的轮椅上……"五、补充想象技术。如："读到这里，你仿佛看到了什么，听到了什么？跟着西西轻快的脚步走出去，你仿佛还看到了什么？"六、角色想象技术。如：接听"爱心桥"热线电话。多样的、适切的想象技术的运用，为学生发现关爱、感悟关爱、表达关爱、提升关爱、体认生命存在的诗意，提供了有效的策略保障。

[附：《假如》课堂教学设计及点评]

[设计理念]

一位外国作家说：每一个儿童都是一名诗人。

是的，儿童充满了想象力、创造力，他们希望认识社会、改造自然。儿童的心灵里，有着赤子般的真情，有着火山喷发般的力量。朗读这首诗，学生会产生心灵的共鸣，会产生许多新的"假如"，还可能产生写诗的冲动。

创设个性化的阅读氛围，让学生在无拘无束的状态中尽情与文本对话，在充分的朗读和创作中发现关爱、感悟关爱、表达关爱、提升关爱，获得生命的体验与表达，感受生命存在的诗意。

【什么是诗人？一颗柔软的心，一对想象的翅膀。儿童是天生的诗人。对此，鲁迅先生曾经不无惊叹地感慨："孩子是可以敬服的，他常常想到星月以上的境界，想到地面下的情形，想到花卉的用处，想到昆虫的语言；他想飞上天空，他想潜入蚁穴……"正是想象，在复活文字感性生命的同时，也点燃了每个学生的诗意生命。】

[教学过程]
一、创设情境，形成期待
1. 课件播放《神笔马良》故事片段。
2. 说话训练：马良用神笔做了些什么？
3. 有一位小朋友也想拥有这样一支神笔，去帮助有困难的人。他把自己的愿望写成了一首诗，题目是——"假如"。板书课题。
4. 用不同的感受（急切地、高兴地、充满想象地）朗读课题。

【课题"假如"，即是一个富于想象的诗意字眼。自然，让学生充满想象地朗读课题，便是一种充满想象的期待了。想象，是期待在精神世界的达成。】

二、初读全文，感知内容
（一）学生自学
1. 用自己喜欢的方式自由读课文，要读得正确、流利，遇到难读的地方多读几遍。
2. 把觉得特别难读的或读得不太满意的地方再读一读。
（二）自学检查
1. 认读词语。
（1）出示第一组词：
缩着身子　轻轻叹息　寻食遥远　饿得哭泣
① 指名读，纠正字音。

② 开火车读。

③ 自由读读，读着读着，你对哪个词特别有感觉？说说你的感觉，并把这种感觉读出来。

④ 带上感受齐读。

（2）出示第二组词：

快活地成长　操场上奔跑　草地上游戏

① 自由读读，感觉心情如何？

② 快乐地读一读，让大家感受到你的快乐。

2. 指名分节轮流读课文。

3. "我"想用神笔实现哪些愿望？结合初读检查中的词说一说。

【两组词语的先后呈现，妙在想象语境的营造。第一组，隐含了一位残疾儿童的痛苦形象；第二组，暗示了重获新生的快乐形象。要学生读出词组的感觉，仅在字面上滑行是毫无作用的。关键是要在学生脑海里呈现一种象，使他们见到这种象并且体验这种象，无论是痛苦之象还是快乐之象。那么，"象"怎么来？"想"出来。所谓"想象"，就是"想出"那个"象"。这是诗意生命的馈赠，更是自由精神的创造！】

三、品味吟诵，读中悟情

1. 示范朗读。

（1）教师范读课文第一节。

（2）学生评议。

（3）总结方法：一边读，一边想象诗句的画面。

【"一边读，一边想象诗句的画面"，试比较它与"一边读，一边思考诗句的意思"，如何？诗意语文的精义，即蕴涵在"想象画面"之中。对文字的接触方式，一为"想象的接触"，一为"思考的接触"；对文字的接触状态，一为"在想象中思考"，一为"在思考中想象"，前者是诗意的接触，后者是理性的接触；前者天生属于儿童，后者大都属于成人。我们推崇的，是对"童心"的回归。回归"童心"就是回归"诗意"。】

2. 学生挑自己最喜欢的一节或是最想帮助谁，就选择哪个小节读一读。自由练读。

3. 朗读表达。（根据学生的学情随机引导）

（1）读悟第一节。

① 指名读。
② 愿意读这一节的小朋友站起来，看看窗前的小树（指课件），将你心中的感受读出来。
（2）读悟第二节。
① 指名读。
② 读着这一节，你的眼前是不是出现了一幅画？说一说，读读这节诗。
③ 看动画（小鸟在窝里叽叽喳喳地叫，鸟妈妈飞累了，落在树枝上休息），指名再读。
④ 你们曾经有过苦苦等待的时候吗？那时你是怎么想的？带上这种感受读一读。

【"你的眼前是不是出现了一幅画？"瞧！引领学生对文字进行一以贯之的"想象的接触"、"诗意的接触"。】

（3）读悟第三节。
① 指名读。
② 你读到什么地方时最想去帮助西西？"只坐在屋里"，意味着什么？（不能奔跑，不能游戏，少了伙伴，少了快乐……）
想象：早晨，西西坐在窗前的轮椅上，看见了什么？他在想些什么？
傍晚，西西坐在窗前的轮椅上……
星期天，西西坐在窗前的轮椅上……
下雪天，西西坐在窗前的轮椅上……
③ 这时候，他最需要什么？
应该有一双好腿，但是他有吗？他只能（引读）——坐在屋里，望着窗外的小树和飞燕。
有一双好腿，这样才能和我们一样拥有一个健康的身体，但是他有吗？（引读）
有一双好腿，这样才能和我们一起奔跑、游戏，拥有一个幸福的童年，但是他有吗？（引读）
④ 此时此刻，你想为他做点什么？读整节诗。
⑤ 读到这里，你仿佛看到了什么，听到了什么？
跟着西西轻快的脚步走出去，你仿佛还看到了什么？
看着这个健康快乐的西西，你的心情如何？
是啊，带给别人快乐，自己也感到快乐。再读读这一节。

【想象属于自由的心灵，没有自由，便没有想象；想象适合于"美"的创造，没有审美，便没有想象。自由之魂、审美之维，正是想象的根源所在。在时间的流逝中，想象西西坐在轮椅上的情形和心情；跟着西西轻快的脚步走出去，想象西西的所见、所感、所做、所思……这一系列想象语境的创设，说到底是在"心的自由"和"美的创造"之间架设一座座生命之桥、诗意之桥。原来，想象真的可以培育！】

四、回归整体，升华情感

1. 诵读全文，再次感受"我"善良的心、博大的爱，产生关爱他人、关爱环境的愿望。

结合自学检查中的词语练习背诵。

2. 小结：这是一支怎样的神笔？

五、延伸文本，仿说拓展

1. 创设情境，接听"爱心桥"热线电话，用"假如我有一枝马良的神笔，我要给（　　）画（　　）……"的形式说话。

求助电话1：干渴的小树

求助电话2：被猎枪打伤翅膀的丹顶鹤

求助电话3：在海啸中失去父母的孤儿

2. 热线电话铃声不断，还有许许多多的人需要我们的关心和帮助。假如你有一枝马良的神笔，你还想画什么？

（1）自由交流：愿意说给谁听就说给谁听。

（2）集体交流（播放《爱的奉献》乐曲作为背景音乐）。

【整堂课，始于想象的读，终于想象的说，善哉！先在特定情境中（面对"干渴的小树"、"被猎枪打伤翅膀的丹顶鹤"、"在海啸中失去父母的孤儿"）展开想象，后在特定心境中（我要去关心和帮助他们……）展开想象，想象的角度在增加，想象的广度在开阔，想象的精度在提升，但是，唯一不变的恰是想象的温度——同情、关怀和悲悯，一颗柔软的心——爱！唯有在爱中的想象，才是真的善、善的真，才是真善美的同一！每个学生的言语生命至此确证了诗意存在的幸福和尊严，语文至此，夫复何求？】

（叶小平，浙江省兰溪市兰江小学教师）

15. 生命美学观照下的语文课

——评沙珠双老师设计的《浅水洼里的小鱼》

诗意语文从问世的那一天起，就自觉地以生命化教育作为自己的终极探寻和关怀。本案即是语文课程生命化教育的一个生动体现和闪亮平台。从设计的主线看，由直面"死亡"到感动"在乎"，再到珍视"伸手"，其生命意识、生命意蕴的言说意图已经清晰可见。直面"死亡"所唤醒的对生命的敬畏，感动"在乎"所体认的对生命的珍爱，珍视"伸手"所彰显的对生命的关切，将本案所负载的人文价值推到一种生命美学的极致。从设计的细节看，第一板块紧扣"用不了多久"一语，这是对生命的时间特性的一种高度警觉和敏感，由此我们就不难理解"一分钟过去了"、"十分钟又过去了"的设计旨趣；第二板块采用推波助澜式的对话策略，将"在乎"的视域一层层地打开，"小鱼在乎"——"小鱼的亲人在乎"——"小男孩在乎"——"我们都在乎"，从而使"万物有灵、众生平等"的生命哲学之光在课堂上、在师生的心上熠熠生辉；第三板块，透过希望工程小女孩的眼睛，让学生看到生命之间的关爱、呵护的伟大力量。生命因了生命才焕发了它全部的精彩和尊严。这就是本案对诗意语文生命化教育的精彩言说。

[附：《浅水洼里的小鱼》课堂教学设计及点评]

[设计理念]

诗，很美。它总是轻轻触动人心灵的琴弦，但却总是让人一辈子难忘。诗意的语文课堂影响着学生的心灵与人格，在每个学生的内心不断建构一方美丽的精神乐土。《浅水洼里的小鱼》旨在使学生感受生命的平等与可贵，感动于一次次平凡又执著的伸手之援。使他们在痛惜小鱼陷入困境时萌生真情，在"在乎"的呐喊声中感动生命，在学会伸手相助的义举中创造美，在感悟中不断地建构属于每个孩子自己的人性美。

【语文课程的本质属性在于它那天然的、自然的、必然的"言语性"，言语一直都是有生命的，生命化教育是语文课程天然的、自然的、必然的选择！心灵、人格、精神、生命、人性，一连串的关键词，让人于无声处听生命之惊雷。这是语文的大道，这是诗意的精髓。"对人的确证，没有什么能比这更幸福的了。"（潘新和先生语）】

[教学过程]
一、心手相牵，拾级而上，直面"死亡"
1. 复习巩固生字。（跳浅水洼的小游戏贯穿其中）
2. 出示课文插图，引领说话，导出相关句子。

句子一："他走得很慢，不停地在每个水洼前弯下腰去，捡起里面的小鱼，用力地把它们扔回大海。"

① 初读，认真读，仔细聆听，哪些词语轻轻地触动了你，让你有所感动。（把握句中"不停地"、"捡起"、"用力地扔"，感动于小男孩努力帮助浅水洼中的小鱼脱离困境的行为，反究第 1 自然段小鱼所遇之困境。）

② 鱼儿被困，鱼儿不能去自己想去的地方，不能做自己想做的事。轻声读第 1 自然段，你找到原因了吗？

③ 结合插图，观察洼中小鱼与大海的位置关系。你是怎样看懂"困"的画面的？再读第 1 自然段，引导："你又发现了什么？"

句子二："用不了多久，浅水洼里的水就会被沙粒吸干，被太阳蒸干。这些小鱼都会干死。"

① 文章开始写了那只是清晨，随着中午的临近，上升的太阳会给浅水洼、给小鱼造成什么样的影响？

② 请去过海滩的小朋友讲述自己在沙滩上的亲身感受。（对水被沙粒吸干的理解）

③ "用不了多久"，那可能是多久？指导感情朗读。

——是啊，一分钟过去了，本来就不多的水还在慢慢减少。（学生接读此句）

——十分钟又过去了，太阳已经将这一点点水晒得越来越少，将沙滩晒得越来越烫了。（学生接读此句）

④ 出示小鱼在浅水洼里痛苦挣扎的动态效果。

——听,在小鱼那一声又一声的喘气中,一次又一次的挣扎中,你们听到了什么?

——那一声又一声的求救声,一次又一次的对生的强烈渴望,你们听到了,对吗?此刻,你有什么感受?最想做什么?

3. 再次引读:"他走得很慢,不停地在每个水洼前弯下腰去,捡起里面的小鱼,用力地把它们扔回大海。"

【"困"——"干死"——"用不了多久便会干死",这样一个危险递增、感情递进的设计,犹如一个由远而近、由小到大的长焦推进镜头,将"死亡"这一生命中永恒而沉重的主题猝然呈现在学生面前!从而激发学生内心深处对小鱼本能的保护和怜惜,并借此走进男孩的内心世界。这是生命与生命的相遇!】

二、情思相融,心灵碰撞,感动"在乎"

1. 过渡:小男孩就这样一条一条地捡起小鱼,然后扔向大海,虽然捡不完,却仍努力地捡着,因为他知道,每捡一条小鱼就是在挽救一个生命。他对小鱼的爱惜,不仅在这句话中有所体现,在3—6自然段中,你依然可以找到令你心有所感的地方。

2. 先读一读,用心去感觉,有了感动后,与同桌交流一下,然后用自己的方式,用你感受到的这份感动去打动你身边的人。

3. 抓重点词句引导学生体悟。

(1)"我知道。"小男孩头也不抬地回答。

① 你对"头也不抬"怎么理解?是小男孩极度无礼?

学情预设:

生:"头也不抬"说明小男孩思考过"我"的问题,但尽管鱼儿那么多,他仍要做,因为他认为捡一条是一条,多救一条就多一条小鱼活着,大自然便多了一个生命存在。多么令人感动的想法。

生:他头也不抬,说明他非常坚定自己的想法,而且不想再浪费宝贵的时间。我很佩服他。

② 带着你对小男孩的理解与认同,读这句话,要干脆。

(2)"那你为什么还在捡?谁在乎呢?"

追问:是啊,谁在乎这些小鱼的生命呢?

学情预设:

生：别人可能觉得不就是小鱼吗？死了就死了。可是小男孩没像他们那样认为，所以我很感动。

生：小鱼自己在乎，因为它们还想回到妈妈身边，回到大海的怀抱中去，它们不想死。

生：小鱼的亲人在乎，小鱼那么可爱，它死了，亲人们会很难过的。我也在乎，不管怎样，它们都是有生命的，我们都应该珍惜生命，好好保护它们。

（3）紧扣"在乎"，升华感情。

整合小男孩的话，并逐句出示："这条小鱼在乎！""这条在乎，这条也在乎！还有这一条、这一条、这一条……"

教师激情范读，并追问："如果你就是浅水洼中的一条小鱼，就是那苦苦挣扎着的小鱼，你在乎什么？请将你内心深深的渴望用一两句话写下来吧！"

学情预设：

生：我在乎能保住性命，因为我很想继续和爸爸妈妈一起在大海中游玩。

生：我在乎能快一点回到大海中，哪怕早一分，早一秒结束这痛苦也好。

生：我在乎小男孩这个非常重要的帮助，因为我实在没有力量自己回到大海中去。

（4）指导读："这条小鱼在乎！"

蔚蓝的大海在召唤它们，可爱的亲人在盼着它们，海水涌上来又退下去，沙滩上的这些鱼都在乎，请你大声对人们说："这条小鱼在乎！"

（5）这一条又一条的小鱼都在乎，让我们和这可爱的小男孩一起，怀着真诚、善良的心将小鱼送回大海的怀抱，让它们开始生命的又一个旅程。（全体起立，做上动作）读"他走得很慢……用力地把它们扔回大海"。

【在人生感言中，我曾经这样写道："一定要为'爱'找些近义词来通融的话，那就是'体贴'和'怜惜'了；倘若只能找一个词代替，那就是'在乎'了。"是的，"在乎"即是爱，对生命的爱！能从文本的百千字眼中独独拈出一个"在乎"，并对"在乎"高度在乎，已是独具只眼了。由这条小鱼"在乎"到小鱼的亲人们"在乎"，由我"在乎"到我们大家都"在乎"，这种语境的拓展设计，正是爱的升华，无痕，却力透纸背！作此设计，

不只独具只眼，更是独出心裁了。】

三、日积小善，追求希望，珍视"伸手"

1. 每个人、每种动物都享受着生命带来的快乐，但生命总是很脆弱，所以大家都非常珍惜。你瞧，森林中，一只可爱的小鸟受伤了，顽皮的小兔奔跑时撞伤了自己的小脚，你会怎么做呢？

2. （出示希望工程大眼睛女孩照片）透过她的眼睛，你看到了什么？

3. 小结学生发言。希望的力量是伟大的，哪怕这一份帮助人的力量很小。在我们的生活中，你伸手了吗，在别人需要帮助的时候？

4. 在《相互帮助》的儿歌声中畅谈。并引导学生从身边小事做起。

【这样的结课设计，会不会有品德教育之嫌呢？至少，我不曾怀疑。低段的孩子往往不能清楚地意识到自己内心萌发的情感，因此引领他们体认生命、尊重生命、珍爱生命，沿着文本的情感轨道，逐步、逐级地开掘、放大、强化他们的内在生命体验是必然的，也是必需的。从开始为"扔"而扔，到为"救小鱼"而扔，再到为"珍爱生命"而扔，学生对生命的体验和理解越来越深刻，也越来越广博，与纸质文本的对话最终转向了与生命这个更为本质的文本的对话。在生命与生命的对话中，他们确证了爱的力量！】

（沙珠双，浙江省永嘉县区瓦北三小教师）

第四辑　品课：细微处彰显本质

　　好课永远是相对的，不存在放之四海而皆准的评课标准。那些抽象的评议尺度，诸如"以人为本"、"以读为本"、"三维目标"、"自主学习"等等，若遇上真实而具体的课堂情境，往往会显得苍白无力。事实上，课堂是由具体而丰富的教学细节构成的，剥离了这些细节，就根本不存在所谓的好课标准。因地评课、因时评课、因人评课、因材评课、因境评课，才是科学的、富有生命力的评课。

16. 有一种感动叫"诗意"

——评肖绍国老师执教的《木笛》

《木笛》一课，是绍国潜心"诗意语文"的一个力作。诗意语文的表现，来自课堂教学的四个维度：第一，来自文本的诗意；第二，来自教师的诗意；第三，来自学生的诗意；第四，来自教程的诗意。只有四个维度的协同与融合，方能将诗意语文推向一种理想的境地。《木笛》一课，是对诗意语文理想境地的一种积极尝试和有效建构。

一、文本诗意——集中而典型的开掘

《木笛》虽是一篇小说，但无论是叙事方式还是话语表现，都充满了情感的张力和浓郁的诗意，是一个典型的诗意文本。绍国选择《木笛》一课，至少在课的原料和母本上为诗意语文的有效实现提供了一个颇为理想的条件。但是，文本丰厚的诗意，倘若没有教师充满智慧的二度开掘和加工，一样会面临被稀释、被解构的危险。绍国的成功，首先在于对《木笛》这个文本进行了卓有成效的开发和处理。细读全课，我们不难发现，教师对《木笛》这一文本的取舍是相当大胆而又相当小心的。说大胆，是因为课上师生一起倾心研读的其实只有两段文字，第一段是刻画"雪中吹笛"的文字，第二段是描绘"烛光方阵"的文字。除此之外，几无涉足。说小心，是因为教师对这两段文字的处理煞费苦心。通观全课，这两段文字是这样呈现的：雪中吹笛——烛光方阵——雪中吹笛——畅写心声——雪中吹笛。显然，这两段文字无论是呈现的次序还是频率早已跟原文大相径庭。我以为，正是这一集中而典型的文本开掘，为文本诗意的高浓度、高品位彰显打下了坚实的基础。课中，绍国有意淡化了《木笛》的叙事情节和大量细节描写，代之以"雪中吹笛"这一场景的品读和复读。这是一个饱含诗意的场景，悲情在这

里喷涌,高潮在这里拍岸,灵魂在这里战栗,语言在这里静默。这样一个高度凝练、高度抒情的场景,为全课诗意的铺垫、升华提供了再典型不过的教学支点。

二、教师诗意——真诚而动情的传递

教师的诗意,集中表现在执教者真挚、丰富、颇具感染力的教学情感上。对教师而言,没有情感,就没有诗意。但是,情感与诗意之间还不能简单地画上等号。只有那种合于审美特质的情感,才是诗意的。合于审美特质的情感,首先是真挚的,它一定是打动了教师自身心灵之后的自然流露,它绝非虚情假意、无病呻吟。合于审美特质的情感,"发乎情而止乎礼",它是经由教师独立思考之后的情,是融入了教师理性思考、生命智慧之后的情,它不掩饰,不做作,不夸张,不癫狂。这种审美意义上的情感——教师诗意,更多地体现在教师的教学语言和肢体语言上,尤其是教师的教学语言上。可以说,诗意的教学语言正是教师诗意的一种表现与确证。且看绍国在《木笛》一课中的教学语言:

为唤醒和强调词语的"语境感",老师这样引导:"读词语光做到字正腔圆还不够,有时候在读词语的时候,你需要用心听,由词语散发开来。词语,它有魔力呀,你往往能听到许多意想不到的声音。请看大屏幕,听老师读这四个词语,你仿佛听到了怎样的木笛声?"

为解读朱丹的"苦涩泪涌",老师这样问道:"是啊,朱丹,你为何要吹奏如此悲凉凄切的笛声?你为何哭泣?你又是在向谁倾诉些什么?让我们一齐带着自己提出的问题走近朱丹,走进朱丹的内心世界。让我们先随着笛声去寻找他为何流泪。显而易见,众所周知,朱丹由'一丝悲戚'到'苦涩泪涌',是因为——"

为渲染"雪中吹笛"的凝重氛围,老师这样指点:"我们一齐来读读这段文字。一边读,一边打开你的心灵,用心地去听,在这段文字当中,有一个声音在向你哭泣,有一个声音在向你叹息,有一个声音在向你倾诉。笛声悲凉凄切,读——"

在学生以角色置换的方式体会到朱丹拒绝在考场吹奏欢乐的乐曲的原因时,老师这样评价:"朱丹,我听懂了,你有你做人的方式,你有你的骨气,你有你的人——格。"

这样的教学语言,之所以能深深地打动学生,启迪学生投入而真诚地思考、感悟，不在于它有多么华丽的辞藻，也不在于它有多么强大的气势，而在于教师的语言声声饱含真情，字字发自肺腑。唯有这样的教学语言，才是诗意的语言。

三、教程诗意——精致而曲折的生发

课堂教学，既是一种科学，又是一门艺术。是科学，就要求课堂教学要遵循学生的认知规律、情感规律，要依据课程逻辑和教学原理。是艺术，就要以审美的标准和尺度设计并实施课堂教学，使课堂充满诗意、充满魅力。教程的诗意，最核心的问题是课堂节奏的问题。因为节奏是一切艺术的灵魂，当然也是课堂教学艺术的灵魂。《木笛》一课的节奏，精致而曲折，教学的诗意主要体现在以下两个方面。

第一，依托"雪中吹笛"这一高品位的诗意语段，在教学流程中前后反复呈现三次横跨全课的教学，据此营造一种一唱三叹、回环复沓的整体课堂节奏。三次呈现的"雪中吹笛"，尽管字面完全相同，但是，每次解读的语境和内涵却不尽相同。第一次，是在"笛声"的层面上细读；第二次，是在"情声"的层面上品读；第三次，是在"心声"的层面上悟读。可以说，学生对文字体认的境界一次比一次深刻。这是一种既复沓又攀升的节奏，如一首撼人心魄的交响乐。

第二，课前先行隐去故事的结尾部分——大师在广场上倾听朱丹吹笛并录取了他。直到课堂教学的尾声，教师才用大屏幕投影的方式呈现故事的结尾部分。突如其来的变化，让学生既惊讶，又颇欣慰，从而营造出一种悬念突转的教学节奏。我们知道，在学生先前的阅读期待中，尽管他们早已被深深地卷入朱丹笛声的国殇之痛中，但对朱丹未被录取的结局是心存不满、遗憾甚至忿恨的。当谜底最终揭示的时候，强烈的落差对于学生情感乃至思想的冲击必将是巨大的，这就是教学节奏的力量。

四、学生诗意——感人而融洽的表现

诗意语文，最终的归宿一定落在学生的诗意上。离开了学生诗意的涵养和陶冶，其他三个维度的诗意也就多半失去了课程论和教学论的价值，这是毋庸置疑的。学生诗意是一种整体的、生命化的语文素养，课堂上，它集中表现为学生的某种状态。这种状态，首先是"投入"的。没有思想、情感乃至生命的深深的卷入，就根本谈不上什么"诗意"。这种状态，还是"动情动心"的。诗意往往表现为某种审美化的情感，因此，无动于衷、麻木不仁，绝不是诗意的状态。这种状态，更是"情动于中，辞发于外"的状态，入情入境的言说成就了学生的诗意人生。在绍国的课堂上，学生是投入的，是动情动心的，更是由衷言说的。最感人的环节莫过于学生对朱丹心声的移情摹写：

生：笛声在向人们倾诉着那段已经被人忘记了的国耻，以及朱丹心中那说不出的苦涩和让人不忘国耻的呐喊声。

生：笛声在向人们倾诉：请别忘记这段国耻，这是中国的国耻，忘记是不可原谅的。因为我们是中国人。

生：寒冷的夜里，我们不应该忘记那冰冷的国耻，无数死去的百姓们记载了历史，让我们用一颗炽热的心来告慰祖国。

……

其实，真挚、真切的言说本身就是一种诗意，何况，这种言说裹挟着学生生命的全部理解、思想和尊严。

[附：《木笛》课堂实录及点评]

[教学内容]
人教版课程标准实验教材小学语文五年级（上册）课文《木笛》。

[教学目标]

1. 抓朱丹的语言、动作、神态等反复揣摩，感悟他用"笛声"如泣如诉地抒发内心的情怀。

2. 通过"读写拓展"等生动倾情的言语实践活动，发展、历练语言。

3. 在读中提升情感，唤起学生对南京大屠杀刻骨铭心的痛楚，在"国耻"中印证"国魂"。

[教学主线]

层层叩击文本，在学生、教师、文本之间的多向互动的对话中，在充分的读中，以"如泣如诉"为轴心，在"泣"和"诉"两个层面上挥洒，铺设"幽幽笛声如泣如诉，莹莹烛光告慰亡灵"的情感主线，立体多维地推进教学。

[教学过程]
一、如泣如诉，于词语扩散中倾听声音
师：上课。同学们好！
生：老师好！
师：同学们，在我来给大家上课之前，大家已经初读了《木笛》一文，现在，就让我们继续跟随作者赵恺先生的思绪再次走近那位手握木笛的青年朱丹，走进朱丹的内心世界。通过初读课文，我们了解到朱丹由于拒绝吹奏欢快的乐曲，挥泪悄然离开考场，而面对一片莹莹烛光，他却伫立雪中，尽情地吹奏起来。那么，课文中是用怎样的语句来描写朱丹吹奏的那一曲木笛声的呢？请同学们快速地浏览课文，找一找。

【"笛声"者，"心声"也。这是叩询文本的一把钥匙，也是课堂叙事的一条脉络。肖老师深谙此道，一句"课文中是用怎样的语句来描写朱丹吹奏的那一曲木笛声的"，即是对此道的回望和印证。】

生：朱丹伫立雪中，小心地从绒套中取出木笛吹奏起来。笛声悲凉凄切，犹如脉管滴血。寒冷凝冻着这声音，火焰温暖着这声音。坠落的雪片纷纷扬起，托着笛声在天地间翩然回旋。

师：这么长的一段话，你一口气把它读了下来，而且通顺流畅，字正腔圆，可见你平时的语文基本功非常扎实。请坐。这就是那曲木笛声，她听到了，你们听到了吗？

生：（齐）听到了。

师：继续听，这曲木笛在课文的结尾处还在吹，还有谁听到其他声音了吗？

生：孩子们在静静地倾听，他们似乎听懂了这如泣如诉的笛声。

师：是的，这一处不太容易被人发现，却被你发现了，非常关键，真好。这曲笛声散见在课文中两个自然段的字里行间。同学们都有一双善于发现的眼睛，我们都听到了这曲笛声。老师还特地把描写笛声的优美词语摘录了下来，谁来字正腔圆地读读这四个词语？

（大屏幕出示：悲凉凄切、脉管滴血、翩然回旋、如泣如诉）

【摘录词语是假，把"笛声"读薄是真。读薄"笛声"，就是借由关键词锁定笛声之属性、聚焦笛声之旨趣、抵达笛声之精神，就是对笛声的一种干净、凝练、"不畏浮云遮望眼"式的把握，就是读"笛声"时的阋微知著、披沙沥金。读法决定教法，这是对语文本体的深刻维护。】

生：（读）悲凉凄切、脉管滴血、翩然回旋、如泣如诉。

师：读得不错，有个地方需要纠正一下。读"脉管滴血（xiě）"。大家跟我读。

生：（读）脉管滴血（xiě）。

师：我再请一个同学字正腔圆地、不紧不慢地、一板一眼地读读这四个词。

生：悲凉凄切、脉管滴血、翩然回旋、如泣如诉。

师：读词语光做到字正腔圆还不够，有时候在读词语的时候，你需要用心听，由词语散发开来。词语，它有魔力呀，你往往能听到许多意想不到的声音。请看大屏幕，听老师读这四个词语，你仿佛听到了怎样的木笛声？

【读词亦需"语境感"。词被从文本中拣出来，而非剥离出来。因此，这些词身上依然留存着母体的肤温与体香。词虽已成了寂寞的独体，但其身处文本的经历，却让它和文本之间自有一种贯通的气息、涌动的韵律。由词散发开去，倾听也罢，凝视也罢，联想也罢，终究是对文本语境这一存在的回归和拥抱。以"语境"之笔抒写课堂细节，当是诗意语文的一种本体智慧。】

师：（课件呈现四个词语的flash动画）（深情范读）"悲凉凄切、脉管滴血、翩然回旋、如泣如诉。"你好像听到了怎样的木笛声？来，你说。

生：我仿佛听到了一种非常凄凉的木笛声，让我感觉浑身发冷。

师：好极了。还有谁听到了怎样的木笛声？

生：我觉得好像四周围荒芜人烟似的，独自一人时听到很凄凉的声音，非常地恐怖。

师：凄凉、恐怖、可怕。还有呢？你说——

生：这木笛声非常地悲伤，好像在哭诉，让人很难过。

师：悲伤！难过！哭诉！是这个词——如泣如诉（板书）。这个"泣"，三点水加个"立"，是什么意思？

生：哭泣。

师：这里的"诉"是告诉的意思吗？

生：应该是倾诉的意思。

师：是啊！倾诉、倾吐的意思。

【词意品读，信手拈来，不事雕琢，妙趣天成。诗意语文绝不冷落乃至放逐基础的历练，这种历练更多地表现为一种无痕的点化、无形的熏习、无

为的顺应。】

师：是的，这流着泪的、款款倾诉的笛声在夜空中回旋，孩子们，你们都听到了。来，让我们一起看大屏幕，一齐有滋有味地、很有感觉地再来读一读这四个词语。（课件呈现四个词语的 flash 动画）

生：（齐）悲凉凄切、脉管滴血、翩然回旋、如泣如诉。

师：跟着这种感觉，读着这些词语，耳畔听着这曲木笛声，你就想象一下，青年朱丹站在你面前。孩子们，你是不是有什么问题冒出来了，想要问问朱丹呢？

生：朱丹，你为什么要吹奏如此悲凉凄切的音乐？

师：问得好。

生：我想问一下，为什么朱丹吹奏的这曲笛声，如此悲凉？

师：如此悲凉，你这个问题问得多好啊。还有谁想问？

生：朱丹，你吹奏这曲悲凉凄切的笛声，是为了告诉我们什么？

师：是啊，问得好！

生：朱丹，你在考官面前不肯吹欢乐的笛声，而现在在这里（面对这片烛光），为什么要吹奏悲凉凄切的笛声呢？

师：你把课文的前后内容联系起来了，问得很有价值。

【语文之问与科学之问其趣迥异。语文之问偏于审美，科学之问则重于理性。审美的问，自然以情感为逻辑之维，这是诗意语文的一种课堂主张。学生的种种叩问，其意并非在求得一明晰确凿之答案。从某种意义上讲，这些问实乃不问之问、问不在问，这是一种饱蕴情绪的问、宣泄情绪的问、制造情绪的问。问出一种情绪、情意和情味，也就宣告了"问"这一存在的终结。】

二、如泣如诉，于国耻国难中品味泪水

师：是啊，朱丹，你为何要吹奏如此悲凉凄切的笛声？你为何哭泣？你又是在向谁倾诉些什么？让我们一齐带着自己提出的问题走近朱丹，走进朱丹的内心世界。让我们先随着笛声去寻找他为何流泪。显而易见，众所周知，朱丹由"一丝悲戚"到"苦涩泪涌"，是因为——

【审美之问的终结，也是读薄笛声的终结，课堂之旅开始折向"读厚"之途。一句"随着笛声去寻找他为何流泪"的指点，吹响了这种转向的号角。但细读这一转向，我们发现其背后折射的依然是对"笛声乃心声"这一课堂叙事脉络的自觉遵从。我以为，由"笛声"抵达"心声"的过程，不

仅是一种读法规则的敞开,更是一种精神机制的澄明。】

生: 是因为今天是12月13日,是南京大屠杀遇难同胞纪念日。

师: 12月13日,南京大屠杀遇难同胞纪念日。朱丹这样想着,脑海里不由得回想起那一段我们每个人都不堪回首的血泪史——

(大屏幕呈现南京大屠杀的画面及配乐解说词:"上海失守一个月后,当时中国的首都南京陷落了。一场骇人听闻的大屠杀开始了。东京在狂欢,南京却在燃烧;东京在庆功,南京却成为人间地狱。侵华日军把南京变成了屠杀场,日军对被俘的中国军人,对成千上万的难民,对无数的男女老幼用机枪扫射,用火焚烧,甚至用中国百姓的头颅做赌注,展开杀人比赛。")

师: 屠杀持续了40多天,近1000个小时,大约60000分钟。屠杀300000万人,大约是每1分钟杀6个人。来,我们一起来读一读这一组血红的数字。

(大屏幕适时呈现:屠杀持续了／40多天／近1000个小时／大约60000分钟／屠杀300000万人／大约是每1分钟杀6个人。)(其中数字颜色为红色)

(生齐读这组文字)

【让学生稚嫩的心灵直面殷红的数字,无疑是"残忍"的。但是,当历史生生地将这份"残忍"悬挂在时代之门上的时候,语文的眼睛又能作何观想?"南京大屠杀"的影响焦虑,成了每个中国人不能承受的生命之重。"残忍"就这样残忍地横亘在"笛声"和"心声"之间,化作通向朱丹人格和中华国格的滴血脉管。"笛声"被褪色的画面、殷红的数字、沉重的解说首次读厚。】

师: 孩子们,这是什么?这难道仅仅是几个鲜红的数字吗?这是什么?你说——

生: 这是我们不能忘掉的国耻。

师: 这是国耻!(板书:国耻)孩子们,朱丹想到今天是中华民族的奇耻大辱,他又怎能吹奏欢快的曲目啊!来,把课文拿起来,请你们跟老师一起来对读考场上朱丹和大师的一段对话。

师: 朱丹向主考席深深鞠了一躬,然后抬起头,轻轻地说——

生:(接读)"请原谅,我可以不演奏欢乐的曲目吗?"

师:(不屑地)"为什么?"

生:(接读)"因为——今天我不能演奏欢快的乐曲。"

师：（冷峻地）"为什么？"
生：（接读）"因为今天是12月13日。"
师：（一笔带过地）"12月13日是什么日子？"
生：（接读）"是南京大屠杀遇难同胞纪念日。"
师：（片刻停顿）（责问地）"你没有忘记今天是考试吗？"
生：（接读）"没有忘记。"
师：（惋惜地）"你是一个很有才华的青年，应当懂得珍惜艺术前途。"
生：（接读）"请原谅……"
师：（果断地）"你现在可以回去了。"朱丹把抽出的木笛，又小心地放回了绒套。

【此情此境，"对读"比什么都强。"笛声"在师生的情境对读中堆积着无言的国殇和无尽的创伤。正是对读，轻易绕开了对"数字"、对"国耻"的苍白演绎和浮泛阐释，悄无声息地完成了由旁观者到当事人的角色置换、场景置换乃至心灵置换。对读，在改变课堂节律的同时，也改变了学生亲近文本的方式。诗意语文的实践旨趣由此可见一斑。】

三、如泣如诉，于凄凉笛声中聆听倾诉

师：孩子们，别从朱丹的苦涩中走出来，就这样全身心地融入进去吧！此刻，朱丹泪流满面，他又能向谁倾诉呢？他披着雪片，漫无目的地走在南京市的鼓楼广场上。穿过广场，他又鬼使神差般地径直走向坐落在鸡鸣寺下的南京大屠杀死难同胞纪念碑。临近石碑，他看到了怎样的画面？

生：他看见一群孩子，他们高矮不一，衣着不一，每个人都手擎一支红烛……

师："临近石碑，只见一片莹莹光亮"，读——

（大屏幕出示课文片段：只见一片莹莹光亮，像曙色萌动，像蓓蕾初绽，像墨滴在宣纸上无声晕染。走近一看，竟是一个由孩子组成的方阵。有大孩子，有小孩子；有男孩子，有女孩子；他们高矮不一，衣着不一，显然是自发聚集起来的。他们的头上、肩上积着一层白雪，仿佛一片幼松林。每个孩子手擎一支红烛，红烛流淌着红宝石般的泪。）

（生齐读这一段话）

师：孩子们，请你把眼睛闭上。伴随着老师的描述，让我们一起用心去看，这段话在你的眼前仿佛变成了怎样的画面。把眼睛闭上。

师：（深情描述）"只见一片莹莹光亮，像曙色萌动，像蓓蕾初绽……"

虽然南京城的那个夜晚离我们很远，但你可以用自己的心灵，用自己的想象，和朱丹一起走进那个夜晚。睁开眼睛，你仿佛看到了怎样的画面？

生：在南京大屠杀遇难同胞纪念碑前，只有孩子们拿着红烛，其他什么人都没有，烛光在闪烁着。朱丹走过，他很激动，被孩子们感动了啊！

师：朱丹看到了那一片莹莹光亮，你也看到了。

生：我仿佛看到了在下着白雪的夜里，朱丹伫立雪中，与那些孩子一起哭诉着，似乎不少人已经忘记了这个国耻，只有朱丹伫立雪中吹奏着悲凉的笛声，和孩子们一起哭诉着。

师：你看到了朱丹伫立雪中吹奏笛声的那幅画面。还有谁看到了怎样的画面？

生：这时候尽管是黑夜，但是我觉得这里却充满了无限的光明，那光明不仅是蜡烛的烛光，还是孩子们心里的光亮。

师：孩子，你看到了属于你心中的那片曙色！还有谁看到——

生：我仿佛看见了大雪飘零，像含苞欲放的花朵在闪动，孩子们蜡烛的烛光照亮了朱丹的心。

师：那是蓓蕾初绽的奇妙景象。孩子，你在心中也看到了。那么，来，让我们一起来将这一片奇妙的烛光方阵再来有滋有味地读一读。

（生再次齐读这一段话）

【与其说是把语言读成了"画面"，毋宁说是把语言读成了"言语"。我们说，文本语言在未进入学生属己的话语系统时，就阐释学视域言之是没有意义的，这是一个方面；另一方面，倘若学生属己的话语系统得不到来自高品位的文本语言的调理和修正，就课程论语境而言也是无意义的。将画面读成言语，抑或将言语读成画面，正是这样一条便捷的实现"双重意义"的通向罗马之道。"笛声"由此开始了言说意义上的呈现，"心声"凭借"笛声"的言说开始敞亮。照海德格尔的观点，此即语文诗意的呈现和敞亮。】

师：朱丹看到了这一片莹莹烛光，（板书：莹莹烛光）看到了这片幼松林，看到了这滴滴红宝石般的泪。那么就在此刻，就站在这片烛光面前，朱丹最想干的一件事儿是什么？

生：他最想吹奏木笛。

师：他最想干的是什么？

生：吹木笛。

师：他最想干的是什么？

生：吹木笛。

师：他最想干的是什么？

生：吹木笛。

师：他最想干的是什么？

生：吹木笛。

【排比式的强调，铺陈式的皴染——诗意语文的惯用"伎俩"。这一"伎俩"营构出一种势如破竹的话语场，它与"考场"情境中的"拒吹木笛"形成一种极鲜明、极强劲的行为反差和情绪张力。考场自是"考场"，这是不言自明的。但对身处烛光方阵中的朱丹而言，纪念碑前又何尝不是一种更肃穆、更真实的"考场"？于是，朱丹用"拒吹木笛"和"吹木笛"这两种完全对立的方式，在两个考场上写下了完全一致的答案——毋忘国耻，守护国魂。】

师：是啊，朱丹伫立雪中，从绒套中小心地取出心爱的木笛，抖落了上面的雪花，吹奏起来——

（音乐——笛子版《江河水》响起，乐声如泣如诉）

师：笛声化作了这样一段文字：笛声悲凉凄切，读——

（大屏幕出示：笛声悲凉凄切，犹如脉管滴血。寒冷凝冻着这声音，火焰温暖着这声音。坠落的雪片纷纷扬起，托着笛声在天地间翩然回旋。孩子们在静静地倾听，他们似乎听懂了这如泣如诉的笛声。）

（生齐读这段话）

师：我们现在听到的曲子就在这段文字里，请你用心地带着音乐留给你的感觉，带着音乐传达给你的情绪，再读这段文字。

（生自由读）（师指名读这一段话）

师：来，我们一齐来读读这段文字。一边读，一边打开你的心灵，用心地去听，在这段文字当中，有一个声音在向你哭泣，有一个声音在向你叹息，有一个声音在向你倾诉。笛声悲凉凄切，读——

（生齐读这段话）

师：就在这段话中，有倾诉声，有叹息声，有哭泣声，有呐喊声。来，拿起笔来，用一两句话把你听到的除笛声以外的声音写下来。

[大屏幕出示：笛声在向人们倾诉（叹息、哭泣、呐喊）：_____。]

（学生和着音乐练笔写话）

师：（音乐停）孩子们，把笔停下来。你仿佛听到了除笛声外的什么声音？

生：笛声在向人们倾诉着那段已经被人忘记了的国耻，以及朱丹心中那说不出的苦涩和让人不忘国耻的呐喊声。

师：是啊！朱丹在呐喊，他怎能忘记这一段国耻？他的内心在滴血。

生：笛声在向人倾诉：我永远也不能忘记这段国耻。

师：永远不能忘记。

生：笛声在向人们倾诉，为南京遇难的同胞们感到悲戚。

师：感到悲伤、悲戚。

生：笛声在向人们倾诉：请别忘记这段国耻，这是中国的国耻，忘记是不可原谅的。因为我们是中国人。

师：是啊！他用笛声来告慰亡灵，（板书：告慰亡灵）我们的心情跟朱丹是一样的。还有谁听到了除笛声以外其他的声音？

生：寒冷的夜里，我们不应该忘记那冰冷的国耻，无数死去的百姓们记载了历史，让我们用一颗炽热的心来告慰祖国。

师：让我们用红烛的温度，用自己的体温来告慰这些亡灵，来报效我们的国家。这是朱丹的心，也是你的心。还有谁，听到了除笛声以外其他的声音？

生：还有世界人民打抱不平的声音和人们祈祷和平的声音。

【宋人陈善有言："读书须知出入法。始当求所以入，终当求所以出。见得亲切，此是入书法；用得透脱，此是出书法。盖不能入得书，则不知古人用心处；不能出得书，则又死在言下。惟知出知入，得尽读书之法也。"如果说前述围绕"笛声"的所有读法皆为"见得亲切"的入读之法，那么，此刻的直抒胸臆、言语表现无疑就是"用得透脱"的出读之法。写，在让学生发现朱丹的同时，也砥砺出一个成长中的新我。存在的言说，是为人的确证。用叶朗的话说，这是创造的人生，亦是诗意的人生。】

师：世界人民渴望和平的声音，你通过笛声听到了。是的，这幽幽笛声在夜空中回旋，（板书：幽幽笛声）在雪花中盘旋。孩子们，你们都听到了这曲木笛声。那么现在就请你来做一回朱丹的代言人。不！不只是代言人，此刻，你就是朱丹，你们就是朱丹。我有几个问题想问问你们，好吗？

师：来，朱丹，我想问问你，考入乐团是你梦寐以求的愿望，现在你就这样草率地离开考场，难道你就没有为自己的艺术前途担忧吗？

生：我是为前途担忧，但是我觉得在带着国耻的这一天，我不应该吹奏欢乐的乐曲。

师：你有你的原则。请坐。

师：来，请你，朱丹，我想问问你，作者赵恺先生的原著上写着，当时考题是让你从贝多芬的《欢乐颂》和柴可夫斯基的《四小天鹅舞》中任选一首乐曲表现欢乐。我想问问你，凭你的专业水平，《欢乐颂》和《四小天鹅舞》，你能吹得好吗？

生：我觉得我可以把它表现得很完美，但是今天是我们南京大屠杀遇难同胞纪念日。我想，在这刻着国耻的一天，不应该忘记国耻，作为一个中国人，作为一个堂堂正正的中国人。

师：难道你就不留恋《欢乐颂》的欢快、《四小天鹅舞》的轻快曲调吗？

生：我想机会有无数个，以后在其他的时间应该还有机会，在其他的场合我能把《欢乐颂》、《四小天鹅舞》演奏好。

师：请坐。朱丹，我听懂了，你有你做人的方式，你有你的骨气，你有你的人——格。

师：来，我想请你，朱丹。我想问问你，你在这凄凉的夜晚吹奏如此悲凉凄切的曲调，站在你面前的可是一群孩子，他们能听懂吗？

生：应该能，因为作为一个中国人，最起码的原则就是不能忘记自己的国耻，所以我觉得那群孩子应该听得懂。

师：孩子们确实听懂了，因为——

生：因为我觉得这些孩子都跟朱丹一样，有一颗爱国的心。

师：都跟你一样，你就是朱丹。

生：跟我一样，有一颗爱国的心，所以我相信他们一定能听得懂。

师：是啊！这真是"幽幽笛声"——（手指板书）

生：（齐读）幽幽笛声，如泣如诉；莹莹烛光，告慰亡灵。

师：再读。

生：（齐读）幽幽笛声，如泣如诉；莹莹烛光，告慰亡灵。

师：朱丹，如此说来，你就尽情地吹奏吧！一曲完毕，还请你来读读由你的笛声改编的这首奇丽的小诗。

（大屏幕出示：笛声／悲凉凄切／犹如／脉管滴血／寒冷凝冻着这声音／火焰温暖着这声音／坠落的雪片纷纷扬起／托着笛声在天地间翩然回旋／孩子们／在静静地倾听／他们／似乎听懂了这如泣如诉的笛声）

（一生读这首小诗）

师：好的，这是一首凄美的小诗啊！

（又一生读这首小诗）

师：笛声出自你的口中，朗读就显得激情涌动了。

师：在"莹莹光亮"中，在"曙色萌动"中，在"蓓蕾初绽"中，在"墨滴无声晕染"中，你们用笛声倾诉着，读——

（生齐读这首小诗）

【笛声还是这样的笛声，语词还是这样的语词，但境界却早已不再是原初的境界了。学生经由"读薄笛声"时的情境感知，进入"读厚笛声"时的意境领悟，进而迁升至"读出心声"时的心境体认。这一阅读境界的提升，亦是学生言语智慧、言语情怀和言语人格的重新确证和建构。王国维说过，有境界则自成高格。词然，课亦然。】

四、如泣如诉，于忧郁低婉中印证国魂

师：孩子们，从朱丹的角色中走出来吧！我在想啊，如果当时那位外国音乐大师也在现场，他也看到了这一片烛光，也听到了这一曲木笛声，我不知道他又该作何感想。我不知道。你看一看，猜一猜。

生：我觉得大师应该感到惭愧。

师：你再看一看。

生：朱丹真是太伟大了，为了不忘记这段国耻，在正值青春年华之时，连最好的机会都放弃了。大师应该很感动。

师：孩子们，其实这个故事还没有结束，那位外国音乐大师其实一直跟在朱丹的身后——

（大屏幕出示文本；奥斯卡最佳影片《辛德勒的名单》主题小提琴曲同时响起，直至课的结束）

师：（深情叙述）吹奏完毕，有人在朱丹肩上轻轻地拍了一下。他回头一望，竟然是那位音乐大师。朱丹深感意外，连忙回身向大师鞠躬。大师说："感谢你的出色演奏，应该是我向你鞠躬。"朱丹连忙说："考场的事，请大师原谅。"大师说："不，应该是我请求你的原谅。现在我要告诉你的是，你虽然没有参加终试，但已被乐团录取了。"说完，大师紧紧握住朱丹的手。朱丹的手中，紧紧握着木笛。

【一种课程论语境下的文本解构，让课堂呈现出"山重水复、柳暗花明"的节奏之美，也使学生收获了"缘情猜想、入境体认"的阅读之美。可谓一箭双雕。】

师：显然，大师是被打动了。大师到底是被什么打动，使得他做出如此的决定呢？

生：是眼前这位有勇气有思想的中国青年。

师：他的品性，是啊！被什么打动了？

生：被这位少年的作风、炽热的爱国心感动了。

师：被那颗爱国心打动了。

生：被朱丹的中国魂给感动了。

师：被中国魂给打动了。说得多好啊！他仅仅是被朱丹打动了吗？

生：他被朱丹的泪水、笛声给感动了。

师：被笛声，被如泣如诉的笛声打动了，还被谁打动了？你说——

生：被站在他面前的那群孩子给打动了。

师：那群大孩子，那群小孩子，那群男孩子，那群女孩子，被他们的什么打动了？

生：被这些孩子们的爱国心给打动了。

师：你说，你大声地说。

生：我觉得他被孩子们的莹莹烛光甚至是孩子们眼角的一丝丝泪打动了。

师：一丝丝泪！大师看得真真切。所有的爱国者他们心中装着国耻，装着死难的同胞，就像刚才这位男同学所说的，装着国魂。实际上，那是作为堂堂正正的中国人的中华——魂。（板书：国魂）大师彻底地被打动了。在今天的课即将结束的时候，在这奥斯卡最佳影片《辛德勒的名单》主题小提琴曲忧郁低婉的曲调中，你真的会看到那一片莹莹烛光——

（大屏幕出示动态烛光图）

师：上面有一首小诗，同学们，来，让我们全体起立，跟着老师，来吟诵这首小诗。

师、生：（一起诵读）不能遗忘／中华民族的一段血泪史／每一朵烛光／代表一个在侵华日军南京大屠杀中遇难的同胞。

【潘新和先生指出："语文教育，不只是听、读、说、写技能的培养，语言文字的练习，也不只是为了求得文从字顺，言能达意；而是文化精神、言语智慧和言语生命的承传，是言语上的自我体认、自我实现，是对言语人生、诗意人生的理想、信念、抱负和言语动机的陶冶和引领。"这也许是一个美丽的神话，一个难以企及的荒谬的彼岸之境，但肖老师的《木笛》一

课，表现出来的正是这种对"荒谬"的皈依，对语文神话的深深的憧憬。善哉！善哉！】

师：好，那这堂课就到这儿吧。

师：下课。（学生没有反应，仍沉浸在其中）（听课老师鼓掌）

师：下课。

生：老师再见！

师：谢谢同学们！同学们再见！（听课老师报以热烈的掌声）

17. 将快乐作文进行到底
——评张英老师执教的《绝对OK——校园版〈猫和老鼠〉》

让作文与快乐结伴同行，将快乐作文进行到底，这是张老师这一课带给我们的最大感受。视作文为畏途，害怕作文、恐惧作文、拒斥作文，是读图时代、快餐文化浸淫下长大的学生的共同胎记。这是历史的进步，还是时代的堕落？每一位有良知、有抱负的语文老师不能不正视之、思考之、探索之。张老师的《绝对OK——〈校园版猫和老鼠〉》一课，正是在这样一种文化背景和生存语境下创生而成的。

这一课的深层意义在于，它让我们看到了在多元文化的价值冲突和重组中开辟的一个中间地带。不曾想见，看似难以调和的文化冲突、价值排斥，在张老师的智慧烛照和激情演绎下，竟然成了促进学生言语发展和精神建构的有效资源和宝贵契机。

这一课，自觉而不是被动地迎合了学生的读图口味、时尚趣味。我们知道，《猫和老鼠》本身就是一种快餐文化、市民意识的产物，而它的方言搞笑版更是将这种时尚文化推向了极致。我们的学生就生活在这样的文化语境下，是正视之还是漠视之，是尊重之还是轻蔑之，这是对语文教师的专业智慧、职业精神和事业担当的一种考问、一种考量。对此，张老师用自己的教学设计和实践作出了鲜明的回答。任何文化语境，都有其利弊两面。积极的人总是把脸一直向着阳光，消极的人总是被阴影所笼罩。张老师是积极的、智慧的，她没有拒斥学生的文化语境，相反，她自觉地利用了这样的文化语境，自觉地将其纳入到作文课程、作文资源中来，梳理之、改造之、借用之。成功的作文教学，从尊重学生的生存空间、生活方式开始。

而且，我们欣喜地发现，在正视和利用的同时，张老师不甘平庸，不甘浅薄，她主动地从课程理念和作文目标的高度，对学生共存的文化语境进行了教学论意义上的提炼、解构和超越。于是，对时尚的兴趣成了学生参与学习的兴趣,无拘无束地脚本创编和角色配音成了促进学生言语表达、言语发展、言语创造的绝佳路径和平台,一切为学生的健康成长计,一切为学生的言语生命计。作文的知识与能力,作文的过程与方法,作文的情感、态度与价值观,在这次有意义的冒险中得到了巧妙的落实与融合。对学生来说,这真是一次快乐而充实的言语之旅。

从此,作文有了快乐的存根,快乐栖居在了作文的家园。

[附:《绝对OK——校园版〈猫和老鼠〉》课堂实录及点评]

[教学背景]

由美国好莱坞动画界的传奇人物威廉·翰纳创作的经典之作《猫和老鼠》从1940年在美国上映以后,已经风靡全球长达60多年。最近,因全国各地方台将之改编成方言版又一次掀起了《猫和老鼠》热潮。闲暇时,我们周围的人,不管是大人还是小孩,谈起剧中可爱的小老鼠"阿的的"、倒霉蛋"煨灶猫"就乐不可支。我的儿子和外甥女一天到晚相互戏称"阿的的"、"煨灶猫"。人们对它的钟爱、人们的热情促使我想把它移入课堂做教学素材。我想孩子们也一定会喜欢!

【世事洞明皆学问,人情练达即文章。生活中不是缺少作文素材,而是缺少发现素材的眼睛。课程资源意识是当代教师走向专业成熟的一个重要路标。】

[我的思考]

我想在课堂上叫孩子做一回配音演员,而这个过程是一个综合训练的过程。首先,会让孩子们明白做配音演员并不是很简单的事,他得有一份脚本,而这份脚本的撰写大有讲究,它需要调动各路器官,要有根据画面揣摩人物心理的能力,要有联系生活实际、善用生活情景的能力,要有表情达意的能力。其次,既能锻炼孩子们说的能力,又能发掘他们潜在的表演能力,还能锻炼他们与同伴合作的能力。最后,这样完整的过程又可以为孩子们创生不止一个的写作例子。这样的好事何乐而不为呢!

【综合性是语文课程的一个重要特性,也是作文教学的一个基本诉求。从提升学生言语能力的角度观察,这是一个以编写脚本为主线,横跨看片(读)、配音(说)、表演(合作)、欣赏(交往)等多种能力的综合性学习过程。有了这样一种清晰的思考和定位，教学设计和运作的基本方向就与新课程的价值取向一致起来。一个有智慧的老师，不仅需要考虑"努力"本身，更应该考虑"努力"的方向，方向错了，一切努力都有可能南辕北辙。】

［关于校园版］
一、创作的地点是校园。二、创作的对象是学生。三、面对的观众是学生。

［教学理念］
让学生在教师精心创设的情境中，专心致志地创编，兴趣盎然地配说，快快乐乐地抒写；让学生在与伙伴的合作中获得成功的喜悦，并分享他人的喜悦。

【教学理念紧扣"快乐"二字。兴趣是快乐的起跑线，自由是快乐的加速器，成功是快乐的保护伞。让学生因快乐而作文，因作文而快乐，在快乐中作文，在作文中快乐，这是一个秉持以生为本理念的教师的自觉追求。】

［教学目标］
1. 通过欣赏方言版《猫和老鼠》，明白创编的要领。
2. 引导学生在伙伴合作中，根据画面充分发挥想象，用流畅合适的语言创编校园版的"配音词"。
3. 根据创编的"配音词"进行现场配音。
4. 根据自己的脚本，拟一个有个性的习作题目，并在课外完成一集的编写工作。

［教学准备］
1. 下载杭州版的《猫和老鼠》。
2. 剪辑适合孩子创编的《猫和老鼠》片段。

［教学过程］
一、影片导入，激发兴趣
1. 欣赏《猫和老鼠》片段，谈感受。
（1）同学们，（出示"绝对OK"主题曲）熟悉吗？看过这个栏目播放的方言版《猫和老鼠》吗？随机问几个孩子为什么喜欢，想不想再欣赏。
（播放片段）
（2）无对白的《猫和老鼠》已经十分经典、有趣，再加上方言栏目组编剧人员以丰富的想象力进行的二度创作，就更滑稽、幽默了。想不想自己也来做做编创人员？哎，要是你们以儿童独有的视角、独有的童言为它创作一份脚本,那绝对OK!那就是校园版的《猫和老鼠》,它一定也能在校园里"火"上一把,说不定,"绝对OK"栏目组会邀请你们上电视呢!(再次问想不想试试)

(出示课题:绝对OK——校园版《猫和老鼠》)

【在不知不觉中,在趣味盎然中,一种课程论语境下的"游戏"精神正在海潮般地蔓延开来,作文诉求、作文动机正在学生的内心深处泉水般地汨汨溢出。我们说,最有效的作文教学,往往是隐藏了作文意图的教学。】

2. 研究创编成功的诀窍。

(1)我们是第一次进行创编,首先要明白创编工作的主要任务是什么。

一是完成配音的对白撰写,我们也称之为脚本;二是生动地配音。

我们先来完成第一项任务。哎,这脚本到底怎么写呢?别急,拿出座位上"绝对OK"的编辑们写的脚本。请你们仔细读读,想想脚本的撰写有什么特点、有什么要求。

阿的的:哎呀,真是气死我了。船上的保安真不好!明明这张船票是我定的,但是这个阿六头走后门,他把我顶了,哼,哼,气都气死了!

阿的的:哎,没办法,只好回家去睡觉。

阿的的:嗯,嗯,嗯……什么东西这么香?嗯,嗯……比叫化鸡还香嘛!

阿的的:嗯……(唱)跟着感觉走,紧抓住梦的手……

阿的的:嗯,嗯……我好像梦到我在吃东西耶。

阿的的:嗯?

阿的的:噢,叫我钻进去。没问题!我来了。砰(跌倒在地上)!怎么回事?

阿六头:(神气十足,唱着自编的歌曲)当当当,黑猫船长……嘿嘿,我总算有机会当上船长喽!

阿的的:(双手托着腮帮子,冥思苦想)让我想想办法。

阿六头:(敬礼,小声嘀咕)大块头。呸,神气十足!

阿的的:嘿,有办法了,我来个超级模仿秀。(顶着超大号的船员服,哼着歌走过阿六头面前)

阿六头:(怀疑地注视着面前走过的这个大块头)不像嘛!

阿的的:(以为已经瞒猫过海,安然无恙了,不禁高兴地唱起来)我得意地笑,我得意地笑……

阿六头：（回头一看，瞧见了"阿的的"露在衣服外面的尾巴，不禁冷笑起来）嘿嘿！原来是他，又被我碰到了，我把你喂鲨鱼去！谁叫你这么喜欢骗我，哼……

（2）交流：影片中的主要角色名，可以按编剧的喜好取。待会儿你们也可以根据自己的喜好取个具有戏剧色彩的名字。小括号里的文字是干什么用的？可以去掉吗？对呀，小括号里的文字作用可大着呢，它是提示角色当时的动作、神态的。

（3）交流：语言上有什么特点呢？（根据学生的交流讨论，逐渐引导总结出以下几条）出示要诀：

奇思妙想配画面，

语言幽默又精练。

巧把歌曲来引用，

通俗易懂记心间。

（4）根据这几条要求，今天要推出几项大奖——奇思妙想奖、语言幽默奖、歌曲巧用奖、创作大奖。（随机贴在黑板上）谁都有获奖机会，请同学们好好努力！

【将真实的作文目标和任务巧妙地悬置起来，取而代之的是编写脚本。这对学生来说，真是一件既新鲜又好玩的事儿。对"绝对OK"这一脚本样例的欣赏、揣摩和梳理，无疑是一种绝佳的例话引领。在例话的引领下，学生自主建构起脚本编写的先行组织者。"工欲善其事，必先利其器。"这一先行组织者，是学生写好作文的一大利器呀！】

二、静心欣赏，激情创作

1. 师：小学校园版《猫和老鼠》打造开始！老师截取了一个片段，里面有两个角色，如果你愿意，可以和同桌合作各写一个角色；如果你想一个人写，也可以。第一遍，请你们静静地观看，做到大概情节心中有数，并分好工。

（稍作停顿，随机问问几个学生是怎么分工的，同时问问学生准备给他们取什么名儿）

师：第二遍，请你们仔细观看，画面是流动的，你要利用抢记能力，捕捉最精彩的、最经典的镜头展开想象，使角色在你的笔下变得有血有肉、有灵性。

（播放课件，最后把主要的几个镜头定格，以帮助学生回忆）

师：为方便大家创作，张老师截取了几幅照片，你可以在参考的基础上追忆整个录像的画面和故事情节。

2. 学生开始撰写，鼓励学生跟老师合作，各写一个角色的台词。

3. 写好的学生同桌交流，并互相修改。

【相信多数学生会选择合作编写，这既是角色本身的需要，也是伙伴间相互支持、相互欣赏的自觉回应，合群不是教育的产物，而是学生社会化成长的一种本能。教师的精明之处在于关注细节的存在和力量。读读第一遍的要求，想想第二遍的提示，你当明白教师在作文指导上的良苦用心和入微琴心。】

三、选读配音词，创生配音策略

1. 请学生上台读写好的脚本，师生互评，评的要领就是创编脚本的宗旨和要求。

师：写好了吗？谁自告奋勇地读读你的大作。

（指名3位学生读，师生互评）

师：欣赏了同学的作品，肯定有值得大家借鉴的地方，或是某个词儿，或是某个句子，或是顿生的灵感，请快速地修改、调整自己的作品。

2. 谁来读读修改得最满意的一处？（要求先读原句，再读修改后的句子）你是受了谁的启发？

3. 哎，现在脚本有了，该完成第二项任务了，就是——那又需要怎样的要求？

作口头交流（有特定的语气，根据场景时快时缓，时喜时怒；跟着画面走……）。

4. 各组练习。

【快乐容易让人忘乎所以。忘了什么？忘了作文学习目标，忘了言语表达要求，忘了课程本体所在。一旦忘却，快乐就会走向浅薄、浮躁和空洞。请特别留心这样的设计：评的要领是创编脚本的宗旨和要求；欣赏了同学的作品之后，请修改调整自己的作品；读读改得最满意的一处，说说是受谁的启发。这些设计，其指向、其意图、其尺度都是再明显不过的本体回归。快乐作文，着力在作文，着意在作文，着落还是在作文。】

四、学生展示，共享欢乐

1. 请1对学生上台表演，其他同学组成观众评审团进行点评。

（根据班级情况，在表演时可以进行师生合作，以作示范）请著名配音演员××和××为大家现场配音，大家欢迎。

2. 再请1—2对学生进行表演。

【东风不欠，水到渠成。这应该是学生最踊跃、最搞笑、最快乐、最精彩的时候。学习因此成了学生的一种精神享受、一种生命确证。】

五、教师总结，课后延伸

1. 同学们，今天的课就上到这里，有趣吗？快乐吗？如果要你为自己的脚本拟一个题目，你会拟哪些题目？

《猫和老鼠》之校园版诞生记

猫和老鼠的战争

欢喜冤家

……

2. 希望你们课外完成这一集的脚本撰写，把它整理汇编成一个册子，老师已给你们设计好了封面（展示封面）。

3. 同学们，一节课的合作，让我感受到了你们的聪明、你们的纯真、你们的活力。相信通过不懈努力，你们的将来——绝对OK（音乐响起），今天老师要把这盒CD当作礼物送给大家！请班长上台接奖。谢谢！

（张英，浙江省诸暨市暨阳小学教师）

18. 无中生有的智慧

——评张祖庆老师执教的《亚马逊河探险记》

张祖庆老师执教的《亚马逊河探险记》是一堂典型的想象作文指导课。作文课程的想象和纪实,素来是专家和一线教师争论、争执的一个焦点。然而在新课标的理念和精神的烛照下,两者的优劣之争已被两者的互补之论所取代。与纪实作文相比,想象作文无论是价值取向、课程理念、心理逻辑还是目标定位、策略选择、模式生成,都还相当稚嫩和单薄。因此,探求、实践想象作文教学,实在是新课标背景下作文教学的一项当务之急。这一课,应运而生,生逢其时,为当前想象作文教学的研究和拓展提供了一个很好的样本。

一、以知识储备为基础的合理想象

《亚马逊河探险记》一课,至少在我们面前推开了一扇基于知识背景展开合理想象的作文之窗。与一般意义上的想象作文相比,这一课有一明显特征,那就是学生的想象和联想,教师的点拨和指导,必须基于一定的知识储备,仅有生活阅历的支撑是难以奏效的。这些知识储备,包括热带雨林的知识、亚马逊河的知识、团队探险的知识等。因此,这堂想象作文课的成功,首先是必要的科学知识的铺垫和储备的成功。这样,我们就可以理解张老师关于教学准备的设计,也可以理解课始让学生交流关于亚马逊河知识的安排,当然更能体会课中播放电视风光片、选择探险工具等的良苦用心了。可以这样断言,没有科学的、必要的知识储备,就不可能有学生合理、生动的想象性探险。

二、融作文指导于想象性探险之中

　　本课的作文指导，无论是作文意图还是作文方法，都毫无强加和灌输之感，如羚羊挂角无迹可求。想象作文其实更需要教师悉心指导，而全课也正体现了这种思想。可以说，这种悉心指导无处不在，无时不在。然而让人称奇的是，这种指导甚至指导背后的意图，都像一位幕后英雄，总是悄然躲在舞台的背后。学生意识不到他们是在作文，意识不到老师是在教他们作文。对学生来说，他们是在探险，是用自己储备的知识、冒险的欲望、丰富的想象力、独特的情绪体验以及文字的表现在探险，在圆自己深埋了许久的一个青春、瑰丽的梦。从介绍南美洲风光开始，一路下来，诸如探险工具的选择、在音效和导语的暗示下"看"探险音画、记录某个感触深刻的片段，甚至团队片段的赏析，哪里有一丝作文指导的痕迹？在这里，我们看到了一种娴熟的教育智慧，一种解构作文学习和想象生活的教育智慧。这种智慧，将作文学习本身消解为一种生活，一种为学生所向往、所憧憬的生活。正是这种强烈的期待和憧憬，彻底磨平和消融了作文的全部意图、全部手段、全部过程。于是，我们看到，学生在课堂上不是在学习作文，而是用自己的心灵之笔在探险，在经历一次独特的生命体验，在用文字留下这份体验的感动、惊喜、恐惧、兴奋和一切生命的图景。这，正是张老师对"为了生命的发展"的作文理念最好的诠释。

三、大作文资源意识的觉醒

　　正是大作文的资源意识的觉醒，才最终催生了《亚马逊河探险记》这堂想象作文指导课。我们不难发现，这一课，从题材到要求、从目标到内容、从构想到实施，无不是课程资源意识的一种彰显、一种创生。所以，若有人问作文在哪里，张老师就能理直气壮地回答：作文在我这里！作文在我心里！甚至敢说：我就是作文！是的，"世事洞明皆学问，人情练达即文章"。我们可以这样说，生活中不是缺少作文，而是缺少发现作文的眼睛。有了一双发现作文的眼睛，远在万里之外的亚马逊就能够入文，近在眼皮底下的抽屉、书包就可以成章。这点石成金的功夫，正是在资源意识的导向下练就的。这堂课的容量非常大，就课程广度看，学生不远万里前去探险，这需要多少知识的储备、多少勇气和胆略、多少才情飞扬的想象力；就课程深度看，其中涉及人生冒险精神的开掘、人与自然和谐相处的生态意识、团队协作的修养和能力等；就课程高度看，教师站在生命的巅峰和学生一起领略着语言和精神协同发展的瑰丽风景，师生在课堂上共同享受着一种虽为虚拟，其实更为本质和本真的生命体验。作文之妙，存乎一心；课程之妙，亦存乎一心。

[附:《亚马逊河探险记》课堂实录及点评]

[教学理念]
作文，为了生命的发展。

【用短短的九个字来表达自己的作文教育理念，无疑达到了一种绚烂之极归于平淡的真境界。周国平先生在谈到写作时这样说道："对于我来说，人类历史上任何一部不朽之作都只是在某些时辰进入我的生命，唯有我自己的易朽的作品才与我终生相伴。我不企求身后的不朽。在我有生之年，我的文字陪伴着我，唤回我的记忆，沟通我的岁月，这就够了，这就是我唯一可以把握的永恒。"是的，写作就是将易逝的生命兑换成耐久的文字。写作不仅是一种生存方式，更是一种生命体认。无疑，作文的终极关怀在于促进学生生命的充分发展。老子曰：大道至简。诚哉斯言！】

[学习目标]
1. 激发学生热爱大自然、探究大自然的情感，培养他们保护地球资源的意识，训练学生在逆境中合作生存的能力。
2. 要求学生能根据所创设的情境，围绕话题展开丰富而合理的想象，并能比较流畅、具体地记叙想象的片段。
3. 培养学生主动探究知识、建构知识的学习习惯。

【从某种意义上讲，作文目标是语文课程目标的一个全息元。语文知识与能力，语文过程与方法，语文情感、态度与价值观，都是作文学习目标的本有之义。生命化作文教育，正是基于作文本质上是一种生命体认的课程论表达。一旦建构起这样的理念，对于本堂课的三大目标，我们当有高屋建瓴的解读和演绎。】

[教学准备]
1. 布置学生课前查找亚马逊河的相关资料和野外探险的常识。

2. 剪辑《冲出亚马逊》电影片段，制作亚马逊河风光片。

[教学过程]
一、创设情境，诱发探险欲望
1. **任务驱动**：同学们，每个人内心深处，都有一个探险的梦。这节课，老师就和大家一起去圆这个梦——到亚马逊河原始森林进行一次模拟探险。
2. 交流课前收集的关于亚马逊河的信息。
3. 课件播放亚马逊河的风光片和《冲出亚马逊》电影片段剪辑。教师结合课件画面叙述：这，是风光旖旎的亚马逊河。这，是资源丰富的亚马逊河。这，是神秘莫测的亚马逊河。这，是危机四伏的亚马逊河。

【想象是长着翅膀在天空自由飞翔的欲望，想象是欲望的一种意象化表达和满足。因此，成功的想象作文，必始于欲望的有效唤醒和刺激。而对于小学高段的学生来说，冒险、探险、历险、惊险，无疑是其生命成长历程中的一种本能的精神诉求。青春初期的反叛、碰撞、迷惘、亢奋，正是生命的冒险意识的年龄表征。这种无中生有的虚拟情境的创生，无疑为学生强烈的冒险欲望的满足提供了极佳的机遇。】

二、借助音效，想象探险经历
1. 学生选择最愿意合作的伙伴，组成探险队。（教师提示：在探险过程中，老师会参与其中的一队）
2. 选择恰当的探险工具。

教学片段 1
师：探险，必须带上一些必备的工具。请各个探险小队想一想，你们准备带哪些工具去呢？为什么带这些工具？每队确定自己认为最需要的三件。

（各探险小队讨论带些什么工具，气氛热烈）

师：好，请一个小队来汇报一下，你们准备带些什么工具，要把理由讲清楚。

生：我们小队要带的东西有这些：首先要带的是烟雾弹。野兽袭击时，用它来迷惑它们并掩护自己逃跑。第二件东西是指南针。因为在森林里，如果迷失了方向，就可以利用指南针来指引道路。第三件是压缩食品。带起来方便，又可以充饥，而且能量足。（师纠正：是热量足）

师：你们小组考虑得真是周全。请其他小组讲一件和他们组不一样的工具。

生：我们准备带麻醉枪。遇到危险可以麻醉对方，自己也得以脱身。

师：呵呵，多么善良的女孩子啊！（笑）（其他各组汇报）

3. 学生在教师的引领下开始探险之旅。

教学片段2

师：探险小队成立了，东西也都准备好了，那么咱们就出发吧。请大家闭上眼睛。（煞有介事地）各位探险队员，经过认真的筹备，亚马逊河探险活动今天开始了，我们先从萧山国际机场出发，（伴随飞机起飞声）乘坐国际航班飞往香港，再从香港转机飞往智利（响起飞机降落声）……各位队员，飞机已经在智利机场降落，我们将由智利进入密密层层的亚马逊河原始森林。

（继续富有启发性地叙述）哦，终于见到了魂牵梦绕的亚马逊河。（音乐舒缓，伴随鸟叫）

让我们赶快进入原始森林吧，在这密密的丛林里，你都看到了些什么呢？……

也许，更多的秘密在森林深处吧，让我们继续往里走，你又发现了什么呢？……

（音乐节奏明显加快）也许，这静谧的原始森林，危机四伏，险象环生……（音乐明显带有恐怖感）

哦，这一切终于过去了……（音乐优美宁静）

（"……"均表示恰当的停顿）

师：请大家睁开眼睛，在刚才假想探险的过程中，你仿佛经历了什么？你遇到了哪些危险？你又有什么发现呢？请大家先在探险小队内交流一下。

生：我们小组来到了沼泽地，突然飞来一只比拳头还大的毒蚊子，把我的同伴叮了个大包包。后来用医药箱救了他。

师：哈哈，医药箱怎么能救人呢？应该是用所带的药品救了他。

【学生想象的饱满、自由的展开，直接决定着想象作文成功与否。这种展开，靠教师告诉无异于缘木求鱼，靠教师解说则极易使想象折翅，从而跌入黑暗的思维谷底。因此，学生的想象只能去唤醒。设计中，伴随着情景音效的呈现，张老师有几句断断续续的启发性的叙述语。其实，这些洗练的充满着诱惑的话语，正是再典型不过的想象唤醒语。它们的功用，在于唤醒学生沉睡的想象之神，而不是去替代、束缚甚至扼杀学生的想象。细品味，哪句话不是对想象情景的小心翼翼的召唤？它们就像一味味药引子，酵化出学生想象世界的生动图景；又像一块块吸铁石，吸附起学生心灵空间的每一个

可资玩索的细节。】

三、动笔记录，描述探险之旅

1. 激发写作动机：虽然这次探险是虚拟的，但也是独一无二的，这些经历对大家来说是一笔宝贵的人生财富，如果我们将它们记录下来，那么当我们回首往事的时候，将会觉得非常有意思。下面，就请同学们拿起笔，记下探险过程中这难忘的一幕幕。

2. 提示写作方法。

大屏幕出示：

记录探险片段　　留住难忘时光

——记录探险过程中最难忘的一个片段

惊险时刻、重大发现、难忘插曲……

友情提醒：

A. 你的经历能给人身临其境的感觉吗？

B. 探险队员们相互合作，齐心协力了吗？

C. 你所带的探险工具都派上用场了吗？

3. 学生动笔写片段。（要求10分钟完成；学生开始动笔时，教师快速来到其中一个探险小队，问清每个队员的姓名，然后回到讲台前用另一台电脑现场写作。）

【"现场写作"是本案最为可圈可点的一道风景。倡导教师写下水文可谓久矣，但与学生一起即时就地写作，似乎是在张老师的课上才凌空出世的。愚以为，这是作文指导方式的一大创举、一大突破。其好处有：一、强烈的真实感。当着学生的面写作，一种真实的示范尽在不言中，此时无声胜有声，这是谁也不容置疑的。二、深刻的平等感。教师的这种姿态、这种意向，给了学生一个明确的课堂信号：你写我也写。大家一起参与，一起构思，一起摆弄文字，一起体验个中的酸甜苦辣，这无疑是一种课堂民主文化的生动体现。三、宝贵的生成感。教师现场写作，灵感、思路、技法、困惑等，都是动态生成的，这是作文指导最可宝贵的资源。我的经验可资学生借鉴，我的教训可资学生吸取。这样的甘苦得失，对于增强作文指导的针对性、时效性无疑起到了很大的作用。我为张老师的现场写作喝彩！】

四、交流赏评，重温探险时刻

1. 组织探险交流。（教师请他参与的那一个小队全部到讲台前）

2. 交流探险片段。

教学片段3

师：好，就请你们小队先来汇报吧，因为老师刚才就参加了他们这个小队。请队长主持一下。

生：我是队长博文，先请小镭同学汇报吧。

师：请小镭同学把自己写的探险片段读给大家听。其他各队队员仔细听，他的探险片段有没有给人以身临其境的感觉？好，你开始汇报吧。

生：森林深处，到处是厚厚的苔藓和密不透风的荆棘。忽然，我听到一声尖叫，闻声跑去，（师插：和前边是否有些矛盾——荆棘那么多，你能跑？想想怎么改。）我们艰难地穿过荆棘，只见丹丹定定地站在那里。我们来到她身边，关怀地问——（师插：应该是关切地）关切地问："你怎么了？"丹丹惊奇地说："你们快看！"这时，我看到了最神奇的景象——（师追问：究竟是什么景象呢？）近千只大白蚁正在草丛间忙忙碌碌地寻找食物。一小队约30只、体长约3厘米的大型黑蚂蚁突然一个接一个冲过来，它们凶神恶煞般扑向白蚁，用大颚紧紧夹住后者，身体一弯，尾部的毒针刺向可怜的猎物，被袭击的白蚁几乎在被刺的瞬间就不动了。这时再看白蚁群，早就乱了阵脚，体型较小的慌慌张张地往回窜，争先恐后地钻进洞里；体型较大的却逆着回巢的方向四处奔跑，招呼同伴撤退。最令人感动的是：一个体型相对较大的白蚁，用大颚死命地咬住一只黑蚂蚁的大腿不放，任凭后者将它拖来拖去也死死地不肯松口。（师插：看来它们也有"舍己为蚁"的精神啊！）最后所有的白蚁都逃进洞了，它却被另一个黑蚂蚁捉住了。（掌声）

（接着是其他探险小队针对第一条"友情提醒"对这个片段的欣赏，还有其他三名队员探险片段的展示和针对其他几条友情提醒进行的欣赏。）

师：同学们，刚才我们欣赏了他们探险队的一组精彩片段。大家想不想听听老师的探险片段？

生：想！

师：（将刚才在另一台电脑中敲出的文字，用优盘储存后插到连接屏幕的电脑上，大屏幕切换后，朗读自己写的探险片段）……食人花动着它那如灵蛇般的藤蔓——它刚刚缠死了一只三头鸟。很显然，它已经嗅到了生灵的气息，正追踪而来。光捷还来不及为看到的一切惊讶，已经听到了食人花的藤蔓穿行在草地上那窸窸窣窣的声音。一株株食人花怒放着巨大的血红色花朵，一张一合，一合一张，像填满番茄酱的血盆大口，仿佛要把整个世界吞没。

"啊！快跑……食……食人花，食人花来了！"光捷尖叫一声，吓得脸色发白,昏死过去。

听到喊声,冷静的博文连忙转身,见到这可怕的食人花,他十分警惕地朝光捷走去……忽然,他将随身带着的手电筒向食人花扔去……

小镭和丹丹连忙小心地来到光捷身边,为他疗起伤来……

看着队员们忙碌的身影,我欣慰地笑了。

师:看了老师写的这个片段,大家有什么想说的?

生:我觉得老师把食人花写得很具体、很细致,这样就给人身临其境的感觉。

师:是啊,把细节写得越具体,就越能让人感觉如身临其境一样。

生:我觉得在这个片段中,团队精神得到了体现。

生:老师,我对您的片段有看法。我觉得在这个片段里边,您自己太没有事情做了。

师:(一愣,随即道)我是在放手让你们自己去处理棘手的问题嘛,老师可是"该出手时才出手"哦!

生:可您是我们的领队呀,我们遇到了危险你总不能什么也不表示,就是心理也得有点反应啊!

师:(心悦诚服地)你评得很有道理,那我该怎么修改呢?

生:你应该在"光捷尖叫一声,吓得脸色发白,昏死过去"之后加"'大家小心,快想办法!'我大喊起来……"

师:嗯,很有道理。(毫不犹豫地在键盘上敲打起来,敲打完,来到该生身边,握住他的手,真诚地)谢谢你,戴老师!(学生们都会心地笑了)

3. 要求学生根据友情提醒,修改自己的片段,可以找出一处细节不是很具体的进行修改,修改完毕后请3—5名探险小队的队员汇报修改成果。

【作文的现场点评是最见教师功力也是最吃功夫的环节。这种功力,核心因素至少涉及以下几点:一是高品位的语感,尤其是语感的敏锐性;二是高质量的点拨,能点在要害处,拨到关键时;三是高智慧的对话,这种对话不是教师的一种单向诉求,而是双向互动的、民主平等的、教学相长的,更多的是师生之间的相互尊重、相互理解、相互赏识、相互激励。解读张老师的实录片段,其功力之深不能不令人刮目相看。对小镭作文的点评,"闻声跑去"的语境感不可谓不敏锐,"关怀"的语义感不可谓不精准,"舍己为蚁"的语像感不可谓不生动。更让人拍案击节的是张老师与博文就"遇险时刻领队该做何反应"的一番对话。在这番对话中,我们看到了张老师真诚的教育民主和高超的教育智慧。而学生的批判意识、反思能力、人文精神、作文素养，正是在这一番充满民主、充满智慧的对话中才得到了极佳的发展。】

五、课外延伸，激励探险志向
教学片段4
师：同学们，听着大家精彩纷呈的探险片段，老师忽然有了一个这样的设想：如果把大家的探险片段合起来，那么，大家就合作完成了一本探险集，书名就叫"亚马逊河探险记"。（完善板书）希望大家用半个月的时间，继续完成并修改你们的探险记。在修改的过程中，老师希望同学们能看看这些比较经典的探险小说。（屏幕展示）

经典推荐
［法］凡尔纳《气球上的五星期》、《神秘岛》、《大木筏》、《两年假期》
［英］斯蒂文生《宝岛》、《金银岛》
［英］詹姆斯·希尔顿《消失的地平线》
［英］卡尔·麦《荒原追踪》、《印第安酋长》、《恐怖的大漠》、《沙漠秘井》

师：如果大家的书编成了，我将为你们写下这样的话作为序言。
（屏幕上陆续呈现：
在今后的岁月里/也许我们不能亲历惊险的故事/也许我们不能成为传奇作家/但是/乘着想象的翅膀飞翔/带着探险的精神前行/我们的生命/更加精彩）

【陆游有诗言："汝果欲学诗，功夫在诗外。"作文的道理大体一致，学生果欲写好作文，只在作文本身的小圈子里腾挪翻滚是不会有出息的。好作文需要两种生活的滋养：一是自然的生活，一是文化的生活。只有两种生活的土壤都肥沃，才能使作文这株生命之花长得饱满、长得灿烂。读书、读好书、多读书，正是文化生活的最紧要的领域。】

（张祖庆，浙江省杭州市现代实验小学教师）

19. 阅读，指向文本秘妙
——评洪丽玲老师执教的《桥》

洪丽玲老师执教的《桥》一课，我是含泪听完的。在她的课堂上，我被深深地卷入了一种所谓的"审美自失"的状态。在她和孩子们共同营造的精神家园中，我的人性得到了舒展，思想遇到了冲击，心灵受到了强烈而持续的震撼，在某一刻，我仿佛忘记了自己的存在，却获得了最大的审美享受。

当我从课堂的"审美自失"状态中走出来之后，理性告诉我，这堂课的成功，一定有什么秘诀在发挥着巨大的作用。我想，我有责任，更有兴趣将《桥》的成功秘诀揭示出来。这于洪老师，是对她的创造性劳动的一种尊重和理解；于自己，则是一种更有效、更切实的学习、借鉴和启示。

我以为，这一课最大的成功，在于整个阅读活动始终指向文本秘妙。

所谓文本秘妙，就是王国维所指出的"字字为我心中所欲言，而又非我之所能自言"的语文现象。它可能是某种精准、妥帖的表现形式，也可能是动人的情感、独特的思想、深刻的哲理、重要的信息，或者形式与内容两者兼得，但都离不开"不朽之文字"。可以这样说，文本秘妙乃是语文学科赖以处世立身的根本，赖以有别于其他学科的全部特殊矛盾之所在。

对此，潘新和先生曾经明确指出：阅读活动首要的和根本的就是要引导学生感悟、把握、领会优秀读物的"秘妙"。

那么，课堂上，洪老师是如何切实而高效地引导学生感悟、把握、领会《桥》的文本秘妙的呢？

一、抓住"深刻印象"，发现文本秘妙

实践证明，最初阅读时给读者印象最深的某种感觉，往往是文本中极重要的甚至是最重要的秘妙所在，对此，语文教师必须高度敏感，紧抓不放。

《桥》这个故事，从真实的阅读经验看，洪水突发时村民们的表现和老汉的表现显然会给学生留下深刻的印象。首先，村民们惊慌失措的表现让学生印象深刻。这种印象，是基于学生对突发灾难的某种感同身受的体验，对死亡的恐惧，对村民们生存状态的担忧等等，都足以令学生难以忘怀。其次，老汉的表现因为超乎寻常，更令学生印象深刻。这种深刻印象，来自内部和外部的两个层面的对比。一是和文中村民们的表现相比，反差巨大，因而让学生印象鲜明；一是和学生对日常生活情境的想象做比，它超乎寻常而让学生记忆深刻。敏感的读者其实已经发现，这一印象深刻处，正是本文的一大秘妙所在。村民们的惊慌与老汉的镇定这对矛盾，既将故事情节推向了纵深，也从某种角度烘托和反衬了老汉的形象，为这一形象的丰满和深刻铺垫了一个良好的基础。

　　令人高兴的是，洪老师对此不但有着清醒的认知，而且巧妙地采用了"两组词语相互对比"的阅读策略，将这一文本秘妙和盘托出。你看，村民们的表现被概括为"你拥我挤、疯了似的、跌跌撞撞、乱哄哄"这样一组词语，而老汉的表现则被锁定在"站着、不说话、盯着、像一座山"这样一组词语上。然后，老师明确要求学生"用对比的方法说一说你的思考、你的发现"。对比，在这里既是一种写法，也理应成为一种读法，于是，它又顺理成章地成了一种教法，正所谓"写法决定读法，读法决定教法"。从学生的解读结果看，这一教法取得了巨大的成功。学生在对比思考中，自主发现了"作者是用村民的惊慌来反衬老汉的镇定，写老汉的镇定又是为下文村民的有序撤离作铺垫"这一文本秘妙。

　　抓住深刻印象，紧扣文本言语，梳理内外关系，发现文本秘妙，这正是本课成功的一大秘诀。语文和人文，在文本秘妙的发现和解读中，得到了水乳一般的交融。

二、揭示"特殊矛盾"，分析文本秘妙

　　文本中的矛盾，就是个性，就是差异。这种矛盾，既可以表现为此文本与其他文本的不同个性，即所谓的外部矛盾，也可以反映在文本之中各种局部关系的差异上，即所谓的内部矛盾。

　　《桥》这篇微型小说，成功塑造了老汉这个人物形象，他感人至深，催人泪下。那么，作为一个集老党员和老父亲于一身的老汉形象，在塑造上有哪些与众不同的地方呢？在老汉身上，又存在着怎样的内部矛盾呢？我们不

妨回顾一下《桥》一课的第三板块，这一板块的教学，洪老师首先引导学生将目光聚焦到课文的插图上——老汉从队伍中揪出了一个小伙子。显然，这个画面起初让学生疑窦立生，终了却让学生愈加困顿，在由疑向疑的过程中，学生的情感、思想乃至心灵都受到了一次前所未有的冲击和洗礼。起初的疑窦，是因为不知老汉与小伙子的关系而生；终了的困顿，是因为完全明白了老汉与小伙子的父子关系而起。

洪老师对此显然是胸有成竹，且处理章法颇显老到。她首先借助插图，将故事的结尾抖露出来，在学生明白了老汉与小伙子的父子关系之后，以"老汉对儿子有情还是无情"这一轴心问题的研读为抓手，引导学生先行感悟故事的后一个特写镜头——"老汉推儿子"，在一层高过一层的叠加式的朗读中，将老汉的有情——"浑厚的父性"渲染得淋漓尽致。然后，老师话锋一转，将文本研读的兴奋点重新拽回到故事的前一个特写镜头上——"老汉揪儿子"，再次反问学生：是无情还是有情？在步步诘问中，老汉那貌似"无情"的有情——"无私的党性"得到了深刻的彰显。

就人物形象的塑造而言，老汉对儿子的"一揪""一推"，正是本文成功的秘妙所在。在看似反差巨大的特写镜头面前，一位党性坚定而父性博大的老书记形象跃然纸上。老汉形象的成功，既不在他纯粹的党性一面，也不在他浑厚的父性一面，那样写，老汉的形象只能流于平面化、公式化，甚至伪圣化。这一形象创作的秘妙，恰恰在于将老汉置于党性与父性的巨大矛盾和冲突中，一揪、一推，正是这种矛盾和冲突的典型外显。而在这对矛盾的冲突中，在生与死的巨大考量面前，老汉的形象被成功塑造。

三、渗透"语文知识"，强化文本秘妙

事实上，前述的两大阅读教学策略，都已经自然而然、春风化雨一般地运用了"语文知识"，即"矛盾冲突"和"反衬的笔法"。在这里，必要的、恰当的语文知识，是学生细读文本的有力的理论武器。显然，语文知识的运用，有利于学生分析能力和直觉水平的提高，也有利于学生逐渐养成"独具慧眼"的语文敏感力。

《桥》一课，导入奇崛，先声夺人。为什么会有这样的课堂审美效果呢？我以为，一个重要的原因是，洪老师一开课就利用课后的一个学习提示——"课文在表达上很有特色，文中有多处关于大雨和洪水的描写"，将课堂焦点迅速集中到了"作者是怎样表达才让我们有这种感觉的呢？作者用了哪些表

达方式呢"这一极具语文意识、语文特质的教学内容上来。这在常人和常课中确乎是很难觅见的。

且看洪老师是怎样利用"语文知识"这一有力的理论武器引领学生感悟文本的表达方式的。对于"黎明的时候,雨突然大了。像泼。像倒"这一句,渗透的是"一词就是一句,短促的语句表达出一种急促、紧张、强有力的文气"这一语文知识;对于"山洪咆哮着,像一群受惊的野马,从山谷里狂奔而来,势不可当"这一句,则强调了"渐强语势表现水势越来越大"的语文知识;而"近一米高的洪水已经在路面上跳舞了"这一句,以及由此串连起来的其他三个类似的语句,则暗示了"反讽"这一语文知识,用洪老师自己的话来说,就是"用美好来写洪魔的恐怖"。

值得注意的是,对于这些偏于理性和抽象的语文知识,洪老师并没有采用那种"下定义、举例子"的知识学习方式引导学生去掌握,而是极巧妙、极熨帖地将上述知识的渗透融入到情境的还原想象和文字的感情朗读上。正是这样一种基于感性又回归感性的教学策略,使学生借助语文知识这一理论武器,扎实而生动地领会了文本在表达方式上的秘妙。

总之,对于阅读教学中首要的和根本的任务——文本秘妙,既要引导学生知其然,又要创造条件使学生适时适度地知其所以然,唯有如此,方是阅读活动的理想状态和境界。

当然,教学从来都是一门遗憾的艺术,也因此是不断超越的艺术。细细思考《桥》这一课,我们还会想到一些问题:首先,"写法决定读法","写法决定教法",洪老师在课堂上将小伙子与老汉的关系早早地明确提出来,似乎解构了小说原来的呈现方式,会不会减损小说的艺术魅力?其次,这篇小说最大的艺术特色应该在于其前后照应,巧设悬念的构思,在于一种"欧·亨利式的结尾",这种突转型的结构特征,正是本文最大的秘妙所在。洪老师在本课时的教学中并未涉及这个问题,只是赏画面、品词语、析句子,是否有点忽视了学生最初的阅读体验,也忽视了小说的整体艺术?

[附:《桥》课堂实录]

一、扣提示,领悟表达特色

师:(播放歌曲《为了谁》)同学们,你们熟悉这首歌吗?它的歌名叫

"为了谁",歌颂那些平凡而又不平凡的人们。在咱们今天学习的课文中,也有一个平凡而又不平凡的人——(学生齐答)老汉!可是,课文的题目却是——

生:(齐读课题)桥!

师:请同学们自由地轻声读课文,想想这是为什么。

(生自由读课文,师巡视)

师:请同学们注意,课后有这样一个学习提示——

(大屏幕出示,指名一生读:课文在表达上很有特色。文中有多处关于大雨和洪水的描写……)

师:同学们,课文一次次地写到暴雨和山洪。(板书:山洪)请大家拿起笔,把这些句子画下来。

(生边读边画句子)

师:如果用一个字来形容这场暴雨和山洪的特点,你想用哪个字?

生:狂。

生:猛。

生:大。

师:是啊!大、猛、狂!那么作者是怎样表达才让我们有这种感觉的呢?作者用了哪些表达方式呢?

(大屏幕出示)

① 黎明的时候,雨突然大了。像泼。像倒。

② 山洪咆哮着,像一群受惊的野马,从山谷里狂奔而来,势不可当。

③ 近一米高的洪水已经在路面上跳舞了。

师:请同学们自由读一读这三个语句。

(生自由读)

师:同学们,哪一个语句中有最简短的句子?

生:(异口同声)第一个!"像泼。像倒。"

师:两个字就是一句话!读一读,有什么感觉?

生:雨下得很猛。

生:感觉很急。

师:大、猛、急,这感觉绝对是……肯定是……但不仅仅是……咱们再来读读,看有怎样的感觉。

(生朗读,语势比较平缓)

师:读得再有力些!

（生语气开始加重）

师：泼得再快些，倒得再猛些，全班一起来。

（生齐读，语调短促而有气势）

师：短而有力，就是这种感觉，就是这种表达特色！再看第二句，有四个分句，咱们换一种方式读。请三位同学分别读前面三个分句，最后一个分句全班一起读。

（生按教师的分配读句子，但声音较小）

师：你说说，有什么感觉？

生：没有力度，没有读出山洪的狂。

师：没有把洪水咄咄逼人的气势读出来。问题出在哪儿呢？老师给你们一个提示。（教师在黑板上画出音乐力度记号：渐强号和渐弱号）

师：如果让你选一种符号用到这句话的朗读中，你选哪一种符号呢？

生：（异口同声）渐强号。

师：为什么？

生：因为山洪越来越凶猛，速度越来越快，声音越来越响。

生：因为情况越来越危急，危险离人们越来越近。

师：同学们真聪明！咱们要把这种感觉读出来，再试试！（教师用手势指挥学生再读，学生读得很到位）

师：第三个语句在表达方式上有什么特色，大家自己来发现吧！

生：课文说洪水在跳舞，用了拟人的手法。

师：跳舞，这个词多美啊！是不是说它跳着优美的舞蹈？

生：不是。是形容水势非常猛，水在来回地波动，像在跳舞一样。

师：你读出了一种形象，这跳的是一曲什么舞？

生：我觉得跳的是可以剥夺人们生命的死亡之舞。

师：是的，我们仿佛已经闻到了一股死亡的气息。同学们，这样的句子文中还有吗？

生：（朗读）死亡在洪水的狞笑声中逼近。

生：（朗读）水渐渐窜上来，放肆地舔着人们的腰。

生：（朗读）水，爬上了老汉的胸膛。

师：同学们，请看——

（大屏幕出示）

① 近一米高的洪水已经在路面上跳舞了。

② 死亡在洪水的狞笑声中逼近。

③水渐渐窜上来，放肆地舔着人们的腰。
④水，爬上了老汉的胸膛。

师：跳舞、舔、爬，单看一个词，似乎很美好，好像在和人们怎么样？
生：好像在和人们一起玩耍。
生：好像在和人们玩着死亡的游戏。
师：可是，咱们再细读，你还觉得它是在玩耍，在游戏吗？给了我们什么样的感觉呀？
生：恐怖。
生：它随意地摆布着人们的生命。
师：生命在它的手上简直成了儿戏。恐怖，可怕，令人胆战心惊！
师：孩子们，知道这是什么表达特色吗？这叫用美好来写洪魔的恐怖！谁能把这种恐怖的感觉读出来？
生：（朗读）近一米高的洪水已经在路面上跳舞了。
生：（朗读）死亡在洪水的狞笑声中逼近。
师：我听出了你的感情，不过，老师给你个建议，在"逼近"这个词前面稍作停顿："死亡/在洪水的狞笑声中/逼——近！"看看有什么感觉。大家一起读。

（生按老师指点的方式齐读）

师：什么感觉？
生：洪水在渐渐逼近。
生：死亡离人们越来越近了。
师：是啊！这就叫读书的味道！谁读第三句？
生：（朗读）水渐渐窜上来，放肆地舔着人们的腰。
师：此时此刻，洪水舔着人们的腰，你的心情怎样？
生：我感觉越来越紧张。
师：把这种感觉放进句子里，再读一读。

（生再读此句）

师：送你四个字——声情并茂！
生：（朗读，每个字都读得很重）水，爬上了老汉的胸膛。
师：老师再教你一招，咱们读书啊，不一定都得重读。有时候，咱们可以用轻声来强调。你把"爬"字轻声读，看看有什么感觉。

（生按要求读，效果很好）

师：听到了吗？轻声也是一种强调。此刻，她用轻声表达的是对老汉的那份担忧、那份牵挂。咱们一起读！

（生齐读第四句）

二、抓对比，感受人物形象

师：此时，洪魔的恐怖笼罩着整个山村，在突发的山洪面前，村民们的表现是怎样的呢？请大家默读第3—10段，画出描写村民表现的关键词语。

（生边读边画后，汇报找到的关键词）

师：同样是在山洪突发的时刻，谁的表现不一样？

生：老汉。

师：（板书：老汉）哪些词语是表现老汉的？请大家也在第3—10自然段中找几个关键词。

（生汇报找到的关键词）

（大屏幕出示两组词语）

你拥我挤　　　　站着
疯了似的　　　　不说话
跌跌撞撞　　　　盯着
乱哄哄　　　　　像一座山

师：发现了吗？这是截然不同的两组词语。能用对比的方法说一说你的思考、你的发现吗？

生：在这场山洪中，村民很惊慌，而老汉显得很镇定、从容不迫。

师：你从哪些词语中读出了老汉的镇定呢？

生：我从"不说话"、"盯着"读出了老汉的镇定。

师：加上这些词语再说说。

生：在这场山洪中，村民很惊慌，而老汉不说话，盯着乱哄哄的人们，显得很镇定、从容不迫。

师：你懂得抓关键词进行对比了，但还不够具体。你能说说，老汉的目光似乎在告诉人们什么吗？

生：大家一定要镇定，若惊慌失措，就想不出好办法了！

师：把你想到的加进去，再说说。

生：在这场山洪中，村民很惊慌，而老汉不说话，盯着乱哄哄的人们，显得很镇定、从容不迫。他的目光仿佛在说："大家一定要镇定，若惊慌失措，就想不出好办法了！"

师：现在老师要把掌声送给她！第一，她能把书上的语言变为自己的语言。第二，她还加入了自己的思考。这就叫会读书。

生：我想补充一点：作者是用村民的惊慌来反衬老汉的镇定，写老汉的镇定又是为下文村民的有序撤离作铺垫。

师：老师要和你握手。因为你懂得欣赏文学作品啊！刚才我们在对比中思考，现在，我们再来对比着读。左边的同学读写村民的词语，右边的同学读写老汉的词语。

生：（左）左拥右挤。

师：读得快点儿，再来——（生再读）

生：（右）站着。

师：要站得稳一点儿——（生再读）

生：（左）疯了似的。

师：此时已没有理智了！（生再读）

生：（右）不说话。

生：（左）跌跌撞撞。

生：（右）盯着。

师：目光里透着威严，再读——（生再读）

生：（左）乱哄哄。

生：（右）像一座山。

师：要读得像山一样镇定——（生再读）

师：在镇定的老汉面前，纷乱的人群终于安静下来。

（课件播放汹涌的洪水。出示字幕：人们停住脚，望着老汉。）

（教师指导学生在洪水的汹涌声中读句子，感受人们对老汉的信任和期待）

师：洪水中响起了老汉的声音——

（大屏幕出示，生齐读："桥窄！排成一队，不要挤！党员排在后边！"）

师：危急的时刻，老汉的三句话一定很重要，你们读出它的重要性了吗？

（生沉默）

师：想想，为什么首先要强调桥窄？

生：桥窄，所以一定要排成一队，拥挤必然导致桥毁人亡。

生：第三句也很重要。因为越是在危急的时刻，党员越应该起带头作用。

师：你们能把三个句子联系起来思考，这是一种很好的思维方式。

三、寻亲情，走进人物内心

师：（出示课文插图）在撤离的过程中还有这样一幅画面。
（生观看）
师：（指着老汉的儿子）他是谁？
生：老汉的儿子。
师：（板书：儿子）老汉在干吗？
生：老汉把儿子从队伍中揪了出来。
师：（明知故问）难道老汉不知道这是自己的儿子吗？他对自己的儿子没感情吗？
生：不是。
师：当只剩下两个人没过桥时，儿子让父亲先过桥，老汉是怎么说，怎么做的？读一读课文。
（大屏幕出示：老汉吼道："少废话，快走！"他用力把小伙子推上木桥。）
师：老汉对儿子有情还是无情？
生：有情！
师：（故作不解）又是吼又是推的，这样凶巴巴的，还算有情？
生：桥在发抖了，没时间多说了！
生：此刻必须争分夺秒，才可以让儿子脱险。
师：是的。水已经爬上老汉的胸膛了。你读——
（生朗读此句）
师：木桥已经在发抖，在痛苦地呻吟了。你读——
（生朗读此句）
师：洪水眼看就要把他们吞没了。你读——
（生朗读此句，三位学生一个比一个读得激昂）
师：从这一"吼"、一"推"中，你们读出了什么？
生：父亲对儿子的爱。
师：哦？那我就不明白了。谁来读读这句话？
（大屏幕出示：老汉突然冲上前，从队伍里揪出一个小伙子，吼道："你还算是个党员吗？排到后面去！"老汉凶得像只豹子。）
（生朗读此句）
师：那老汉的这一"揪"，是无情还是有情呢？
（大屏幕出示：无情？有情？）
生：因为老汉已经发出了让党员排在后边的命令，儿子是个党员，为了保证队伍能有序撤离，老汉必须忍痛揪出儿子。他只能把对儿子的爱，深深地藏在心里。

师：好一句"把对儿子的爱，深深地藏在心里"，你几乎触摸到了一位父亲的心啊！

生：作为一位父亲，他深爱自己的儿子；但作为一位党支部书记，他必须首先考虑全村的百姓。

生：老汉是舍小家，顾大家。

师：是啊！道是无情却有情！

四、留深情，感受"桥"之内涵

师：（语气缓慢凝重）五天以后，山洪退了，（擦去板书"山洪"）那位受全村人爱戴的老汉牺牲了，（擦去板书"老汉"）那个曾经还鲜活地在人群中求生的儿子被洪水吞没了，（擦去板书"儿子"）河上那座窄窄的木桥也被洪水冲毁了，我们是不是也该把它擦去呢？

生：（含泪）不要。因为桥虽然毁了，可是它救了全村的百姓，人们会永远记住它。

生：这是一座生命之桥！是老汉用自己的血肉之躯搭起的生命之桥！

师：是的，它已经成为一座摧不毁的桥，永远留在每个人的心中。请大家再读课题——

生：（齐读）桥！

（伴随歌曲《为了谁》，课件播放抗震救灾的画面，教师出示作业：选取一幅生活中的感人画面，用学到的表达方式，写一个故事。）

（洪丽玲，福建省福州市台江第三中心小学教师）

20. 一切都在境中

——评王自文老师执教的《生命的壮歌》

对于阅读教学,我一直主张:写法决定读法,写法、读法决定学法、教法。

朱光潜先生在《谈文学》一书中指出:"文艺的表现必定是具体的,诉诸感官的。如果它完全是抽象的,它就失去文艺的特质而变为哲学科学。"从写法的角度看,朱先生认为"文艺舍创造无能事。所谓创造,就是托出一个意象世界来"。

因此,读文学作品,关键在于借助语言文字还原出一个意象世界来。也因此,学文学作品、教文学作品,关键在于两条:

第一条,能逐渐地掌握"将语言文字还原出一个意象世界"的方法和本领。

第二条,能逐渐地领悟"作者凭借语言文字托出一个意象世界"的诀窍和秘妙。

那么,阅读教学要如何有效地达成上述两条关键的目标呢?自文的新作《生命的壮歌》一课无疑给出了一个颇具启示性的探索——以境驭课,让课堂置于某种"境"中。

"境"在中国古典文论和诗学中是一个非常重要的范畴,"意境"、"境界"等审美观念的创生,是中国精神、中国气质的生动表现。但是,"境"进入教学领域、课堂范畴,则只是近期的事,且课堂范畴的"境"或曰"课境"究竟所指为何,也是一个颇费思量的问题。好在生动、具体的课堂实践常常能将"课境"诉诸于我们教师的感官,我们也许不知"课境"的所以然,但我们或多或少知道一点"课境"的然。

至少,"课境"能带给我们一种感觉、一种氛围,在这种感觉和氛围里,师生往往能沉浸其中,畅游课堂,于老师,是投入地教一回;于学生,则是投入地学一回。具体到语文教学的"课境",理想的状态常常是"文本创造之境"与"师生教学之境"融为一体。

第一次正经地听自文的《生命的壮歌》,带给我的正是这样一种直觉体验。倘若定要做一番条分缕析,那么我对此课的认知和解读大致如下。

一、以象造境,于境中品味文本的特征语词

"象"是"境"的基础元素、基本元素,没有象,就无境可言。当然,并不是说有了"象"就一定能成"境",也不是说构成"境"的元素只是"象"之一家而已。在我看来,"境"是"象"的叠加,是"象"的连续呈现,是"象"与"象"之间某种特定的意义联系,唯如此,"境"才能被发现,被体验,被诉诸感官乃至心灵。

我们且看自文是如何依托文本引领学生再造那个"大火肆虐"之"课境"的。首先,老师心里清楚,只有先让学生感受到那场大火的突然袭来和凶猛肆虐,才能进一步精准而深入地感悟蚂蚁突围的生命壮举。因此,在整体感知了课文的主要内容之后,老师借助课文新词的复习,以"一箭双雕、一石数鸟"的方式,刻意将描绘"大火肆虐"的两组特征语词呈现在学生面前。这两组特征语词,意在唤醒学生的"焦点意识",借此使学生的阅读目光迅速而集中地投向"大火肆虐"之境。然后,老师让这些特征词重新回到文本语境,通过朗读,通过将特征词串联起来并想象一个画面,成功地营造出"大火肆虐、危机四伏"的恐惧之境。而在这一课境完成的当下,学生对于这两组特征词的理解和掌握也就瓜熟蒂落了。

过去我们常说:"字不离词,词不离句,句不离段,段不离篇。"其实,此话的要义只在"语境"而已。离开了"语境"的再现和再造,任何文字的解读只是一种空壳、一种形式、一种由抽象转向抽象的无物理解罢了。无物,其实就是"无象"、"无境"。

二、以情驭境,于境中感悟文本的言说秘妙

境,既可由具体的物象构成,亦可由抽象的情意构成。按照中国的古典诗学理论,物象之境的描摹最终得服从于情意之境的体现,故而"意境"一词成为审美境界的代名词,得到了极为广泛的流播。因此,真正的理想"课境",必定是一种"以情驭境、情境交融"的创造。

自文执教《生命的壮歌》，对此可谓了然于胸。

第一，全课是以作者的心理体验、情感变化为线索的。细读文本，我们不难发现，作者对于身处险境的蚂蚁，情感上大体经历了"惋惜——惊讶——赞叹"这样三个阶段。而自文对教学环节的设计，正是按照作者的这一情感逻辑来布局的。除导入外，第二环节，对于"大火肆虐"之境的再现，为"惋惜之情"埋下伏笔；第三环节，对于"集体突围"之境的感悟，则将"惊讶之情"渲染得淋漓尽致、酣畅之极；第四环节，对于"心灵对话"之境的营造，是为了让学生能直抒胸臆，让"赞叹之情"溢于言表。

第二，全课最为精彩和灵动的环节，即对于"集体突围"之境的感悟，教师以"惊讶之情"作为绾结整个教学版块的逻辑之维。课堂上，蚂蚁们集体突围的壮举被概括为"万万没有想到"这样六个简约而又极不简单的体验性文字。随后，教学在"万万没有想到"的引领和涵盖下，以一种势如破竹、长驱直入的气势，将蚂蚁的"集体突围"之境和"令人惊讶"之情演绎成一首不屈和抗争的命运交响曲。其中，有几处细节可圈可点。譬如，在解读外层蚂蚁们至死也不松动分毫这一点时，教师采用了"置换角色、移情体验"的策略，以"小蚂蚁呀！你的许多同伴们都已被灼焦了，你为什么还不撒手"这一问题为抓手，使学生以一个参与者、亲临者的姿态深切感悟蚂蚁们的内心世界和英雄气概。老师问得巧妙，学生答得自然、生动、入木三分。这样的策略和情境，于听课的我们而言，确乎也是"万万没有想到"的。再譬如，在学生充分领悟了蚂蚁们让人万万没有想到的三个层面之后，老师采用了回旋复沓式的引读策略。这倒也罢了，让听课者万万没有想到的是，教师在设计引读导语时，煞费苦心，匠心独具。你听：第一次，"在火舌舔动的草丛间，作者万万没想到——"；第二次，"在强大的火势前，我万万没想到——"；第三次，"在咆哮的火神面前，我们万万没想到——"；第四次，"按照常理，我想这区区弱者肯定要葬身火海，可是令作者万万没想到的是，令我们每个人万万没想到的是——"。前后四次，最精妙的是"主语"的变化，由"作者"到"我"，再到"我们"，最后到"我们每个人"，完成了一次主体角色的华丽转身。就在转身之际，境与情早已水乳交融、浑然一体。

第三，文本的写作秘妙，正蕴涵在"万万没有想到"这六个字上。在我看来，阅读事实上总是存在两个文本：一为显性文本，一为隐性文本。显性文本，就是文字直接呈现的文本；隐性文本，则是隐藏在显性文本背后的种种欲言还止、欲说还休的话语。而《生命的壮歌》这篇文章，却将本是隐性文本的话语以某种时隐时现的方式和显性文本交织在一起呈现出来。作者反复描写的蚂蚁们的种种想不到的壮举，即是显性文本；而作者心中对于蚂蚁们的种种猜想，即他能想得到的结果，便是隐性文本。两个文本现在交织在一起，于是，因为"想得到"与"想不到"之间的巨大反差，给读者造成了一种意想不到的审美张力、思想冲击和情感震撼，表达的意图和效果也就完美实现了。自文的教学，正是指向了这一文本秘妙的所在。

三、以理化境，于境中内化文本的价值取向

朱光潜先生在《谈文学》中指出："文学要用具体的意象说出抽象的道理，功用也是如此。"语文并不拒斥"理"，相反，"理"的高下直接影响着"境"的高下。这里的"理"，也不单纯指"道理"，它的含义是广泛的，神、思、情、意，均被总揽其中。所以，"理"在此处是一个综合性的范畴。

文学和哲学都有着对宇宙、对生命做整体了悟和终极关怀的意欲，即对"理"的求索与追问。但文学用意象、意境进行终极思索，而哲学则用概念、思想进行整体探寻。所以，对于语文而言，以理化境，理境圆融，才是一种正道的法门。理境圆融，所融之理是内在于学生生命的，是生机盎然、气韵生动的生命之理；以理化境，所化之境则是"致广大而尽精微，极高明而道中庸"的理想之境。

《生命的壮歌》一课，正是对"以理化境、理境圆融"这一课境的叩问和追求。这种追求，集中体现在课堂教学的最后一个环节上。

在学生充分感悟了蚁国英雄们的壮举，并充分体验了惊讶之情后，老师再次创设了一个与蚂蚁们展开心灵对话的情境：

小蚂蚁呀，小蚂蚁！_____
_____

对此，老师是这样引导的："在肆虐的火海中，蚁团始终不见缩小，多么令人感慨；河面上升腾起薄薄的烟雾，又怎能不引人浮想联翩？拿出笔，用上'万万没有想到'，我们来写一段话。"

教学至此，学生确实有话要说，不吐不快。教师的匠心恰恰在于对学生思考和体验的某种导向和暗示。首先，用上"万万没有想到"，也就意味着心灵对话必须基于学生自身的真情实感，剥离了真情实感的思考、思索和思想往往是苍白的、无力的。其次，"小蚂蚁呀，小蚂蚁！"的开头，自然、妥

帖地把握了学生抒写文字时的角色身份和情感基调。

再读读学生当场完成、当场交流的心灵对白，我们就不得不为老师这一"以理化境、理境圆融"的高明设计和娴熟运作而击节叹服了。

[附：《生命的壮歌》课堂实录]

一、在认知冲突中引发阅读期待

师： 同学们，这节课，老师和大家一起学习一篇新的课文——

（生齐读课题"生命的壮歌"）

师： 谁能为"壮歌"的"壮"字组个词语？

生： 壮丽。

生： 壮观。

生： 强壮。

生： 雄壮。

生： 悲壮。

生： 壮士。

生： 气壮山河。

（学生把自己组的词写在黑板上）

师： 同学们，我们把注意力集中到黑板上，首先检查一下，是否有错别字。

生： "壮观"的"壮"少了一竖。

师： 你给他补上。

师： 好，咱们一起来读一读。（生齐读词语）

师： 很好，大家的词汇量很丰富。咱们以后写字，要把这些常用的字写正确。（学生点头）

师： 《生命的壮歌》这篇课文有两个小故事，这跟我们常见的课文有所不同，第一个小故事是什么？

生： 蚁国英雄。

师： 第二个小故事呢？

生： 生命桥。

师： 不管是蚁国英雄还是生命桥，它们书写的是同一首歌，这首歌叫——

生：（接读）生命的壮歌。

师：（板书：蚁）说起蚂蚁，相信同学们并不陌生，咱们平时常见的蚂蚁，身体只有米粒般大小。看到小蚂蚁，你们会很自然地想起哪些词语？

生：不堪一击。

生：渺小。

生：弱小。

生：脆弱。

生：微不足道。

师：是啊！用一个课文中的词语来说，这些小蚂蚁根本就是——区区弱者。（板书：区区弱者）

二、抓特征词，再造"大火肆虐"之境

师：这区区弱者书写的是一首怎样的壮歌呢？打开课文，认认真真地把文章读一遍，读准生字、词语，读完后，想一想课文的主要内容。

（生自由朗读）

师：谁先来说说课文的主要内容？

生：（吞吞吐吐）这篇课文的主要内容是一只蚂蚁被火包围了，但是它没有束手待毙，而是准备逃离火海。

师：逃离火海，也就是想——

生：突围。

师：（板书：突围）在突围之前呢？

生：突围之前被火包围了。

师：那不就是——

生：被围。

师：（板书：被围）它们并没有束手待毙，而是冲出了火圈。突围成功就意味着脱离了——

生：危险。

师：（板书：脱险）根据板书，谁能再简单地说一说主要内容？

生：一次由于游客的不慎，草丛起火了，蚂蚁被火包围了，但是它们并没有束手待毙，而是向河里突围，最后脱险了。

师：说得比较简洁。按照事情发生的起因、经过、结果，进行简单的概括。这是我们概括课文主要内容的常用方法。知道了文章的大致内容，我们来学习课文的生字、词语。

（大屏幕出示）

火舌　项链　舐动　火海　火神
肆虐　焚烧　焦臭　烧焦　灼焦

师：谁来读一读第一排词语？（生读第一行词语）

师：读着读着，你发现第一排词语有什么规律呢？

生：跟火有联系。

师：课文中，把顺着风势走着的火舌比作什么？

生：课文中把火舌比作了一串红色的项链。

师：这是一串怎样的项链？回到课文中，谁来读一读？

生：（朗读）顺着风势走着的火舌活像一串红色的项链，开始围向一个小小的丘陵。

师：这是一串怎样的项链？

生：那是一串红的项链。

师：哦，你见到了它的颜色。妈妈常常挂在脖子上的项链，能让人产生许多美好的联想。但现在是一串怎样的项链？

生：那是一串让人产生恐惧的项链。

师：那是令人恐惧的、吞噬生命的项链。你来读读这个句子。

生：（朗读）顺着风势走着的火舌活像一串红色的项链，开始围向一个小小的丘陵。

师：是的，那是一串要吞噬生命的项链。一起读。（生齐读句子）

师：火海在蔓延，火神在咆哮。谁来读读第二行词语？

（生读第二行词语）

师：读得字正腔圆、清清爽爽。读着读着，你似乎看到了什么呢？

生：我看到了一群蚂蚁被火包围着，许多蚂蚁被火烧死了。

（大屏幕出示：火神肆虐的热浪已夹杂着蚂蚁被焚烧而发出的焦臭气味。）

师：刚才读出了画面，真好。谁来读一读这个句子？

（生朗读句子）

师：如果注意适当地停顿，大家会读得更好。

（大屏幕出示：火神肆虐的热浪/已夹杂着蚂蚁被焚烧/而发出的焦臭气味。）（生朗读句子）

师：你的停顿很正确了，但似乎把我们看到的那幅画面给读丢了。谁再来读一读？

（生有感情地朗读）

师：你读出了画面，真棒！我们一起读一读。

（生有感情地齐读）

三、以情感为线索，感悟"蚂蚁突围"之境

师：火舌在肆虐，火神在咆哮，火海在蔓延，面对强大的火势，作者的第一感觉是什么？

生：作者的感觉是惋惜。

师：是啊！让我们去体会体会作者的第一感觉。（生自由朗读）

（大屏幕出示：这群可怜的蚂蚁，肯定要葬身火海了，我心里惋惜地想着。）

师：请你读读作者的心理。（生朗读句子）

师：听听王老师读。

（大屏幕出示）

这群可怜的蚂蚁，肯定要葬身火海了，我心里惋惜地想着。

这群可怜的蚂蚁，大概要葬身火海了？我心里惋惜地想着。

师：（朗读第二句）老师读的这句跟原句有什么区别？

生：原句是蚂蚁肯定要葬身火海，而老师读的是大概要葬身火海。

师：为什么这里用"肯定"而不用"大概"呢？

生：因为大概不确定，而肯定是非常确定。

生："这群可怜的蚂蚁，肯定要葬身火海了"，这句话应该是感叹句，而老师读成了疑问句。

师：好，那谁能读出肯定？

（生朗读句子）

师：真的不一样了，谁再来？

（生朗读句子）

师：同学们，我们也来表达一下自己惋惜的心情。

（生齐读句子）

师：在当时，"我"能想到的就是这区区弱者要葬身火海，而事实上，这群小蚂蚁全都葬身火海了吗？请大家读读文章，找到相应的句子。

（生找、画句子）

（大屏幕出示：可万万没有想到，这区区弱者并没有束手待毙，竟开始迅速地扭成一团，突然向着河岸的方向突围。蚁团在火舌舐动的草丛间越来越迅速地滚动着，并不断发出外层蚂蚁被烧焦后爆裂的声响，但是蚁团却不见缩小。显然，这外层被灼焦的蚁国英雄们至死也不松动分毫，肝胆俱裂也不放弃自己的岗位。)

师：请大家再次默读这三句话，哪些词语给你留下特别的印象？做个记号。

(生默读，做记号)

师：好，特别让你感动的词语有哪些？

生：有"束手待毙"、"肝胆俱裂"。

生："至死"、"不松动分毫"，这些词语体现了蚁团虽然被灼焦，但是它们没有离开自己的岗位。

师：他关注了灼焦，你呢？

生：我注意到了"烧焦"这个词，可以体现那惨不忍睹的场面。

师：回到这段话中，我想有六个字足以概括大家所感慨的场面。那就是——

(大屏幕上用增大的红字出示：万万没有想到)(生齐读)

师：什么是"万万没有想到"呢？

生：就是怎么也不敢想象这一场面。

生：因为前面作者已经肯定蚂蚁要葬身火海了，可是蚂蚁这一区区弱者竟然开始突围了，作者怎么也没有想到。

师：联系前面的句子，你读懂了万万没有想到。在这三句话中找一找，哪些是作者能想到的呢？

生：他能想到的是蚂蚁肯定会被烧死的。

师：哪个句子是作者能想到的？

生：他能想到的是这一群蚂蚁会束手待毙。

师：原来能想到的是坐以待毙，用书上的话说就是束手待毙。让我们细细地先来读第一句，我万万没想到什么？

生："万万没有想到，这区区弱者并没有束手待毙，竟开始迅速地扭成一团，突然向着河岸的方向突围。"这句话写了作者万万没有想到，这些蚂蚁没有坐以待毙。

师：是啊，他万万没想到这些蚂蚁竟然抱团突围。(板书：抱团突围)

师：再读第一句，读出作者的万万没有想到。

(生朗读第一句)

师：按照这一学法，我们来看第二句，我万万没想到什么？

生：蚁团在火舌舐动的草丛间越来越迅速地滚动着，并不断发出外层蚂蚁被烧焦后爆裂的声响，但是蚁团却不见缩小。

师：你的意思是万万没有想到蚁团没有缩小。你来读一读，看能否给大家带来这万万没有想到。

（生朗读第二句）

师：咱们也一起来读一读

（生齐读第二句）

师：万万没想到的还有什么呢?

生：万万没想到的是：蚂蚁虽然被烧焦了，但是却不松动分毫。

师：谁来读一读？

（生读第三句）

师："显然，这外层被灼焦后的蚁团英雄们至死也不松动分毫，肝胆俱裂也不放弃自己的岗位。"就让我们走近这外层的小蚂蚁。

（面对所有的学生）小蚂蚁呀！你的许多同伴们都已被灼焦了，你为什么还不撒手呢？

生：我要保护自己的同伴们，所以我死也不松动。

师：你这是挺身而出的无畏啊！

生：为了我们的同伴能活着，我死了也值得。

师：你真是舍我其谁的英雄啊！

生：因为只有我们护着里面的小蚂蚁，它们才不会失去生命，我们的种族才不会灭绝。

师；你想到的是家族的兴亡！是啊，家族兴亡，你我有责！同学们，在火舌舐动的草丛间，作者万万没想到——

（生读第一句）

师：就这样，在强大的火势前，我万万没想到——

（生读第二句）

师：就这样，在咆哮的火神面前，我们万万没想到——

（生读第三句）

师：按照常理，我想这区区弱者肯定要葬身火海，可是令作者万万没想到的是，令我们每个人万万没想到的是——

（生连读三句话）

师：显然，同学们已经明白了蚂蚁的心，读懂了这区区弱者的情。那么，我们就应该把最高的荣誉送给这群小生灵，让我们恭恭敬敬地称颂他们为——

生：（齐读）蚁国英雄。

四、移情想象，营造"心灵对话"之境

师：（板书：蚁国英雄）同学们，正是这区区弱者抱成团的智慧，才拯救了整个蚂蚁家族。课文最后这样写道——

（大屏幕出示：一会儿，蚁团冲进河流里。随着向对岸的滚动，河面上升腾起一层薄薄的烟雾……）

生："一会儿，蚁团冲进河流里。随着向对岸的滚动，河面上升腾起一层薄薄的烟雾……"这句话写出蚁团一会儿获救了。

师：读得真好！读出了后面的六个小圆点。同学们，文章虽然结束了，但那感人的画面随着省略号，似乎还在我们的脑海中回荡。谁再来读读这句话？（生朗读句子）

师：在肆虐的火海中，蚁团始终不见缩小，多么令人感概；河面上升腾起薄薄的烟雾，又怎能不引人浮想联翩？拿出笔，用上"万万没有想到"，我们来写一段话。

（大屏幕出示）
小蚂蚁呀，小蚂蚁！＿＿＿＿＿＿＿＿＿＿＿＿
＿＿＿＿＿＿＿＿＿＿＿＿＿＿＿＿＿＿＿＿＿

师：同学们，我们来听听同伴对小蚂蚁的评价。

生：小蚂蚁呀，小蚂蚁，大火在燃烧，我万万没有想到，你为什么不松动丝毫？我终于明白，因为你即使被烧死，也要保护里层的小蚂蚁们。

生：小蚂蚁呀，小蚂蚁，我万万没有想到你不顾自己的生死，肝胆俱裂，也要保护里层的小蚂蚁，你以这一伟大的壮举，谱写了一曲生命的壮歌。

师：这区区弱者，谱写了这生命的壮歌。同学们，请看课题，你现在觉得"生命的壮歌"的"壮"是什么意思？

生：壮观、壮烈。

生：壮举。

生：雄壮。

生：悲壮。

师：是的，壮歌，是悲壮之歌、雄壮之歌，是对壮举的歌吟，是对壮烈的歌颂。让我们再读课题——

生：（齐读）生命的壮歌！

第五辑　赏课：课堂人生的确证

评课不仅要让执教者有收获，也要让自己有进步，要让所有的参与者都得到专业成长与发展。评课者要通过评课，问问自己，从中"我悟到了什么"、"我学到了什么"。这就要求评课者将自己置身于真实的课堂情境中进行换位思考、移情体验，同时，要不断地将自身的职业经历和专业经验融入到对课堂情境的理解和感悟中。推己及人，由人返己，这是评课者的大智慧、大境界。

21. 高贵的"活的课程"

——评杨明明老师执教的《燕子过海》

《燕子过海》一课，其理念质朴本真而又深邃高远，其节奏一波三折而又一气呵成，其风格缜密精致而又大气恢弘，其境界叠翠列锦而又浑然天成，可谓杨明明老师课堂教学的经典之作、扛鼎之作。本课带给我们的启示是多方面的。

一、养正：咬定青山不放松

言语基本功的训练是语文学习亘古不易、历久弥新的话题。实践证明，此功耽误一时必将贻误一世。《燕子过海》一课，对言语基本功的训练可谓一以贯之、一丝不苟。这在人文风尚大行其道、深度阐释大张旗鼓的当下，显得尤为难能可贵。课始对"燕"字书写的指导就是一例，大到书写态度和姿势，小到书写笔顺和笔画，都不沾一丁点儿的随意、马虎和将就。课中对"拖长音"的矫正又是一例，或示范，或强调，或反问，或评价，直至全班学生都不再拖腔拿调，可谓规矩不中誓不罢休。课尾短暂的齐读题目依然秉持这种一丝不苟、细致入微的教学风格。我们说，言语基本功的训练始终是语文教学的一项奠基工程、养正工程。这种训练不是某节课、课中的某个环节所能奏效的，它必须春风化雨般地渗透到语文学习的各个方面、各个环节，只有长期、经常的熏习，才能真正转化为终身受益的童子功。杨老师的可贵之处，正在于为学生的终身发展计，虽置身公开课这一江湖语境，却能不媚世俗，不入流俗，洗尽铅华，抱朴归素。

二、陶冶：一枝一叶总关情

真情、激情和悲情始终是杨老师语文课堂教学的生命表征。听杨老师的语文课，我们总会被她的投入、痴迷和忘我所感动，她是那种见了孩子就精神高涨、激情四溢的性情中人。课堂上，情真意切，情投意合，不仅是她鲜明的话语风格，更是她独特的人格魅力。她的课堂话语，总是洋溢着对学生的激励之情，如："为什么不说'我'？""'黑白相间'这个词用得很好！""真有点难为你们了，到现在课文还没有发给你们，你们就记住了这么多！""我以为你们会很困难，没想到你们一点困难也没有。"话语的背后，则是杨老师对学生的那份悲天悯人的情怀。她真诚的倾听每个学生的心声，她对学生的理解是细腻的、敏锐的、充满善意的。当全班只有一个孩子举手示意自己没有找到"雨点"一词时，杨老师的教学机智不能不让我们为之动容。"你没有找到，你们看他多诚实啊！你一定找到了其他的词。"是的，她的课堂总是让学生更多地体验到被人关注、被人呵护的温暖与幸福，更多地体验到自由舒展个性的快乐和自豪，更多地感受到人性的光明与和煦，感受到仁慈、宽容与恻隐的力量。

三、对话：牧童遥指杏花村

语文教学本质上是一个多重对话的过程，但是就教师而言，其对话姿态更多地表现为一种"遥指"。"指"在这里是迷路时的指点、挺进时的指引、愤悱时的指导、出错时的指正。"遥"则是一种合适的空间距离、时间距离、心理距离和精神距离，在课程论语境下则可指语文学习的"最近发展区"和"最佳发展期"。然而，"遥指"是一回事，凭什么"遥指"又是一回事。而凭什么"遥指"是先在于"遥指"的，这就涉及语文教师的"前结构"问题，也即专业素养问题。这里的前结构，包括教师对文本的解读姿态、解读经验、解读策略、解读智慧、解读动机、解读情绪等，也包括教师自身的文化底蕴、思维方式、人生阅历、人格特征、学识修养、审美情趣等。《燕子过海》一课，让我们领略到了杨老师丰厚、精深的语文专业素养，让我们在赏读"落"的韵致，"伏"的情状，"过"的意象、精神和魅力的同时，深深感受到杨老师"遥指"时的那份从容与洒脱、底气与功夫、睿智与才情。从这个意义上说，语文教师才是唯一活着的课程。

【附：《燕子过海》课堂实录及点评】

第一课时
师：孩子们，今天杨老师和大家一起学什么课文？
生：（看大屏幕，齐说）《燕子过海》。
师：《燕子过海》。会写"燕子"两个字吗？
生：（齐说）会。
师：谁到黑板上来写？
生：（齐说）金文。
师：还有呢？
生：（齐说）方洁。
师：你为什么不说"我"？我们一起来写一写，同学提到名的请到上面来写，其他的在下面写。
快！大大方方地上来。在座位上的也要把"燕子"两个字写好。

【为"为什么不说'我'"喝彩！教育成功的秘诀在于唤醒、激励和鼓舞，杨老师可谓深谙此道。看似不经意的一句激励，折射的却是一种老到的教学智慧。】

师：再来一位，我们要写一群"燕子"。请最后一位男孩子也来写。
（生各自书写"燕子"）
师：（一板演的同学把"燕"的笔顺写错了）笔顺错了。孩子们，应先写中间的"口"，你们写对了吗？
生：（齐说）写对了。
师：（评说一个板书很漂亮的学生）他的字写得很好！
师："北"分成两边，好像燕子的什么呢？
生：翅膀。
师：那"四点底"呢？
生：脚和尾巴。
师：（一板演的同学看其他同学都下去了，匆匆写好了"子"）他急了，

"子"就写得草率了点。

师：（依次检查板演的"燕子"）燕子、燕子、燕子、燕子，这个"燕"写错了（加上了一短横）。

师：这么多的燕子，我们把它们叫作一群燕子。我们再一起来写写"燕"字。

（师生一起书空"燕"字）

【人写字，字亦写人。"应先写中间的'口'"写下的是学生扎实的童子功，"'北'分成两边，好像燕子的什么"写下的是学生充满情趣的想象力，"他急了，'子'就写得草率了点"写下的是学生一丝不苟的学习态度……教学无小节，细微之处皆精神！】

师：你们能说说燕子吗？
生：燕子的尾巴像一把剪刀。
生：燕子南飞。
师：燕子在秋天要南飞。
生：燕子的嘴巴也很像剪刀。
师："也"用得好！
生：燕子只有黑白的。
师：应该加上羽毛吧！
师：你的意思是燕子像穿着黑的外套、白的衬衣。
生：燕子穿了件黑白相间的衣服。
师："黑白相间"这个词用得很好。
师：老师也来说一句："我知道燕子是益鸟。"
生：我知道燕子是候鸟。
师：燕子有多大？能比画给我看看吗？
（生用手比画"燕子"的大小，但大部分同学都比画得过大了）
师：谁比画得比较准确？
师：（看着一孩子的比画）这只燕子好像大了一点。
师：谁能比画海有多大？
生：（边比画边说）无边无际。
师：海有多大？
生：（拖长音）无边无际。
师：你们平时说话这样吗？（学着孩子的语气说了一遍）

师：（问身边的一男孩子）海有多大？
生：无边无际。
师：像他这样说话才对。
师：（问身边的一女孩子）海有多大？
生：无边无际。
师：（问大家）海有多大？
生：无边无际。
师：孩子们，现在请你们问我？
生：（齐问，问的语气不足）海有多大？
师：要问出语气来。
生：海有多大？
师：（有感情地朗诵）天连水，水连天，望也望不到边。
师：我是怎么回答你的？（稍顿）刚才老师是怎么回答的？
生：（拖长音）天连水，水连天，望也望不到边。
师：你们再问我，听听我是怎么回答的。
生：（拖长音）海有多大？
师：孩子们，能不拖着调子问吗？
生：海有多大？
师：（有感情地朗诵）天连水，水连天，望也望不到边。
师：我问你："海有多大？"
生：天连水，水连天，望也望不到边。
师：海有多大？
生：（有感情地）天连水，水连天，望也望不到边（做了一个展翅飞的动作）。
师：（众笑）这是燕子在飞，是吗？他胆子很大，想怎么回答就怎么回答。

【"拖长音"的记录前后出现了三次之多。这是中低年级学生课堂发言和朗读中普遍存在的现象。遗憾的是，对这一现象我们大多熟视无睹，充耳不闻。经验表明，"拖长音"一旦成为习惯，将严重制约学生语感的健康发展。杨老师不厌其烦地指正、矫正学生的这一通病，正是出于对这一现象的高度敏感和警觉，可谓知我者谓我心忧，不知我者谓我何求。】

师：海是很大很大的。你们有没有看到过海？

生：我看到过全世界最大的海。
师：全世界最大的海是什么海？
生：太平洋！太平洋很大很大，真是水连到天上去了。
师：很会想象。（笑）你看到过太平洋，真的？
生：没吹牛！
师：燕子要过海，（板书：过）你看到过太平洋，你有没有看到过燕子过海？
生：没有。
师：谁看到过？猜猜看？
生：太阳。
生：蓝天。
生：飞鱼。
师：（整体感知）没想到有这么多见过燕子过海的。现在，我想告诉你们的是——水手看见过！水手就是在海洋上或者是在军舰上工作的，也可以是海军叔叔，他们见过燕子过海，还写了一篇文章。你们想不想听听？
生：（齐）想。
师：下面，我读给你们听，但有一个要求，就是要专心地听，听完后，你记住了哪一句，你就告诉这么多听课的老师，行不行？
生：（齐答）行！
师：看看谁的耳朵最灵！
师：海有多大？天连水——
生：（齐说）水连天，望也望不到——边。（孩子们自觉地跟上了）
师：课文的第一节你们都记住了。
师：一个风平浪静的日子，（出示词语卡片：风平浪静）一个怎样的日子？
生：（齐读）风平浪静。
师：一个风平浪静的日子，我们的船在蓝色的太平洋上航行。我看见一群过海的燕子，它们要从寒冷的北方到温暖的（稍顿）——
生：（齐说）南方。
师：猜对了！在海上不分昼夜地飞啊飞，在海上不分——（出示词语卡片：不分昼夜）
生：昼夜。
师："昼"是什么，"夜"是什么呢？"夜"肯定知道的，是"晚上"。

"昼"是什么呢？

生：白天。

师：对了！不分昼夜地飞啊飞，燕子实在是太疲倦了，看见我们的船就像雨点一样落下来，伏在甲板上休息。（师做伏的动作）过了一会儿，有的燕子又——（做展翅飞的动作）

生：又飞起来了。

师：是的。（继续背诵）"有的燕子又展翅起飞了，可是有的燕子却停止了呼吸。水手们用崇敬的目光望着那些越飞越远的燕子，又怀着沉重的心情把这些躺在甲板上的燕子轻轻地放到大海里。当你们看到燕子的时候，请不要伤害它们，你可知道，你可知道，你可知道，它们在到达目的地以前，飞过大海是多么的辛苦、艰难啊！"

师：我的故事讲完了，你听明白了吗？你记住了哪一句，可以和同桌说一说。

（同桌互说）

师：你记住了哪一句？

生：如果你以后见到燕子，请不要伤害它们。

师：他记住了最重要的一句。是啊，你可知道，它们在到达目的地以前是多么的——

生：（齐说）辛苦、艰难！

师：杨老师真有点难为你们了，到现在课文还没有发给你们，你们就记住了这么多！

生：一个风平浪静的日子，我们的船在蓝蓝的太平洋上航行，我看见一群燕子飞过大海，它们不分昼夜（"昼"念错了）地飞行。

师：是"昼夜"。你太厉害了，说的与课文上的基本一样，说明你听课非常非常专心。现在，杨老师把课文发给大家，自己读，带拼音的字要读准，最感兴趣的句子可以画出来。

【公开课想方设法绕开"第一课时"、"初读课文"，这已成为大家心照不宣的潜规则，绕开的理由乃是大家认为这一环节缺乏看点、没有嚼头。果真如此？杨老师的这个环节当令我们深思！纵观本环节，杨老师以"听读课文"为经，以"新词正音、猜读想象、言语识记"为纬，自然率性却又浑然一体地实现了对课文的整体感知。过程推进时断时续、时放时收，把一个看似单调、枯燥的初读环节演绎得生动活泼、精彩纷呈。看来，只要功夫深，

初读也入神。】

（生自己读课文，师巡视）

师：带拼音的字要反复读，并记住。有几位同学已读第二遍了。你最感兴趣的段落可反复读。

师：咱们班的学习习惯真的很好，一边读一边想，动笔的也很多。

（出示词语）

师：看，屏幕上面的词，你会不会念？

（生齐读词语）

师：（正音）展翅起飞。

师：真不错！这么一遍读下来之后，你是不是有了自己最喜欢的一段？

生：当你们看到燕子的时候，请不要伤害它们吧！你可知道，它们在到达目的地以前，飞过大海是多么的辛苦、艰难！

师：读得多流利！

生：（有感情地）一个风平浪静的日子——

师："一个风平浪静的日子"，念得真好！我们一起来向他学学。

生：（齐读）一个风平浪静的日子——

生：我们的船在蓝色的太平洋上航行。

生：我看见一群过海的燕子。（读完后很夸张地拍拍胸口，表示自己被吓坏了）

师：真的？吓坏了？杨老师不怕。（示范读）我看见一群过海的燕子。

生：（齐读）我看见一群过海的燕子

师：下一句谁带？大家要求自己读，是吗？

生：（齐读）我看见一群过海的燕子，它们要从寒冷的北方到温暖的南方去，在海上不分昼夜地飞啊飞啊。（多了一个"啊"）

师：多了一个字。我们读准确！

生：（齐读）我看见一群过海的燕子，它们要从寒冷的北方到温暖的南方去，在海上不分昼夜地飞啊飞。

师：你们真的能干，一读就读得这么好了！杨老师想试试你们会不会学习，想一想，燕子为什么要过海？（板书：海）课文中有一个句子回答了这个问题，你能不能画出来？

（生阅读课文，很快就找到了这句话）

师：这么快就找到了？大家一起念给老师们听听，是哪句话？

生：（齐读）它们要从寒冷的北方到温暖的南方去。

师：第一个问题没有难倒你们，再提第二个问题：你能不能从这句话里面找出几对反义词？圈出来，然后连起来。

（生找反义词）

师：行了吗？用手指告诉我一共有几对。

（生有的示意两对，有的示意三对）

师：第一对是——

生：寒冷——温暖。

师：第二对是——

生：北方——南方。

师：第三对是——

生：回——去。

师：还有不同的吗？

生：昼——夜。

师："回——去"是一样的，"昼——夜"是反义词。我以为你们会很困难，没想到你们一点困难也没有。（有孩子在擦橡皮）我们不用橡皮，错了就让它们留下，我们以后会修正的，谁都不能一下子都对了。

师：我们再把这个句子读一遍。"他们要从"，起——

生：（齐读）它们要从寒冷的北方到温暖的南方去，在海上不分昼夜地飞啊飞。

【将阅读理解的着力点安顿在课文的词句上，这是语文课程标准对第二学段阅读目标的基本定位。然而，杨老师的智慧在于，她的教学既没有在"理解燕子过海的原因"上大做口水文章，也没有在"理解燕子过海的原因"之后裹足不前。这一片段的真正着力点，其实安顿在"读好那个原汁原味的句子"上，安顿在"借助反义词的寻找以强化积淀那个原汁原味的句子"上。一言以蔽之，安顿在言语学习、言语发展上。我们说，只有徜徉在言语之途的语文课，才是本真的语文课。】

师：孩子们，怎么飞？飞飞看。

（生各自做着燕子飞的动作）

师：我看到了两种飞法。（指着一个小男孩）他飞得非常优雅。

（生做飞的动作）

师：这是舞蹈动作中的飞，你们想在海上能这么飞吗？在海上还能这么优雅?

(生边飞边发出"咯吱"的声音)

师:他还"咯吱咯吱"地叫呢。说说看,为什么?

生:飞得这么快不发出声音才怪呢!(众笑)

(生使劲拍翅膀,还不时往下滑)

师:你为什么这样飞?

生:因为课文中不是说燕子掉下来了吗?

师:你好像在演课本剧,很认真地研究了课文!杨老师也没有想到过会有这样的飞法。你们真会想象,你们再使劲地飞!

(生继续使劲地飞)

师:你们下面是大海,别停下来,停下来会掉下去的。飞啊飞啊!(稍顿)停!你们飞了几天几夜?

(生回答不一)

师:反正是白天飞晚上飞,晚上飞白天飞,这就是不分——

生:昼夜。

师:飞啊飞啊,你们疲倦吗?

生:疲倦。

师:累吗?

生:累!

师:想休息吗?

生:想!

师:没地方休息,因为下面是无边无际的大海。好不容易看到我们的船。可敬的燕子们,勇敢的燕子们,你们能不能从这句话里面画出能看出"很累很累"的词?不但要画出来,还要好好想一想,能说清楚。

(生找词语)

生:雨点。

师:也找到这个词语的举手。(有一个孩子没有举手)你没有找到。你们看他多诚实啊!你一定找到了其他的词,来说说。

【这是一处细得不能再细的教学细节。然而读到它,我们却不能不为之动容!一切充满教育学意蕴的教学机智,必定深深根植于教师的恻隐之心、悲悯之心。"多诚实啊!你一定找到了其他的词。"话语的背后是教师恻隐之心、悲悯之心的自然流露。我们不敢肯定这样的人文关怀对那个孩子的精神发展究竟能起多大作用，但我们深信，那一瞬间的教学机智对孩子当下的生命情怀不啻是冬天里的一把火。有时，精神的成人——成为一个真正的人，恰恰取决于这种突如其来的关节点。】

生：一定、太。

师：是的，这是读的时候要强调的。

生：太疲倦了。

师：老师请你找出能说明"燕子疲倦"的词。还有一个字没有找到呢！

生：伏在甲板上休息的"伏"。

师：是"伏"啊，小燕子们，请你们伏下来。（自然地让孩子们进入情境，并将对"伏"的理解外化）你们现在伏在哪儿呀？请告诉我。

生：伏在甲板上。

师：你们为什么要伏在那儿？

生：因为我们太疲倦了！

生：因为我们太累了！

师：怎么会这么累啊？

生：因为我们飞了半个地球。

师：路真长啊！

生：因为我们不分昼夜地飞。

生：因为我们飞得太远了。

师：飞的路程实在太长了。小燕子们，你们别飞了，跟我们的船走吧，我们的船也是到南方去的。

师：跟不跟？

（生大部分说"不跟"，也有孩子说"跟"）

师：他们两个跟，你们都不跟。为什么不能跟？

生：因为我们已经飞了这么长时间了，我们一定能靠自己的毅力来完成飞行。

师：我们一定要靠自己的毅力来完成，我们一定要靠毅力飞到目的地。小燕子们，还想问问你们，看你们这群燕子除勇敢外是否聪明。干吗说"像雨点一样落下来"，而且是"落"，不是"飘"？

生：因为燕子太疲倦了，所以不可能是"飘"，而是很快地落。

生：燕子很重，掉下来像雨点一样。

生：因为雨点重，落下快，燕子也重，落下也快。

师：像一块石头那样落下来，对不对？没有一只聪明的小燕子能说明白"像雨点一样落下来"的意思吗？

师：请大家听一听，"像雨点一样落下来"是这样的声音（手慢慢地敲击桌面，声音断断续续），还是这样的声音（手快速而密集地敲击桌面）？

生：第二种。

师：为什么？

生：燕子是一群群落下来的。

师：一群群，而且是非常着急的，好不容易有一个地方可以歇歇脚！我们一起来把这个句子读一读。

生：（齐读）燕子实在是太疲倦了，看见我们的船就像雨点一样落下来，伏在甲板上休息。

师：我建议你们把燕子的勇敢、疲倦读出来。

师：（引读）燕子实在是——

生：太疲倦了。

师：（引读）看见我们的船——

生：就像雨点一样落下来。

师：（示范）看见我们的船就像雨点一样落下来。

生：看见我们的船就像雨点一样落下来。

师：（继续引读）伏在甲板上——

生：休息。

师：燕子们休息了，那我们也休息一会儿。小燕子们飞出去，休息一下。

【一个"落"字，一个"伏"字，让燕子勇敢的形象、疲倦的神情也随之落到了学生的心中，伏在了学生的怀里。对"伏"的品读，杨老师采用的是角色体验的策略。先问"为什么伏"，引领学生读出"伏"所浸润着的无限辛苦和艰难；再问"跟不跟"，唤醒学生读出"伏"所孕育着的顽强意志和毅力。文似看山不喜平，课亦然。对"落"的细读，杨老师转而采用比较品评的策略。"飘"和"落"是一比，比出了"落"的快和重；"慢击"和"快击"又是一比，比出了"落"的密和急。一"伏"一"落"，如双峰插云，蔚为壮观。其实，问题的关键还不在策略本身。倘若没有慧眼识"伏、落"，这样的精彩也就徒具外表了。语文教学，从某种意义上说，是一种言语感觉和言语智慧的传递，是教师用自己的言语感悟和睿智，点化学生的言语悟性和灵性。课堂上，教师凭什么去对话？凭自己的言语经验、言语感悟、言语智慧乃至言语人格去对话。对话什么？教师与学生对话各自的言语经验、言语感悟、言语智慧乃至言语人格。以其昭昭，才能使人昭昭啊!】

第二课时

师：亲爱的小燕子们，我们上课了。刚才老师发现许多同学"燕"写得非常漂亮。这个"燕"头要写清楚（师生一起一笔笔写）（"廿"的笔顺有学生写得不正确），"燕"都写不好，很难为情的。"北"分两边，最后是"四点底"。

（生在作业纸上再写"燕"）

师：下面我们来听写词语。要听写的词语在这里（师指屏幕上的图，生纳闷），没感觉？没感觉！我暗示一下——（出示"白天"图，再出示"黑夜"图，然后将"昼"、"夜"两幅图拼在一起出示）

（有些学生举手）

师：（稍顿）有感觉了，这个词是——请写出来。

（生写词语，师巡视）

师：（指着一个孩子）他的字很漂亮。（发现部分同学个别字不会写）不会写的字可以看看课文。

（全班同学基本都写好了）

师：这个词是——

生：昼夜。

师：看看"昼"写对了吗？上面一个"尺"，下面一个"旦"。

师：我们再写第二个词——（屏幕出示风平浪静的海面图）

（师发现有生写"大海"）

师：写"大海"太一般了。

（生继续思考，写词语，师巡视）

师：优秀的答案是——

生：（齐答）风平浪静。

师：写"海"、"太平洋"的也是正确的。再来念念，一定要把它念准。

生：（齐念）风平浪静。

师：答案也可以有几个。

师：下面一个词语，请看我的动作，看清楚了，不看做不出来的。（师做"伏"的动作）

（生写词语，师巡视）

师：你有不同的答案也可以说。

生：伏。

生：躺。

师：也可以，但今天没学这个生字。

生：疲倦。（声音较小）

师：他说什么？大家大声说。

生：疲倦。

师：对的，也可以是疲倦。

师：你还有？

生：睡觉。

师：也是对的，但我们不学这课也知道这个词。

师：下面请注意我的表情。（师作出"崇敬"的神情）

（生写词语，师巡视，并请两位已写好的同学在黑板上再写"崇敬"）

师：我的目光是——我看谁课文读得最专心。（提醒部分同学的书写）

（学生基本写完了）

师：孩子们，我的目光是怎样的目光？

生：（齐答）崇敬。

师：挺能干的。（看着两位板演的同学）我让他们带着崇敬在这里写"崇敬"。（稍顿）下面难度更高了，怕不怕？

生：不怕！

师：（检查孩子在黑板上写的"崇敬"，有孩子写错了）孩子们，你们的问题都在黑板上了。（指一个写错的"崇"）他的"崇"字写错了，谁来帮她改？你自己会改，那就你自己改吧！上面一个"山"，下面一个老祖宗的"宗"。看样子，咱们学习要仔细啊！孩子们，再来把"崇"写一遍。

（生在作业纸上再写"崇"）

师：上面一个"山"，下面一个老祖宗的"宗"。我看谁最认真，把它记住了。

【一丝不苟地抓好童子功的训练，是杨老师一以贯之的教学旨趣和风格。但同样是"抓"，就有"死抓"和"活抓"的层次高下、境界优劣之分。杨老师的抓，重在一个"实"字，"崇"的听写就是一个例证；贵在一个"活"字，看动作写"伏"就生动地体现了这一点；巧在一个"新"字，传统的相对枯燥的"听写生字",在她的课上一变而成了新鲜有趣的"看图、看动作写生字",这一变,既调整了前后两个课时的教学节奏,又激活了学生听写生字的兴趣和期待,还加深了对新词情境义的理解,可谓一石数鸟。】

师:请看大屏幕,上面的图是课文中的哪句话?我的问题听清楚的举手。

(生举手)

师:放下。这幅图是课文中的哪句话呢?请画下来,再轻轻读一读。

(生画句子,师巡视)

师:画好的请轻轻地读一读,你要读出水手们的——

生:崇敬。

师:崇敬。我看到的同学都画对了。(大部分已找对了,有些孩子在认真读所画的句子,有些孩子没有读)

师:你准备好了吗?我来请你啦!

生:水手们用崇敬的目光望着那些越飞越远的燕子,又怀着沉重的心情把这些躺在甲板上的燕子轻轻地放到大海的怀里。

师:你们觉得她读得怎样?

生:很好。

师:我也觉得很好。我们一起读!

生:(齐读)水手们用崇敬的目光望着那些越飞越远的燕子——

师:读得好的请起立。(对起立的孩子说)你们朝着听课的老师们,让老师们看看你的目光中有没有崇敬!(对大家说)继续念,"水手们——"

(生读)

师:真好!(指着一个穿绿衣服的小男孩)你过来,(对大家说)他真的像在"望"。来,你读给大家听。

生:水手们用崇敬的目光望着那些越飞越远的燕子。

师:这些燕子越飞越远了,你想对越飞越远的燕子说些什么呢?

生:你们快点飞到温暖的南方去吧!

师:你这样说,它们听不见!该怎么说?

生:你们快点飞到温暖的南方去吧!(孩子们提高了声音)

生:燕子,在海上飞的时候,你们一定要小心。

师:(示范用喊的语气说)燕子,你们一定要小心!

生:燕子,你们一定要小心!

（众笑）

师：你说得不诚心，所以老师们笑你。你要很诚心地说，老师们就不会笑你了。不过，你很可爱。

生：（一边挥手一边说）燕子，你们要小心啊！

师：（纠正孩子的动作）燕子在哪里？你这样看，燕子好像在水里。

生：燕子，你们一定要多多保重！

（众笑，师点头）

生：燕子们，你们在路上一定要小心哦！

师："一定要小心哦！"说得语重心长。对后排的人是不是不太公平啊？（对后排的孩子说）你们谁想说，快，走到前面来。

（后面的孩子纷纷走到前排）

生：燕子们，我祝你们旅途愉快！

生：祝你们"旅途愉快"？

生：燕子们又不是旅游去的！不能这样说！（孩子们议论）

师：（适时引导）你想一想，该怎么说？

生：燕子，祝你一路平安！

生：燕子们，祝你们快快回到温暖的南方去！

生：燕子们，你们要小心，在路上，别被猎人打死了。（众笑）

师：提醒得对，想想该怎么说？

生：（再说）你们不要被猎人打死！你们要小心！你们要注意安全！你们要学会自己保护自己！

师：说得真好！

生：燕子，你肚子饿不饿呀？

师：饿不饿？如果肚子饿了怎么办？

生：就多吃些小昆虫。

师：（模仿燕子的口吻）谢谢啦！我们会照顾好自己的！

生：燕子们，你们再努力一下，就可以到达目的地了。

师：对，燕子们，加油！

生：（齐说）燕子们，加油！

师：燕子们，祝你们——"一路顺风"！

【"你想对越飞越远的燕子说些什么？"这是杨老师精心预设的一个教学话题。置身于特定的情境中，体验着特定的角色，学生的对话空间因此得以充分地敞开:"快点飞到温暖的南方去吧"是深深的祝福,"一定要小心哦"是切切的叮嘱,"要学会自己保护自己"是谆谆的告诫,"再努力一下,就可以到达目的地了"是殷殷的鞭策。每一位学生的言述,都是语文之境中的一次美丽的日出,它们不仅照亮了燕子的翔程,也温暖了学生自己的人生。就在这一话题的幕后,我们分明看到了一个大写的"人"字。】

师:孩子们,燕子一定听到我们的祝福了!我代表燕子谢谢大家!好了,现在各就各位,慢慢地、轻轻地回到自己的位子上。(指一做得好的孩子)看,这位同学已经到位子上坐好了。(稍顿)说实在的,你们主要是对燕子多么辛苦不理解,所以才会说出"旅途愉快"的话来。杨老师不怪你们,因为你们对燕子了解得太少了。

师:(朗诵)"水手们怀着沉重的心情",下面一句怎么说?
生:(齐读)把这些躺在甲板上的燕子轻轻地放到大海的怀里。
师:(朗诵)水手们怀着沉重的心情——
生:(齐读)把这些躺在甲板上的燕子轻轻地放到大海的怀里。
师:现在,你们是水手,我想看看,你们是怎样轻轻放的。
(师读句子,孩子做动作)
师:你们是怎么放的?
生:(齐说)轻轻地放。
师:干吗要轻轻地放?
生:因为怕弄坏燕子的尸体。
师:怕弄坏了停止呼吸的燕子的身体。孩子们,这些燕子怎么样了?
生:死了。
生:去世了。
生:停止了呼吸。
师:"死了"、"去世了"和"停止了呼吸",你觉得怎样说好一点?
生:断气了。
师:刚才的三个答案,怎样表达比较好?
生:停止了呼吸。

【信手拈来,妙手天成。言语学习和发展的时机无时不在,无处不在。关键是教师要有言语敏感和智慧。】

师:对了。停止了呼吸的燕子是不知道疼的,可是我们的水手们还是——

生：轻轻地放到大海的怀里。

师：我们的水手们还是——

生：轻轻地放到大海的怀里。

师：因为水手们对这些燕子怀着崇敬的心情。（有些孩子说是"沉重"的心情）我们的心情沉重是因为我们对燕子的崇敬。（稍顿）好，孩子们，现在你想对燕子说点什么？刚才没有发言的，你现在可以说，可是你要想好了再说，真正愿意说的来说。（课件出示燕子过海的情景）燕子在过海，你该怎么说？看它这样过海，你还会说旅途愉快吗？

生：燕子，回来吧！和我们一起走吧！

师：噢，她心痛了。和我们一起走吧！

生：燕子，一路小心啊！

师：对了，你看这惊涛骇浪。燕子，一路小心啊！

生：燕子，努力飞吧！

师：要加油啊！

生：燕子，祝你们早日到南方！

师：到达目的地，到达温暖的南方。真好，叫得响一点。

生：燕子，千万别冻着了。

生：燕子，你这是何苦呢！

师：燕子何苦呢？它必须到南方去，不到南方去就没有吃的了。你知道燕子吃什么吗？主要吃飞在半空中的小昆虫。想想该怎么说。

生：燕子，我希望你能早日飞到温暖的南方去。

师：对，那里就有粮食了。

生：燕子，你要注意安全。

生：燕子，你累了就休息一下再走吧！

生：燕子，一路平安！

生：（齐说）燕子，一路平安！

师：祝你早日到达南方！

生：（齐说）祝你早日到达南方！

【"现在你想对燕子说点什么"是杨老师精心预设的又一个话题。如果说上一个话题让学生感受到的是"生"的艰辛，那么现在这个貌似相同的话题，则是在解读"死"的悲壮的语境下展开的。杨老师此时创设的话题，绝非对上一话题的简单重复和延续。我们说，燕子过海，无论生死，都是一次艰辛之旅、悲壮之举。不要伤害燕子，不仅是普通意义上的生态意识的培植，更是一种人生态度、人文情怀的滋养。要知道，对燕子过海所折射出来的悲剧精神，以及由悲剧精神油然而生的崇高感，正是本文的深层意蕴所在。】

师：大海无边无际，燕子不分昼夜地飞啊飞，于是，我们的作者最后告诉我们"当你们看到燕子飞来的时候，请不要伤害它们吧"。水手感动了。你们肯定也感动了，是吗？怎么说？

生：（齐读）当你们看到燕子飞来的时候，请不要伤害他们吧！你可知道，它们在到达目的地以前，飞过大海是多么的辛苦、艰难啊！

师：你们能把这叹号念出来吗？（示范读）"请不要伤害它们吧！"

生：（齐读）请不要伤害它们吧！

师：很好，有人还做动作了呢！再说一遍给我听。

生：（齐读）请不要伤害它们吧！

师：你可知道——

生：（齐读）它们在到达目的地以前，飞过大海是多么的辛苦、艰难啊！

师：其实对燕子的辛苦、艰难，我们还是不太了解，是吗？

生：我知道燕子太疲倦了。

师：还有哪位知道？（无人再举手）真的不知道。杨老师这里有一段录像，讲的不是燕子过海，而是和燕子一样的候鸟们，是雁、天鹅，还有鸥。想不想看它们是怎么飞回南方的？

生：想。

师：（播放录像）看得清楚吗？

（生看录像，师做适当的解说及提醒）

师：仔细看，你发现它的辛苦、艰难了吗？看！大雪天，雁们在一个避风的山谷里休息一会儿，一只老雁听到了什么？赶快飞！你可知道，在它们飞离的一刹那，山顶的雪"哗"一下滑下来。刚才那一遍看明白没有？想不想再看一遍？

生：想。

师：我们再看一遍，你要能看出它们的辛苦、艰难，想一想，它们飞过了哪里。仔细看！

（生再看一遍刚才的录像，师做适当的解说）

师：它们不分昼夜地飞呀飞，一只老雁头鸟带着大家飞，它们这么团

21.高贵的"活的课程" / 219

结！（录像结束）孩子们，现在你们有点感觉了吗？对哪个词有感觉？"辛苦"、"艰难"！我们把最后一句话再读一读，"你可知道——"

生：（齐读）你可知道，它们在到达目的地以前，飞过大海是多么的辛苦、艰难！

师：是多么的辛苦、艰难！我告诉你们，它们要飞多少里。你看，候鸟，（课件出示表格）往南方飞，白天鹅要飞4千多公里，白头鹤要飞7千多公里，北极柳莺那么小的一种鸟要飞1万多公里，北极燕鸥要飞2万多公里。飞，飞呀飞，为了到达它们的目的地，不分昼夜，不怕艰难。孩子们，当你看见——

生：燕子。

师：仅仅是燕子吗？

生：候鸟，鸟。

师：当你看到候鸟、鸟的时候，请不要——

生：伤害它们。

师：你可知道——

生：它们在到达目的地以前，飞过大海是多么的辛苦、艰难！

师：仅仅是飞过大海吗？

生：飞过雪山。

师：飞过雪山。

生：飞过草原。

师：飞过草原。

生：飞过冰海。

师：飞过冰海。

师：这么辛苦，这么艰难，可是它们又是这么——

生：勇敢。

师：这么——（师用一动作暗示）

生：团结。

【《燕子过海》，其文眼、其精神全都凝聚在"过"字上。一个"过"字，不仅写下了燕子迁徙的全部辛苦和艰难，也写下了燕子们超越辛苦、超越艰难的悲剧精神和崇高形象。锁定这个牵一发而动全身的文眼，杨老师在尾声处为我们谱写了一段声振林木、响遏行云的动人旋律。首先呈现候鸟迁徙的画面，继而出示候鸟迁徙的数据，这些画面和数据带给学生的是前所未有的慨叹和震撼，这样的慨叹和震撼旋即转化为学生再度感悟燕子过海多么辛苦、多么艰难的有效语境。于是，"过"的深度得以开掘，此其一也。其二，画面不再局限于燕子本身，而是由"燕子"类化为各种"候鸟"。情境也不再局限于"过海"一面，而是由"过海"延展为"过雪山"、"过草原"、"过冰海"。"过"的意象因此被建构得林林总总、层层叠叠，于是，"过"的广度得以拓展。至此，"不要伤害他们"的呼吁，不仅是一种生态意识的唤醒，更是一种人文情感的熏陶。因为这一声发自肺腑的呼吁，更多的不是来自"了解"和"懂得"，而是出于"感动"和"崇敬"——对"过"之辛苦、艰难的感动和崇敬，对超越辛苦、超越艰难的感动和崇敬。于是，"过"的高度得以升华，此其三也。】

师：这是一部讲鸟类迁徙的影片，你们如果全部看完，你们会非常感动非常感动。你会看到那些大鸟们、母亲们是怎么关爱小鸟的，同伴间是怎样互助的。说实在的，它们的意志、毅力，远远比我们有些人要坚强。好了，孩子们，现在，我很想听你们再读一遍题目。

生：燕子过海。

师：这个"海"念得真好。再念一遍。

生：燕子过海。

师：我从"过海"中听出了你们对鸟类的崇敬！下课！

（杨明明，浙江省杭州市上城区教师进修学校教师）

22. 尊严来自思想

——评闫学老师执教的《我的伯父鲁迅先生》

好课都能形成一个"场",没有"场"就不是好课。如果老师们在听课过程中,不知不觉地被吸引、被卷入、被感染,那么,这个课就是有"场"的课,听这样的课,绝对是一种享受。这是一种精神与精神的相遇,是一种生命交融的幸福。今天听闫老师的课,我的确身在"场"中,我的精神、情感、思想都被深深地卷了进去。说实话,全国许多老师上《我的伯父鲁迅先生》,我听过的已不下十次之多,我自己也曾经上过。但今天听闫老师的课,我还是有几个"想不到"。

先说第一个"想不到"。闫老师将《我的伯父鲁迅先生》这个文本的定位,置于整个鲁迅文化语境中,这是我想不到的。读一课与读一人,在不断穿插中有机整合。我们在闫老师的课上可以看到很多不经意的对鲁迅的插叙,比如鲁迅先生的 120 多个笔名,比如鲁迅就"碰壁"写过的两篇文章,比如鲁迅去世后萧红的文章,比如当时万国殡仪馆出殡的经典的黑白照片,比如她向学生推荐的鲁迅作品、其他人写鲁迅的作品,以及《亚洲周刊》把鲁迅作品评为 20 世纪最有影响力的作品第一名,《影响中国历史的 100 个人》一书中对鲁迅的评价……所有的这一切,都使我们觉得闫老师的课被置于比较宏大的鲁迅的语境之下,整体感觉这个课非常丰厚,无论是信息还是人文意蕴,因为置身于鲁迅文学的大语境下,文本得到了充分的开掘。而大文本与小文本之间相得益彰,相互生辉,使学生不但走进了这个文本,更走进了鲁迅的精神世界。因此,我觉得这一课上得非常大气。

再说第二个"想不到"。通常我们一定会特别关注文本里的几个小故事,比如谈碰壁、救助车夫、关心女佣,闫老师却敢于大胆取舍。仔细回味一下就可以发现,闫学老师在处理这几个小故事的时候,每个故事只截取了一个"立面",让学生从这个"立面"走进鲁迅人格当中的一个"立面"。这样的方式就跟我们以往的线性的、平面的处理完全不一样，她的处理是立体的，一个面一个面切入的。比如"谈《水浒》"，通过"囫囵吞枣"、"张冠李戴"这两个词让学生来辩一辩，鲁迅先生对周晔是在批评吗。不要小看这个问题。看起来很平常的问题，有学生说"是的"，有说"不是的"，有说"从表面看是的，从侧面看不是的"。最后闫老师一点，点到鲁迅人格上的一个侧面——他的幽默、风趣，他对孩子的那种慈爱。这是一个侧面，再引到其他的方方面面。再比如"谈碰壁"，闫老师也只切入了一个"面"："在感受这份幽默与风趣的同时，你有不明白的地方吗？或者说哪句话值得我们认真思考？"以往由教师提示需要重点关注的一些字眼，譬如"黑洞洞的"、"碰壁"等，现在都是由学生自己提出来的。而正是借这些来自学生质疑的字眼，又很自然地映现出鲁迅的另一个侧面——"横眉冷对千夫指"。所谓他的作品是"匕首"，是"投枪"，他是那个社会的良知，是那个社会正义的化身。这样一种冷峻的性格，在这里得到了比较丰满的解读。对于"救助车夫"，闫老师也只抓了一个侧面：谈谈让你最感动的细节。通过谈细节，凸显出鲁迅先生的另一个侧面——"俯首甘为孺子牛"。每一个故事，闫老师都敢于取舍，善于取舍，巧于取舍，而这种取舍正是基于她对鲁迅文学、鲁迅人格的全面理解和把握。每个故事截取一个侧面，最后形成的人物形象却是非常丰满、非常鲜明的，这是第二个"想不到"。

最后说说第三个"想不到"。这堂课的后半部分，每一次我都认为应该结束了，然而竟没有结束。每到这个地方，我都在想，这堂课该结束了，她还能转出什么东西来呢？巴金写下《永远不能忘记的事情》，闫老师补充这个材料让学生来读，然后创设一个问题情境：这些人物，你最关注谁？于是有的读一群小学生，有的读一位十三四岁的女孩子，有的读两个穿和服的太太，有的读秃顶的老人……感觉学生的整个情感已经完全进去了，这个情感已经到一个很高的"高原期"了，这个课好像应该差不多了，应该很难再上去了，没想到闫老师"一转"，又"转"出了新的境界。什么境界呢？让学生来想象，在前去吊唁的人当中，也许会有阿三，也许会有车夫，当然还有周晔……然后，面对先生的遗容，想象他们脑海里浮现出了什么，内心涌动着一份怎样的情感。闫老师让学生写一写，写什么？写这样一份真挚的情感。写完后，老师叫了七八个孩子，孩子们写得都很好。我以为，孩子们这样的精神状态，不能简单地用"写得好"来评价。我觉得，此时此刻，他们已经真正走进了鲁迅先生的精神世界，已经真正置身于鲁迅文化的这个"场"中，已经真正实现了"移情体验"、"视域融合"。文字是什么？文字说到底是人的精神表征,是人作为一种精神存在的确证。我们有理由相信,他的精神活动越深刻,文字就越深刻;他的精神活动越丰富,文字就越丰富;他的精神越敏感,文字就越敏感。从某种角度说,语言和精神是同构的、相融的。所以海德格尔说,语言是存在的家。人的存在之家就是语言。准确地说,不是语言,是言语。当然,这里的言语是广义的。

孩子们的"写话"读完了,读好了,我觉得课应该结束了,到此为止了。想不到,闫老师又一"转",转出了什么呢?你听她怎么转:"鲁迅先生留给我们的不仅是那浩如烟海的作品,更有大家所说的可贵精神。"第二次"转",转到了一个更高的境界。如果说第一次"转"是一次精神诉求,是骨鲠在喉,不吐不快,这时老师给他一个情景,让他一吐而后快。在"吐"的过程中,他确认了自己作为一个生命的存在。但这时的表达、倾吐是感性的。第二次"转",就转到理性的层面上:鲁迅先生留给我们的仅仅只是作品吗?还有什么?两个字——"人格",三个字——"民族魂",四个字——"鲁迅精神"。这种精神,"与日月同辉,与天地齐寿";这种精神,"高山仰止,景行行止"。

第二次"转",我觉得已经转到一个高得不能再高的境界了,真的已经不能再转了。想不到,绝对想不到,"山重水复疑无路,柳暗花明又一村",课堂出现了第三次"转"。这一转,又被她"转"出一层新的境界来:臧克家的诗——《有的人——纪念鲁迅有感》出现了。如果说第一个层面是感性的"转",第二个层面是理性的"转",那么第三次"转",就是诗性的"转"。转到诗性的层面,是把感性和理性整合到了一起,这种引领,直指心性,直指人的灵魂。臧克家的诗只读了两遍,闫老师范读了一遍,全班学生齐读了一遍。读得真好!这时的读,我想不能简单地用技巧去评价,孩子们是用心在读,一切技巧、一切规则,在真情面前都会黯然失色的。

第三次"转"完以后,我以为应该好了,我以为真是到顶了,真的到"珠穆朗玛峰"了,无论如何没有办法再上去了。想不到,绝对绝对想不到,闫老师又一"转"——不得不说鲁迅。课堂教学转到了推荐鲁迅先生的作品上来,转到了对鲁迅这个人的更全面、更立体的解读上来。课文上说,"先生就是这样的人,为别人想得多,为自己想得少"。这句话能全面、准确地涵盖鲁迅一生的精神吗?教师在一步一步地诘问中,把学生引向对鲁迅先生人格层面的解读。这一"转",跟闫老师上课前说的一句话是相呼应的。她告诉孩子们:"用自己的眼睛去发现,用自己的头脑去思考,这样得出来的才是自己的结论。"鲁迅精神,最本质、最核心的是什么?是人格独立,是思想自由,是对真理的不懈追求。我觉得这是鲁迅人格最大的魅力,也是鲁迅先生留给我们整个民族最丰富、最宝贵的精神遗产。闫老师向学生推荐鲁迅的作品,看似简单,缺乏创意,其实用意极深、极高明。这个时候,人和文真正地合在了一起,人和课真正地合在了一起。我突然有一种大悟:闫老师是在用鲁迅的精神教"鲁迅"啊!

这堂课,境界一转再转,但每一次转,都让我们深深感悟到人格独立的尊严。这份生命的尊严,来自教师的独立思想,来自在教师引领下、在鲁迅精神陶冶下学生们的独立思想!

[附:《我的伯父鲁迅先生》课堂实录]

[教材分析]

本文是鲁迅先生的侄女周晔女士在鲁迅逝世九周年时所作。文章以一个孩子和亲人的视角,通过对印象最深的几个场景的回忆,展现了鲁迅先生的一个侧面。

[教学目标]

立足于以鲁迅文化为核心的课程观,在深入研读此文的基础上,着力打开学生的视野,通过相关文本的穿插和引入,构建开放的、有内在紧密关联性的课程视野,展现一个相对立体的真实的鲁迅,引导学生初步感受一颗伟大心灵的跳动。

[课程资源]

备课时曾参照下列资源:巴金《永远不能忘记的事情》,萧红《回忆鲁迅先生》,林贤治《人间鲁迅》,臧克家《有的人》,周海婴、鲁迅本人的相关作品,如《"碰壁"之后》、《"碰壁"之余》等。

[教学过程]

一、不能不说鲁迅

师:同学们,谈到中国文学,谈到中国的历史、文化,恐怕有一个人是无论如何都绕不过去的,他就是——鲁迅。你们对鲁迅有哪些了解?

生:我们学过的《三味书屋》上提到,有一次鲁迅上学迟到了,他就在课桌角上刻了一个"早"字。

师:从小就爱学习,通过课文知道的。

生:我知道鲁迅的原名叫周树人,他妈妈姓鲁,他为了纪念他妈妈所以取名叫鲁迅。

师：你知道得真多！

生：我知道鲁迅写的文章非常尖锐，如果有谁写了批评青年的文章，他就说是在苗圃里面遛马；如果有谁写了爱情小说，他就说是鸳鸯蝴蝶派；有人唱流行歌曲，他就说是亡国之音。我看过他写的小说，我非常喜欢他的文章。

师：你知道得更多了！读过他的什么作品？

生：《呐喊》小说集。

师：厉害！也读过他的杂文，是吗？我通过你的发言就听出来了。的确，鲁迅的杂文像匕首，像投枪。大家知道书本上对鲁迅的评价最常见的一句话是什么？

生：为别人想得多，为自己想得少。

师：你看课文了是吗？在我国，在所有提到鲁迅的资料当中，都有这样一句话：鲁迅，是我国伟大的文学家、思想家、革命家。这就是我们对鲁迅先生的一个评价。但是闫老师在这里并不是要把这句话当成一个概念灌输到大家的脑子里去，我想通过今天这节课请同学们试着用自己的大脑去思考，用自己的眼睛去发现，这样得出来的结论才是自己的结论。今天我们就来思考鲁迅是个怎样的人物，为什么我们今天还是不能不说鲁迅。

二、向鲁迅走去

师：1945年，在鲁迅先生逝世九周年之际，鲁迅先生的侄女周晔用满怀深情的笔触，写下了一篇纪念文章——《我的伯父鲁迅先生》。（板书课题）现在，就让我们一起去采撷关于伯父的点点滴滴，一起去感受那份字里行间的深情。请同学们自由读课文，将课文读通读顺。

（生自由读课文，教师巡视；请学生任选课文一个自然段读读，随机纠正、点评）

师：请同学们默读课文，思考：关于鲁迅先生，在侄女周晔的记忆中，哪些情景最令她难以忘怀？

（引导学生梳理课文主要内容，将有关内容板书在黑板上：痛别伯父　谈《水浒》　谈"碰壁"　救助车夫　关心女佣）

三、人们眼中的鲁迅

板块一：与伯父在一起的日子——周晔眼中的鲁迅

师：不论是痛别伯父、谈《水浒》、谈"碰壁"，还是救助车夫、关心女佣，这一幕一幕都令作者刻骨铭心、难以忘怀。现在，就让我们随着周晔的记忆走进与伯父在一起的日子,看看在周晔的眼中鲁迅是个怎样的人。你想先谈哪件事?我想把选择的权利给最勇敢的同学,谁第一个举手我就把选择的权利给他。

生:(举起手来)我想先谈第二件事,谈"碰壁"。

师:好,尊重你的权利!我们就来谈谈"碰壁"。自由读这部分课文,边读边想:你仿佛看到了一幅怎样的场面?

(生自由读这部分课文;交流)

生:我看见一家人坐在一起吃晚饭,周晔兴致勃勃地与伯父谈起"碰壁"这件事。

生:我看见每个人的脸上都洋溢着笑容。

师:谈笑风生!一家人团团围坐,共进晚餐,伯父与"我"谈鼻子,谈碰壁,众人忍不住哈哈大笑。我们一起来再现当时的情景好吗?

(师、生共读这部分内容)

师:这个夜晚充满温馨,这个夜晚谈笑风生。但是,在感受这份幽默与风趣的同时,你有不明白的地方吗?或者说哪句话值得我们认真思考?

生:我认为鲁迅先生的这句话值得我们认真思考:"你想,四周围黑洞洞的,还不容易碰壁吗?"

师:其他同学还有什么问题?

生:鲁迅真的是碰壁把鼻子碰扁的吗?如果不是,他为什么要跟周晔说是碰壁把鼻子碰扁的呢?

师:这个问题问得好!谁注意听了,把这个问题再说一遍?

生:鲁迅是不是真的走路不小心把鼻子碰扁了?如果不是,他为什么要这样说呢?

师:他听得多仔细啊!还有问题吗?

生:周晔为什么要写这件事情?这件事为什么会让她记忆深刻呢?

师:是啊,周晔回忆伯父的时候为什么要写下这件事?还有想问的吗?伯父所说的话同学们都明白吗?我们就来讨论一下同学们刚才提出的问题。有一个问题必须首先弄清楚:鼻子的高与直、扁与平,与碰壁真的有关系吗?

生:没有!

师:很显然,这是一个常识。鼻子的高与直、扁与平与碰壁并不存在着必然的联系。但既然如此,鲁迅先生为什么还要这样回答周晔的问题呢?他究竟想说什么呢?我想先不讲这个问题,让同学们先试着说,看大家能说出多少。

生：其实我觉得"四周围黑洞洞的"，是指中国旧社会都是非常黑暗的，所以人们都想走出黑暗这堵墙，鲁迅先生经常被封建思想束缚了！当时周晔比较小，对伯父所说的话领会不到其中的意思。我想周晔长大了以后就能渐渐领会到其中的意思了。

师：这个同学回答了几个问题？大家注意听了吗？

生：第一个问题是成年后的周晔为什么还要把这件事写到文章里来，第二个是伯父所说的"碰壁"隐含的意思。

师：他隐含的意思是结合什么来谈的？

生：结合封建社会的黑暗来谈的。

师：也就是说是联系当时的——

生：环境！

师：我们把这称为社会背景。这个同学读书很多，他在思考一些问题的时候，尤其是思考一些难以理解的问题的时候，他就能够联系当时的社会背景来谈。我想问其他同学有没有也是从这个角度来想问题的？

生：那时候的中国很黑暗，穷人走不出黑暗，他对周晔说这些就是希望周晔长大了以后能够建设祖国，帮助祖国走出这种黑暗的境界。

生：我觉得他现在说的"碰壁"有自己的意思。比如说你很有才华，但周围的人都不理你，你就觉得你的才华是白费的。当时的人对鲁迅的看法是这个人不值得一提，还给他处处设置障碍，鲁迅的才华就无处发挥了。

师：你是不是课下查了相关的资料？

生：（摇头）没有啊！

师：那你是怎么想出来的？

生：靠脑子想出来的！（听课教师与学生笑）

师：这是他的猜想，他的猜想有道理。鲁迅作为一个用笔猛烈抨击当时黑暗统治的文学家，作为一个苦苦寻求民族解放之路的思想者，作为一个有着独立人格和自由精神的人，鲁迅在现实生活中可谓处处碰壁。他的文章被禁止发表，他多次面临被暗杀的危险，为了顺利发表文章，他竟然使用了120多个笔名。鲁迅对"碰壁"真是有切身的体会啊！他曾经愤然写下了《"碰壁"之后》、《"碰壁"之余》等文章，与黑暗势力作了不屈不挠的斗争。

师：当你结合这一段历史来思考这一段话的时候，再来读读这部分课文，从这个谈笑风生的场景之中，在这风趣、幽默的语言背后，你看到了一个怎样的鲁迅呢？

生：看到了一个饱经沧桑的鲁迅！

生：看到了一个不畏艰险的鲁迅！

生：看到了一个坚持不懈、不怕艰险的鲁迅！

生：看到了一个拥有强烈爱国精神的鲁迅！

师：你是怎么体会出来的？

生：我是从文章的含义中体会出来的。

师：能具体说说吗？你怎么想到了爱国呢？

生：他希望自己的侄女能够建设祖国，走出这片黑暗。

师：所以你就想到爱国了，是吗？好，你能自圆其说。

生：我想把鲁迅比作一种动物——裹在茧蛹中的青虫！

师：（惊讶）再说一遍。

生：裹在茧蛹中的青虫！

师：为什么呢？

生：青虫如果要变成美丽的蝴蝶，就要挣脱茧蛹的束缚，只有拼命地冲出茧蛹，才会变成美丽的蝴蝶。鲁迅先生当时就处在一个黑暗的茧蛹中，他必须坚持不懈地拼搏，才能冲出黑暗！

师：大家觉得她的比喻怎么样？

（生热烈鼓掌表示赞赏）

师：这个比喻太好了，同学们用掌声鼓励你。鲁迅先生曾经把这个黑暗的社会比作一座铁屋子，他的比喻与刚才这位同学的比喻有相似之处。我还在想，鲁迅先生处境那么危险，多次面临被暗杀的危险，连发表文章都不自由，还要使用120多个笔名，在这种情况下，他还在与侄女谈笑风生，这是一个怎样的鲁迅呢？

生：一个乐观的鲁迅！

生：一个坚持不懈与黑暗势力作斗争的鲁迅！

师：一个坚强不屈的鲁迅！

生：一个不屈不挠的鲁迅！

师：面对危险坚强不屈，处处碰壁还是不屈不挠。但是面对家人，他又表现得充满了乐观精神。刚才有一个同学提到了一个很好的问题：大家都知道碰壁和鼻子并没有什么必然的联系，但是伯父为什么要采取这样的方式去说？为什么不直接告诉周晔？

生：如果直接说了，周晔可能还不太明白，而且这样对她会是一种负担；这样说，等她慢慢长大了，她就能够承受这种负担，她就会慢慢明白的！

师：处境的危险，斗争的残酷，形势的复杂，这些都是伯父不想让周晔知道的。在自己的亲人面前，在幼小的孩子面前，鲁迅又表现了他的慈爱。别小看这简短的几句对话，我们从中却读出了一个这样复杂的鲁迅。我们现在再来读读这部分课文。

（师、生合读这部分课文）

师：这一幕充满温馨的情景，多年之后周晔回想起来，她可能和我们一样已经了解了伯父谈笑风生的背后面临的危险处境。伯父的那份苦心她已经体会到了，现在我们也已经体会到了。现在我们再读这部分课文，试着与鲁迅先生那颗伟大的心灵靠近些，再靠近些。

（生再读这部分课文）

师：与伯父谈碰壁这件事，在周晔的脑海中记忆非常深刻。与伯父在一起的日子还有哪些也让她难以忘怀？

生：一起谈读书！

师：谈的是一本什么书？

生：《水浒传》。

师：周晔读过这本书吗？

生：读过！

师：但老实说她是怎么读的？

（出示下列句子，学生读）

老实说我读《水浒传》不过囫囵吞枣地看一遍，只注意紧张动人的情节；那些好汉的个性，那些复杂的内容，全搞不清楚，有时候还把这个人做的事情安在那个人身上。伯父问我的时候，我就张冠李戴地乱说一气。

师：其实只用一两个词语就可以说明"我"是怎么读书的，你能找到吗？

生："囫囵吞枣"、"张冠李戴"。

师：这两个成语其实很容易理解，不用当场查字典，也不用问老师和同学，你只要再读读这段话就能明白什么是"囫囵吞枣"，什么是"张冠李戴"。

生："囫囵吞枣"就是读书只把大致的内容看一看，不注意其中细微的情节。

师：用周晔的话来说就是——

生：只注意紧张动人的情节，那些好汉的个性，那些复杂的内容，全搞不清楚，这就叫"囫囵吞枣"！

师：后来人们就把读书等不加分析的笼统接受叫作"囫囵吞枣"。

生："张冠李戴"就是把这个人做的事情安在那个人身上。

师：比如，我说"林冲景阳冈打虎"，你同意吗？

（生大笑，纷纷摇头）

师：你们都笑了！是啊，哪来的林冲打虎？应该是武松打虎。我刚才犯了个什么错误？

生：张冠李戴！

师：是的，后来人们常把这类弄错了对象、弄错了事实的事称为"张冠李戴"。正因为读书囫囵吞枣，所以才张冠李戴。面对周晔的囫囵吞枣和张冠李戴，伯父摸着胡子，笑了笑，说——

生：哈哈，还是我的记性好。

师：这是批评吗？这是怎样的批评？

生：这是婉转间接的批评。

师：或者说这是委婉的批评。

生：伯父用风趣的语言教育"我"读书不能马马虎虎。

师：用风趣的语言去批评是一种批评的艺术，这种批评的效果如何？

生：从此"我"读什么书都不再马马虎虎了。

师：这种批评尽管委婉，但效果奇佳。周晔从此读什么书都不再马马虎虎了，养成了一生良好的读书习惯。透过这样一件小事，我们看到了一个怎样的鲁迅先生？

生：善于教育子女的鲁迅先生。

师：教育人的方法很高明！

生：非常风趣幽默，教子有方。

生：非常关心下一代的学习。

师：很好！幽默风趣是鲁迅性格中的一个重要特点，即使是批评人，他也是如此幽默，而且效果很好。这件事在周晔的脑海中的确印象深刻，因为这件事使她养成了一生的良好的读书习惯。但还有些事情也让周晔难以忘记，尤其是对一位车夫的救助。其实，这件事本身并没有多少复杂的情节，但有些细节却让我们不能不怦然心动。你看看，是哪些细节打动了我们？默读这部分课文，边默读边圈画。

（生默读课文，找出相关的细节描写，教师巡视；集体交流）

生：伯父不想让"我"懂得当时社会这样黑暗，当"我"要他详细解答的时候，他也没有回答"我"，而是皱起眉头深深地叹了一口气。

师：你是说伯父当时的严肃和沉默给你留下了深深的印象，打动了你！

生：我找到的是"伯父又掏出一些钱来给他，要他在家休养几天，把剩下的药和绷带也给了他。"我觉得那时候他们这些拉黄包车的是受人鄙视的，而鲁迅先生认为他们也是人，所以他非常关心这些穷人。

生：我的理解是伯父和爸爸不认识这个拉黄包车的人，已经帮他扎好绷带了，可以说是仁至义尽了，可是他还把自己的钱给他，让他接着去治疗，我觉得伯父是十分关心穷人的。

生：那时候拉黄包车的是受人鄙视的，是迫不得已，情况肯定是十分迫急——

师：十分窘迫。

生：十分窘迫，家里比较贫穷，如果鲁迅不给他钱的话，他可能伤还没好就会急着出去拉车。

师：鲁迅不仅给他包扎了伤口，还给了他以后养伤的钱。对这些生活在社会最底层的人们，鲁迅的帮助是无私的、周到的。

生：我觉得鲁迅给他的这些帮助可能救了这个拉黄包车的人！

师：你联想到了什么是吗？

生：我想到了这些拉黄包车的人就是靠拉黄包车吃饭的。

师：也许他家里……

生：也许他家里还有老母和孩子没有人去养，所以他要拉黄包车去养活家里人。他的脚已经受伤了，但他为了养活家里人，他可能还会带着伤出去拉车，拉到最后直到自己累死！

师：由此可见，鲁迅对黄包车车夫的帮助可谓雪中送炭！刚才同学们不止一次地提到了黄包车车夫当时的社会地位，非常受人鄙视，可是在鲁迅的眼里黄包车车夫与他在人格上是平等的。无论干什么职业，人与人之间在人格上是平等的。其实，最让周晔难以忘怀的还不仅仅是这些细节，多年之后她依然还记得，她依然还清清楚楚地记得……

（出示句子，学生读）

这时候，我清清楚楚地看见，而且现在也清清楚楚地记得，他的脸上不再有那种慈祥的愉快的表情了，变得那么严肃。他没有回答我，只把他枯瘦的手按在我的头上，半天没动，最后深深地叹了一口气。

师：那严肃的表情，那深深的叹息，最令人难以忘怀。虽然伯父没说一句话，但是，这严肃的表情背后是一颗怎样的心呢？这深深的叹息里又有着什么复杂的情感呢？鲁迅究竟在为谁叹息呢？请同学们再读读这一段文字，试着去触摸那颗心，去感受那份情感。

（生默读这段话，思考；交流）

生：鲁迅先生是因为社会的黑暗而叹息。拉黄包车的车夫受伤了，这么多人在街上来来往往，却没有人去关注他，他为这个社会的黑暗感到非常惋惜。

生：他在为拉黄包车的而叹息。那时候社会黑暗，富人和穷人之间的分差很大，这个拉黄包车的人连一双鞋也买不起，光着脚在冷得像冰的天气里跑。

师：他在为黄包车车夫而叹息。

生：他一是为了旧中国而叹息，二是有一种很无奈的感觉。因为他想这么多人来来往往，已经看见这个车夫了，但却没有人去管他，好像他不存在一样，他就想改变这个旧的中国，但他又感到自己没这个能力，所以他就感到非常无奈！

师：一种无奈的叹息！为了国家、为了民族的命运而叹息，为了这些生活在社会最底层的人们而叹息！刚才你还提到了鲁迅——

生：他感到无奈，他觉得回天无力！

师：是啊，究竟还能做些什么呢？他在为自己而叹息！

生：他在为所有的中国人而叹息！当时的中国人被视为下等人。

师：被谁视为下等人？

生：被西方国家。

师：被帝国主义列强视为下等民族。

生：他当时也怀着一种希望，希望整个民族团结起来拯救中国。

师：他在为国家、为民族的命运而叹息！鲁迅生活的时期正是中华民族处于水深火热的时期，生活在社会最底层的劳苦大众正在流血，正在哭泣。面对这些，一生寻求民族解放的道路，一生都在与黑暗势力战斗、在为民众呐喊、在执著追求光明的鲁迅先生，此时他的内心思潮起伏，多少忧虑、多少愤慨，都化作了一声深深的叹息！请再读读这段文字，试着去触摸那颗心，去感受那份情感。

（生再读这段文字）

师：也许以同学们的年龄和阅历，现在还无法真正深入鲁迅先生的内心，对那份复杂的情感也只能揣摩到这个程度。但是这都没有关系，我们可以在阅读了鲁迅先生的作品之后再来思考，可以在了解了鲁迅先生的一生之后再来思考，也可以在今后的人生中继续思考！

板块二：与伯父诀别的时刻——别人眼中的鲁迅

师：刚才，我们与周晔一起回忆了与伯父在一起的日子，看到了周晔眼中的鲁迅,我们每个人的心里也有了一个属于自己的鲁迅。那么别人眼中的鲁迅又是怎样的呢?我们听一听鲁迅先生家里的女佣阿三是怎么说的吧!

(生接读阿三的话)

师:听了阿三的话,我们再联想到鲁迅对那位黄包车车夫的救助,我们可以看到,鲁迅先生对生活在社会最底层的人们,他的关心和同情是真挚的、无私的。其实,还有许多鲜为人知的故事。如果想了解得更多,推荐同学们阅读著名女作家萧红写的《回忆鲁迅先生》这篇文章。

师:听了阿三的叙述,回想鲁迅先生对那位黄包车夫的救助,我们完全可以用一句话来概括鲁迅先生的高尚人格——

生:伯父就是这样一个人,他为自己想得少,为别人想得多!

师:是啊,为自己想得少,为别人想得多!这是鲁迅先生高尚人格的一个侧面。拥有悲天悯人的情怀是一切伟大人格的体现。

师:1936年10月19日,鲁迅病逝于上海,一颗伟大的心脏停止了跳动。他的遗体躺在万国殡仪馆的礼堂里,上海民众上万名自发前来吊唁和送葬。让我们同周晔一起回顾那万人同悲的场面……

(出示句子,学生读,这段文字经历了以下4次回旋)

他的遗体躺在万国殡仪馆的礼堂里,许多人都来追悼他,向他致敬,有的甚至失声痛哭。数不清的挽联挂满了墙壁,大大小小的花圈堆满了整间屋子。送挽联送花圈的有工人,有学生,各色各样的人都有。

师:前来吊唁的人来自各行各业,来自四面八方。大家都要最后看一眼这个伟大的人物——鲁迅先生!著名作家巴金当时还是一个青年,他曾经亲眼目睹了这一切。巴金先生前不久刚刚去世,他被誉为中国二十世纪的良心,作为一个敢写出真事、敢说真话的伟大作家,他曾经真实地记录了鲁迅先生去世时万人同悲的场面。现在让我们透过他的文字来看看当时的情景吧!

(生自由读巴金《永远不能忘记的事情》片段,交流:在前来参加追悼会的人群中,你最关注谁?)

生:一群小学生恭敬地排成前后两列,一齐抬起头,痴痴地望着那张放大的照片。忽然一个年纪较大的孩子埋下头鞠躬了。其余的人马上低下头来。有的在第三次鞠躬以后,还留恋地把他们的头频频点着。孩子们的心是最真挚的。他们知道如今失掉一个爱护他们的友人了。

生:两个穿和服的太太埋着头,闭着眼睛,默默地合掌祷告了一会儿。我给她们拉帷幔的时候,我看见了她们脸上的泪痕,然后在帷幔外面响起了悲痛的哭声。

师：知道什么人穿和服吗？

生：日本人！

师：两位日本妇女也来吊唁鲁迅先生了。

生：一个十三四岁的女孩子已经走出了灵堂，却还把头伸进帷幔里面来，红着眼圈哀求道："让我再看一下吧，这是最后的一次了。"

生：一个杂志社的工友来了。他红着脸在灵堂的一角站了片刻，孩子似的恭恭敬敬行了三个礼，然后悄悄地走开了。

生：一个秃顶的老人刚走进来站了一下，忽然埋下头低声哭了。

师：来吊唁的人真的是来自四面八方，来自各行各业。在你看到了巴金先生描述的情景后，再来读读这一段文字，感受那份万人同悲的场面。

（生自由读这段文字，第一次回旋）

师：同学们有没有想过，前来送葬的人群之中也许就有阿三。面对着先生的遗体，她情不自禁地想起了什么？也许前来吊唁的人当中还有那位曾经被伯父救助过的车夫，面对着先生的遗体，他也情不自禁地想起了什么？当时幼小的周晔呆呆地望着来来往往吊唁的人，她也不由得想到了什么？请同学们选择其中的一个人物，试着走进这个人物的内心，用你的笔写下他（她）的心声。

（生写句子，教师巡视；交流）

生：前来送葬的人之中也许就有阿三，她说："我还不能接受，您一直身体不好，但这也太突然了，为什么您总是闭着双眼呢？睁开眼睛啊，我是阿三啊，您醒醒啊！"

师：往事历历在目。

生：被伯父救助过的车夫也来了："鲁迅先生，您以前救过我，可是您现在去世了，我非常想念您！"

师：这是一份朴素的情感！

生：幼小的周晔呆呆地望着来来往往前来吊唁的人，她不由得想到："伯父走了，可他为什么不告诉我一声呢？不是说好人一生平安吗？可为什么伯父就这样去世了呢？为什么？"

师：幼小的周晔还有多少问题没来得及问啊！

生：前来送葬的人群当中就有女佣阿三，她呆呆地望着鲁迅先生的遗体，渐渐地，眼泪缓缓流下，她简直不敢相信这么一位无私的人、一位具有爱心的鲁迅先生就这离她而去了，想起那以往的点点滴滴，她不禁埋下头，失声痛哭。

生：前来送葬的人群之中也许就有阿三："周先生，曾经是您的关心让我和您一样变得乐观起来，让我忘记了丈夫失业的伤痛，可如今您自己却……这是我无法忘记的，这是刻骨铭心的！我无法做到像您当初那样乐观，因为像我亲人一般的您走了！"

师：刻骨铭心，多么深情的表达！

生：曾经被救助过的车夫也来了："您帮助了这么不起眼的我，表现了您伟大的人格，而我却眼睁睁地看着您离我们远去，却无能为力，鲁迅先生！"

生：被伯父救助的车夫也来了："先生，您也许不记得我了，我就是那个曾经被你帮助过的车夫。那天多亏了您的帮助，可以说是您救了我的命啊！可如今您走了，我却无法做些事来挽回。您再也听不到我说的千万个'谢谢'了，可我还是要说一声：'谢谢您，先生！'"

师：一份真诚的感谢！

生：曾经被伯父救助的车夫也来了，他流着热泪说："先生，没有你的钱，就没有今天的我，这些钱真是雪中送炭呀！我的千言万语汇成一句话：谢谢你！"

师：男儿有泪不轻弹，只因未到动情处。这是一份非常复杂而朴素的情感，深深的悲哀充荡着人们的心田。现在请同学再读一读这段文字，再来感受大家心里这份复杂而又深沉的追念。

（生读这段文字，教师范读，指名读，自由读；第二次回旋）

师：鲁迅先生曾经大声呼吁："救救孩子！"如今鲁迅先生去世了，我们也失去了一个爱护我们的友人了。现在，我们再来读这段文字，把你对先生的爱戴与崇敬融进去。

（生自由读这段文字，第三次回旋）

师：历史忠实地为我们记下了这令人心碎的时刻。

（出示万人送行的图片，教师深情解说）

师：历史的镜头就在这里定格。看着这万人同悲的场面，同学们再来读一读这段文字，让我们一起来追忆那万人同悲的场面，追忆这伟大的鲁迅先生！

（生自由读这段文字，第四次回旋）

四、鲁迅留下的……

师：鲁迅先生离开我们已经有七十多年了，一个伟大的身影越去越远，但是鲁迅先生留给我们的又太多太多。鲁迅先生留给了我们什么呢？

生：鲁迅先生留给了我们一些含义深刻的散文，还有他那种坚强不屈的精神。

师：不仅是作品，还有一种精神！

生：他给我们留下了宝贵的精神财富！

生：鲁迅先生给我们留下了满腔的爱国热情。

生：鲁迅先生给我们留下了作品，留下了他的心灵，还有未完的心愿。

师：什么未完的心愿？

生：希望中国能走出黑暗世界，走向光明。

师：他希望我们的祖国、我们的民族能早日寻找到光明的出路，可是鲁迅先生没有看到这一天。鲁迅先生留给我们的不仅是浩如烟海的作品，更有大家所说的可贵精神——面对危险不屈不挠，处处碰壁却决不低头，在处境危险的情况下，依然谈笑风生，充满了一种乐观精神。先生留下的不仅仅是作品，还有一种可贵的鲁迅精神！这种精神，已经逐渐融入到我们民族的血液之中，成为我们中华民族的精神！1949年，著名诗人臧克家，曾经写下了一首诗——《有的人》，纪念鲁迅先生。

（师范读《有的人》，全班齐读《有的人》）

师：他活着，是为了多数人更好地活，群众把他抬举得很高很高！所以，我们今天，在鲁迅先生逝世已经七十多年的今天，还是不能不说鲁迅；所以，《亚洲周刊》曾经把鲁迅先生的作品评为20世纪亚洲最有影响力的作品第一名；所以，《影响中国历史的100个人》一书，鲁迅占据了其中一个重要席位。随着历史的发展，可能还会有更多的所以……因为鲁迅先生留给我们的太多太多！推荐同学们阅读这些作品（出示作品的题目）：《社戏》、《从百草园到三味书屋》这两篇文章回去就可以阅读，后面的四部书——《鲁迅全集》、许广平《欣慰的纪念》、林贤治《鲁迅的最后十年》、《人间鲁迅》留在今后的人生中慢慢读。

师：现在请同学们再看看文章的结尾，当你了解了这么多时，你觉得这句话能不能概括出一个完整的、立体的、全面的鲁迅先生？

生：（略思索）不能！

师：是的，周晔的文章早已写完，可我们对鲁迅先生的认识才刚刚开始。下课！

（闫学，浙江省杭州市拱墅区教师进修学校教师）

23. 天地有大美而不言

——评汪秀梅老师执教的《鸟的天堂》

在太原现场听完汪老师的这堂课，脑海中挥之不去的竟然是庄子的那句"天地有大美而不言"。是的，"鸟的天堂"正是天纵的物象大美。巴老的《鸟的天堂》，虽已将大美转为言说，但《鸟的天堂》何尝不是一种浑然天成的言语大美呢？汪老师执教《鸟的天堂》一课，以她南国的生命激情、榕树的生存智慧、天堂的生活状态，让这物象之大美、言语之大美，如春风化雨，浸润和滋养着每个学生的言语生命、诗意生活，这不也是一种大美吗？一种充实、雍容的课程大美，一种挥洒自如、无迹可求的教学大美。然而，虽为大美，一旦进入我们的言语家园，却不再允许我们默默无语。

汪老师执教的《鸟的天堂》，在带给我们以大美的享受的同时，也在语文课程资源的深度处理、语文课程容量的辩证把握、语文课程功能的自觉提升等方面给了我们诸多有益的启示。

一、内容结构："鸟——树——鸟"的对话关系

就巴老这篇散文的深层意义看，确乎存在一种"鸟的天堂"与鸟的天堂的互文关系、对话关系、融合关系。树是鸟的天堂，鸟是树的天使。这种潜藏在文本腹地的意义结构，被独具慧眼的汪老师发现，并被她巧妙而自然地转化成一种显性的课堂结构。课从"仙鹤"传说开始，这个传说的寓意全部包容在故事的一个细节上——作为榕树母体的那根树枝居然是鸟自己衔来的。这是巧合吗？不是的，这是"鸟树一体"这一深层寓意合乎逻辑的演绎。到了结课阶段，"仙鹤"再次出现，不同的是，这次出现的仙鹤，早已与学生的生命体验融为一体了。作为言语主体的"仙鹤"们，不仅在跟同伴

们做着深情的对话，还在跟榕树做着心灵的交流。于是，在汪老师的课上，我们看到课的内容与文的意义形成了一种自觉的同构关系。这是对文本深层结构的创造性模拟，更是教者与作者心有灵犀一点通的深情回应。巴老若是在天有灵，自当含笑引以为知音矣。

二、容量结构："略——详——略"的对照关系

课的设计和操作，首先需要一种高屋建瓴、高瞻远瞩的整体观照。就文本容量看，鸟和树的言语比重当是一种对称的状态。这种对称状态若是折射到课堂容量的配置上，两者的教学容量也应该是大体对称和平衡的。但问题在于，赛课给予的时间只是一个课时而已，就课时序列看，只能呈现课堂教学的最初40分钟。面对这样一个条件背景，我们看到的是教师对教学容量的大胆取舍和深度处理。这一课，树的教学容量有了最为详尽的保证，这是一种泼墨如云的挥洒和驰骋；而鸟的容量，则是以倒计时的方式加以控制，这是一种惜墨如金的勾勒和飞白。俗语云，一张一弛，文武之道也。我们说，一张一弛，何尝不是课堂之道、教学之道呢？然而，这种详略节奏、张弛关系，绝非一般意义上的机械之论。因为在汪老师的课上，我们还发现了一种"详中有略、略中有详"的辩证智慧。从总体上说，树的容量是详处理。但同样是详处理，我们发现汪老师对着重点、着力点的把握是很注意分寸和火候的。对榕树的感悟和解读，汪老师紧扣"一株"、"一卧"和一"颤"，重锤敲击，滴水穿石，形成一种"密不透风"的精致美；余者，则是一笔带过，轻轻一抹，彰显出一种"疏可走马"的粗犷美。这种辩证对照的背后，集中体现了教师对文本深层意义的自觉把握，对课堂运动节律的高度尊重，对言语生命主体的积极顺应。

三、生成结构："言——意——言"的对应关系

语文学习的根本机制在于寻求言意之间的自动转换。这种转换机制，始于"言"的存在，终于"言"的表现。"意"则是这两种"言"的转换枢纽、生成轴心。《鸟的天堂》一课，自觉地因循了这种语文学习的内在机制。需要特别加以阐明的是，本课在"意"的处理和把握上，牢牢抓住了"意象、

意味、意蕴"这一言语生成之意的"三位一体"。就言语表现看,任何一"意",都同时存在着"象"、"味"和"蕴"这三个维度。即以汪老师对榕树的"卧"这一"意"的处理和把握来看,我们不难发现,"这棵树就像一个巨大的'卧佛'"是循着"象"这一维度展开的,"给人以安详的感觉"是顺着"味"这一维度提升的,而"静卧在水的中央,独立成一个小岛,是那么的安详、优雅、自然,宛若一个隔离尘世的人间天堂"则是朝着"蕴"这一维度开掘的。把"卧"之意做得如此丰满、如此充实、如此精美,才有了学生言语生命力的蓬勃发展。这种三位一体的"言意观",是对语文本体的一种自觉皈依,更是对言语主体的一种深刻呵护。

至此,《鸟的天堂》实现了向"语文的天堂"、"精神的天堂"乃至言语生命得到终极关怀的"天堂"的超越!"天堂"在哪里?"天堂"只存在于超越之中!

[附:《鸟的天堂》课堂实录及点评]

[课前谈话]

师:同学们,知道老师来自哪儿吗?

生:广东。

师:提到广东,你最先想到了什么?

生:荔枝。

师:是的,唐朝有位妃子最喜欢吃荔枝,你知道是谁吗?

生:(齐)杨贵妃。

师:杨贵妃是中国古代四大美女之一,和汪老师比比,你们看有没有相似之处。(众笑)

生:我猜老师一定和她一样喜欢吃荔枝。

师:你真聪明,猜中了。同学们,对于广东,除了荔枝,你还想到了什么?

生:粤菜,吃在广州。

生:水果,特产……

师:老师从广东带来了一些特产。

(出示图片,学生饶有兴致地猜说水果名字,并诵读有关的诗句)

生:芒果、杨桃……

生：红豆生南国，春来发几枝……

生：一骑红尘妃子笑，无人知是荔枝来。

生：日啖荔枝三百颗，不辞长作岭南人。

师：我国文学巨匠巴金曾说："南国的风物含有一种迷人的力量，在我的眼里，一切都显出一种梦境般的美丽。"这节课汪老师就和同学们一起走进我们南国一个梦境般的地方。

【一不留神，南国的风物、南国的情思，甚至隐藏其后的南国的迷人力量，在来自南国的汪老师的纵横捭阖中，"南国"般地蔓延开来。"南国"，成了解读此课的一把钥匙。】

[教学过程]
一、情境导入，感知全文

师：（配乐解说）在广东有这样一个美丽的传说：相传四五百年前，在广东新会的天马村，有一条小河，河中间有一块泥滩小岛。潮退外露，潮涨水淹。一天，一只仙鹤看中了这儿环境的静而优雅，便衔来了一根榕树枝。说来奇怪，不久，榕树生长起来，枝繁叶茂，远看像一片浮动的绿洲。又一个美丽的清晨，这只仙鹤带来了数万只仙鹤，栖息在这棵榕树上。从此，每于清晨薄雾中，万千灵鸟鸣声呼唤，凌空翱翔，野趣盎然，形成南国一个奇观。

【从仙鹤入课，一路逶迤而行，至仙鹤结课，前呼后应，天衣无缝，教学机心由此可见一斑。】

生：（齐读）鸟的天堂。

师：同学们，在你们的心中，什么样的地方才能称作"鸟的天堂"啊？

生：有茂密的树林、清清的湖水。

生：没有人伤害，很安全，鸟生活得美好、快乐的地方。

生：景色优美，舒适，依山傍水，丰衣足食。

师：是的，确实是个很美的地方。汪老师曾多次去过那里，每每置身于此地，都有一种陶醉，甚至迷恋，它静谧、优雅、和谐、安详。带着你的想象再读题。

生：（美读）鸟的天堂。

师：好，昨天大家都预习了课文，谁来读读这几个词语？其他同学注意听。这儿有三个生字，三个多音字，看他是否全读准了。

（课件出示：一簇簇　不计其数　树梢　做巢　应接不暇　兴奋）

（1）正音：兴奋。

（2）理解：应接不暇。

（3）指导生字书写：巢/梢/暇。（教师边书写"巢"边解说："巢"上部分三个"〈"要写得匀称，这是鸟的一家三口，下面是个扁"日"，是鸟的窝，建在这树木上，所以"巢"就是鸟的——家。）

师：借助预习提示，谁能说说课文主要写了什么？

生：课文写了作者两次去鸟的天堂看到的景物。

生：课文主要写了作者两次去鸟的天堂，第一次在傍晚，没有看到鸟，只看到了一棵茂盛的大榕树；第二次在早晨，看到了众鸟纷飞的景象。

师：到底是六年级的学生，能在预习中学会生字词，了解课文的大致内容，并且理清了文章的层次。

师：再快速浏览课文，作者两次去了鸟的天堂，有怎样的感慨？

生：昨天是我的眼睛骗了我，那"鸟的天堂"的确是鸟的天堂啊！

师：这是作者的感慨，能不能把这感慨的味道再读得浓一些。

（生读）

师：有点味道了，但还不够。

（生重读"的确"）

师：很好，突出了"的确"。一起读。

（生齐读）

师：大家读这句话，有没有发现什么问题？

生：鸟的天堂有的加了引号，有的没有加。

师：你怎样理解？

生：作者第一次去鸟的天堂，没有看到鸟，只看到一株号称"鸟的天堂"的大榕树；第二次去是在早晨，作者看到了很多鸟，证实了这株榕树是真正的鸟的天堂。鸟的天堂指的就是一棵大榕树。

师：一株榕树便天堂！这是怎样的一棵树啊！

【在不少公开课中，整体感知这一环节总是有意无意地被淡去、被浅化，甚至被放逐。汪老师的教学，却让人有击节称快之感。借助预习勾勒大意，此为整体感知的第一节拍；快速浏览捕捉文眼，此为整体感知的第二节拍。两拍一合，文本的思想脉络和情感基调尽在其中矣！唯有境界者方能出此手笔。】

二、重点读"树",品味写法

师:让我们随着巴金先生,伴着夕阳的余晖,走近这株神奇的树。请同学们闭上眼睛,仔细地听。

(师配乐朗读 1—9 自然段)

(生闭眼听)

师:你仿佛看到了一株怎样的树?

生:这是一株非常大的树。

师:请你把"大"写到黑板上。

生:这是一株非常"绿"的树。

师:写到黑板上。

生:生机勃勃。

师:写到黑板上。

生:茂盛。

师:写到黑板上。

师:当作者看到这株大榕树的时候发出了怎样的感叹?

生:这美丽的南国的树!

师:(板书)这是作者第一次来到鸟的天堂最直接、最真切的感受。请同学们齐读这句话。

(生齐读句子)

【榕树之美,在其形——大,独木成林;在其色——绿,苍翠欲滴;在其势——盛,郁郁苍苍;更在其神——生,生发百年而不息,生根千顷而不枯,生趣盎然而不骄,生机郁勃而不闹。这真是一株将生命力推向极致的树!汪老师不动声色地轻轻一拨,让学生的语感顿时有了足够的敏锐、细腻和通透。招不在多而在精啊!】

师:作者是怎样把这些特点写出来的?默读课文 1—9 自然段,可以动笔标注出来。

(生自由读,教师巡视;交流)

生:"我见过不少榕树,这样大的我第一次看到。"作者根据亲身阅历写出了这株榕树很大。

师:是的,巴金常在国内外旅行,可以说,见多识广,对巴金来说大榕树不足为奇,但这样大的却是第一次看到,可见它的大。

生:通过河面变窄来说明它的大。

生：通过朋友的谈论体现它的大。

生："我有机会看清它的真面目，真是一株大树，枝干的数目不可计数。"由"不可计数"这个词，感受到这是一株大榕树。

师：（课件出示这句话）再读，谁还有新的发现？

生：应突出"一株"这个词，作者从远处看误以为是很多株榕树，走近看原来只是一株。

师：读出只是"一株"的感觉。

生：（读）我有机会看清它的真面目，真是一株大树，枝干的数目不可计数。

（几个学生分别朗读此句）

师：把体会带进去，都读读这句话。

（生自由读此句）

【榕树之大，无疑是在比较中产生的。一株树和一片林的矛盾、冲突乃至对立，是一种真正源于生活的感知落差。由这种落差所带来的冲击力和震撼力，足以让学生直逼榕树的内在生命力这一庐山真面目。汪老师以其雍容的教学气度，等待着学生感悟的触角款款伸向隐藏在话语角落的那个"一株"，那个令人惊讶、让人叹为观止的"一株"。细微处方见真精神啊！文如此，课如此，人亦如此！】

师：为什么不可计数？这跟它的生长特点有关。找相关句子读一读。

生：（读）枝上又生根，有许多根直垂到地上，伸进泥土里。

师：见过"枝上又生根"的树吗？

生：没有。

师：（出示教师在"鸟的天堂"拍的照片）大家看到的这些像胡须一样的东西，就是榕树的气根，气根的生命力很强，当它越来越长，垂到地面，伸入泥土时，就形成了枝，枝上再生根，根再形成枝，就这样横干直枝相连，盘根错节，所以——

生：枝干的数目不可计数。

师：知道它究竟有多大吗？

生：摇头。

师：和会场相比，相当于二十多个会场。

生：（赞叹）哇！

师：把你的赞叹用一个词或一句话表达出来。

生：这美丽的南国的树。

生：独木成林。

师：人常说"独木不成林"，但这棵树却覆盖了整个小岛，形成了"独木成林"的奇观。难怪作者这样赞叹——

生：（读）这美丽的南国的树。

师：还有哪里具体写出了"大"？

生："一部分树枝垂到水面上，从远处看，就像一棵大树卧在水面上一样。"因为树很大，所以树枝垂到了水面上。

生：树枝卧在水面上，这个"卧"字让我想到了我曾见过的巨大的"卧佛"。这棵树就像一个巨大的"卧佛"一样，很大，很安详。

师：你能读出这样的安详吗？

生：（读）一部分树枝垂到水面上，从远处看，就像一棵大树卧在水面上一样。

师：一个"卧"字仿佛又让你看到了什么，想到了什么？

（生交流：年代久远、安详、安静、古老……交流感受后朗读此句）

师：多么生动、巧妙的一个"卧"字啊，她静卧在水的中央，独立成一个小岛，是那么的安详、优雅、自然，宛若一个隔离尘世的人间天堂啊。所以作者这样感慨——

生：（齐读）这美丽的南国的树。

【"卧"字的处理，看似信手拈来，实则匠心独具。不经意间，榕树已经被赋予了某种人格，这种人格是传承数千年的民族文化的深刻启示和彰显。是的，谁能怀疑大自然的钟灵毓秀？谁能辩驳天地间的物华天宝？树耶，人耶？人耶，树耶？一个安详如老人、内敛如僧人、自在如仙人、优雅如美人的形象，在师生的自由对话中呼之欲出。这美丽的南国的树！】

师：让我们再次走近这榕树（引读）——"我们的船渐渐逼近榕树了……"

生：（齐读）我有机会看清它的真面目，真是一株大树，枝干的数目不可计数。枝上又生根，有许多根直垂到地上，伸进泥土里。一部分树枝垂到水面上，从远处看，就像一棵大树卧在水面上一样。

师：继续交流，作者还怎样写到这些特点？

生："榕树正在茂盛的时期，好像把它的全部生命力展示给我们看。"用展示生命力来表现茂盛。

师：它是怎么展示的？

23. 天地有大美而不言 / 245

生："那么多的绿叶，一簇堆在另一簇上面，不留一点缝隙。"叶子密集到"一簇一簇地堆起来"。

生：从"不留一点缝隙"我感受到这树的茂盛。那么大的一棵树，居然不留一点缝隙。

师：从哪里还能体会到这种生机勃勃？

生：（读）那翠绿的颜色，明亮地照耀着我们的眼睛，似乎每一片绿叶上都有一个新的生命在颤动。

（指名读，轻声自读，指名读）

师：同学们注意到了这个"似乎"，现在把"似乎"去掉。

（生比较朗读）

师：你觉得有"似乎"跟没有"似乎"有什么不一样？

生："似乎"是好像的意思，如果去掉就变成真是的，而不是作者的想象了。

师：这"似乎"不是没有，更不是绝对，而是带有神秘的、捉摸不透的、让人浮想联翩的生命的感觉！把这种似有似无的神秘感读出来。

生：（朗读）那翠绿的颜色，明亮地照耀着我们的眼睛，似乎每一片绿叶上都有一个新的生命在颤动。

师：读这句话，大家有没有疑问？

生："新的生命"是指什么？作者为什么会有这种感受呢？

师：再自由地读一读这句话，然后联系上下文，联系生活实际和平时的感受，看看自己有什么见解，还可以与伙伴交流交流。

（生自由地读、体会，交流）

生：是躲在树叶中的鸟在动。

师：哦，那是飞倦了的小鸟们归巢了，躲在茂密的叶丛中。虽看不见躲在树上的小鸟，但是却感觉到了"生命的颤动"。所以作者感到——

生：（接读）那翠绿的颜色，明亮地照耀着我们的眼睛，似乎每一片绿叶上都有一个新的生命在颤动。

生：这是生命涌动之美，因为这树的生命力很顽强，好像每一刻都有新的叶子生长出来。

师：这是无法抗拒的生命力，它的每一片绿叶上都涌动着新的生命。读——

生：（接读）那翠绿的颜色，明亮地照耀着我们的眼睛，似乎每一片绿叶上都有一个新的生命在颤动。

生：我觉得颤动还有一个意思——可能在刮风，一闪一闪的，让人感到颤动。

师：把你这一闪一闪的感觉读出来。

生：（接读）那翠绿的颜色，明亮地照耀着我们的眼睛，似乎每一片绿叶上都有一个新的生命在颤动。

生：我觉得树叶太绿了，在阳光的映照下，闪耀着动人的光彩。

师：那翠绿的颜色，绿得鲜亮，绿得发光，看久了，似乎感到绿叶上的点点光斑像是一些可爱的小精灵在舞蹈，所以——

生：（接读）那翠绿的颜色，明亮地照耀着我们的眼睛，似乎每一片绿叶上都有一个新的生命在颤动。

师：把你们各自的感受融入这句话中，好好地读读这句话。

（生展示读，一个接一个读下去）

师：那是风吹，是鸟动，是阳光的照耀，是新发的嫩芽，是那绿叶本身就孕育着的无限的生机，所以——

生：（齐读）那翠绿的颜色，明亮地照耀着我们的眼睛，似乎每一片绿叶上都有一个新的生命在颤动。

师：这是树叶在颤动，是生命在颤动，分明也是作者的心在颤动，所以他情不自禁地赞叹——

生：（齐读）这美丽的南国的树。

师：这也是我们的心在赞叹——

生：（齐读）这美丽的南国的树。

【感悟"一株"，以蓄语像之势；品味一"卧"，以蓄语情之势；想象一"颤"，以蓄语蕴之势。仿佛阵阵的风吹向松林，又如叠叠的浪涌向岸滩，终于掀起了本课的一大高潮。关键词"南国"以一唱三叹、一板三眼的课堂节奏、生命旋律，久久回荡在每一片绿叶之上，回荡在每一个学生的心间。这美丽的南国的课！】

师：巴金先生用准确、生动的语言为我们展现了这株大榕树的勃勃生机，用我们的朗读去再现这文字的生命！

（生齐读第8自然段）

师：好的语言我们要积累下来。给大家一些时间，看谁记住的最多。

（生背诵，交流背诵）

三、迁移练笔，引向读"鸟"

师：这美丽的南国的树为什么能如此地美丽，除了它自身旺盛的生命力以外，还有天马村的人们对它的爱护。几百年来，人们把这棵大榕树看作一棵神树，把树上栖息的鸟看作神鸟，不许人们去触动它。如果谁打鸟，就会受到家法的惩治，多少年来天马村的人们就是以他们最纯朴的环保意识，保护着鸟，保护着树，所以，天马村的人们至今仍然拥有——

生：（齐读）这美丽的南国的树。

师：正是由于有了这美丽善良的南国的人，才有了这神奇美丽的南国的树。假如你就是那第一只飞来的仙鹤，你将怎样召唤你的亲人、朋友来此安居乐业？请你写下最能打动他的话。

（生想象写话）

师：写的时候，可以用文中的话，也可以用自己的话。

（组织学生交流写话）

生：在南国有一株美丽的大榕树，它遮盖住整个小岛，独木成林，那树叶绿得发光，绿得发亮，一簇堆在另一簇上，不留一点缝隙，那儿冬暖夏凉，是我们生活的天堂啊！

生：我发现了一个天堂，那儿依山傍水，丰衣足食。一株树就是一片林子，周围很静，人们善良……

师：就在你的召唤中，一只鸟飞来了，两只鸟飞来了，千百只、千万只鸟飞来了。这美丽的南国的树，成了真正的——

生：（齐读）鸟的天堂。

【此时的"角色置换"，已非技术层面的问题。顺着全课的思想逻辑和情感脉络，"仙鹤"是一定要来的，不仅为这"鸟的天堂"，更为这"语文的天堂"、"精神的天堂"、言语生命得到终极关怀的"天堂"。此刻的仙鹤，作为学生言语生命的一个神奇而美丽的符号，早已是思接千载，视通万里；精骛八极，心游万仞。我们出乎意料又入乎情理地发现，此时此刻，作者之言和读者之言融为了一体，表现之言和存在之言融为了一体。此情此景，不由得让我们发出这样的赞叹：这美丽的南国的树！这美丽的南国的课！这美丽的南国的人！】

师：今天我们没有看到一只鸟，第二天清晨，当阳光照耀在水面上，一切都显得更加光明的时候，我们再一次来到了这里。起初，周围是静寂的……

（课件出示，学生静听配乐鸟鸣声，音乐和文中描述相吻合，先是忽然起了一声鸟叫，接着越来越多。最后整个树上变得热闹了！百鸟齐鸣！)

师：你听到了什么？仿佛看到了什么？

（多个学生发言）

师：那是一片和鸣谐调的天籁之声，正是"此曲只应天上有，人间哪得几回闻"。文学巨匠巴金又是怎样通过文字来展示这种百鸟出巢的生命之美的呢？请同学们回去后运用今天的学习方法自学文章的第二部分，再一次去感受这天下奇观——

生：（齐读）鸟的天堂。

师：（发小册子）同学们，认识大家很高兴，老师从南国带来了这"鸟的天堂"的旅游画册，送给同学们。在这个小册子中，有许多文人墨客歌颂"鸟的天堂"的诗句，同学们有兴趣可以赏读，更多地去了解这天下奇观——小鸟天堂。欢迎大家去广东，去"鸟的天堂"——那梦境般的地方。

（汪秀梅，广东省广州市番禺区市桥中心小学教师）

24. 语文教学走进"语文之门"的一座界碑
——评林莘老师执教的《为人民服务》

风雨飘摇中，语文一路走来。且让自己后退几步，再后退几步，于是，在课程的历史景深中，我们便有了一种更为从容、淡定的心情来打量《为人民服务》一课了。逼视，在放大了课的细节因而使课的纹路和脉络显得更为清晰的同时，也遮蔽了课的更为整体也更为本真的东西，而那，却是课的生命所在！

远远地站在语文课程的历史景深中看，我觉得，《为人民服务》一课是语文教学走进"语文"的一个信号、一座界碑。

课的本真，恰在"走进语文教学"这一标识上。

首先，从教学主线看，它第一次以完完全全、彻彻底底的话语形式绾结全课，而将话语内容（诸如张思德的生平事迹、毛主席的情感轨迹、"为人民服务"的演化足迹等）作为一粒粒光彩夺目的教学明珠点缀其中、穿插其间。全课主要由三个板块构建而成：第一板块，以抓关键句、关键词的方式提炼出本文的三个"独识"，实现对全文的整体感知；第二板块，用"引用、对比、举例"的方式感悟本文的基本论证方法，即引用论证、对比论证和举例论证，实现对重点的各个击破；第三板块，以读写互动的方式，让学生亲历亲悟本文的基本论证方法，实现对话语的形式迁移。显然，三个板块的教学指向和逻辑关联是高度统一、高度明晰的，那就是政论文的话语形式。感受、理解、积累、运用政论文的话语形式，才是语文教学的独担之任。

其次，从教学内容看，它第一次将课程目标的设定"从语言的意思本位跃进到话语的意图本位"（王尚文语），从而使教学内容的要素由"三个关注"扩展到"五个关注"，即：

一、关注"作者为什么写这篇政论文"；

二、关注"这篇政论文是写给谁看的"；

三、关注"这篇政论文是怎样写的";
四、关注"这篇政论文写了什么";
五、关注"这篇政论文有什么值得我们学习和质疑的地方"。

比较而言，本课在"第一关注"即"意图关注"和"第五关注"即"价值关注"上带给我们的震撼更大、启示更丰。事实上，"意图关注"是本文的人文性和本课的人文性最为集中、最为典型的教学范畴。主席的这篇演讲，有两个既相关联又在递进的意图：第一，悼念张思德同志，缅怀他为人民服务的感人事迹和崇高品质；第二，号召全党、全军学习张思德全心全意为人民服务的精神，团结起来，克服困难，打败日本侵略者。显然，第二个意图更为重要，第一个意图是为第二个意图服务的。

如果只是局限于第一个意图，那么，讲清了"死的意义"也就足够了。正是为了第二个更为高远的政治意图，主席才要进一步讲清"不怕批评"和"团结互助"，这似乎跟当时的悼念情境且行且远了，但唯有讲清楚这些，才能使全党、全军更好地理解为人民服务的宗旨，才能更好地实现共同的革命目标。对此，林老师有相当充分、相当精到的解读和落实，譬如读薄全文、提炼思路的做法；譬如回顾张思德的感人事迹、提炼其崇高精神的环节；譬如摘录除"死的意义"之外文中的其他经典名句，并畅写感言的板块……这些设计和安排，无不彰显着"意图关注"的教学目的。

最后，从教学细节看，自觉的语文意识、敏锐的课堂机智、无痕的教学艺术，让我们在不得不叹服林老师卓荦的教学素养的同时，也一次次深感"细微处见精神"的真谛和无处不在的"细节决定成败"的铁律。特别是课的细节处所彰显的语文意识，更是让人击节称奇。关于"死的语境义"的开掘和置换比较，使学生真真切切地体认到"语言有温度，字字总关情"。这浓浓的语文味不正是语文意识这把文火慢慢熬制而成的吗？"而死"与"去死"，倘若没有炼就语文意识这双火眼金睛，细读文本时谁又能如此精准、如此深切地把握住它们的区别？课程实施时谁又能如此熨帖、如此流畅地传递给学生呢？"教师所能教给学生的只有自我。"（王尚文语）诚哉斯言！善哉斯言！

帕克·帕尔默说过："教学是通达灵魂的镜子。"我以为，听课、观课、议课、评课，又何尝不是另一面通达自己灵魂的镜子？因为想要更加立体、更加清晰地照见自己的语文教学面目，于是，我站在了由林老师精心打磨的《为人民服务》这面课程之镜的面前；因为这面精致而隽永的课程之镜的映照，我才得以重新发现自己的语文教学面目。原来，语文还是语文，在浸润过浓浓的诗意之后,在黯淡了工具派和人文派的针锋相对、刀光剑影之后,"回首向来萧瑟处,也无风雨也无晴"(苏轼)。

[附:《为人民服务》课堂实录及点评]

一、打破预期,创设语境

师:同学们好!

生:(齐答)老师好!

师:同学们辛苦了!

生:(齐答)老师辛苦了!

师:同学们是这样回答老师的问候的。如果我去问候台下的老师们,他们肯定与你们答的不一样。他们会怎样回答呢?(转向台下的老师)老师们,你们辛苦了!

(台下老师齐声回答:为人民服务!全场笑,并鼓掌。)

师:哎!同学们!奇怪吧,老师们回答的是"为人民服务",回答得那么整齐、响亮,这是为什么呢?好吧,下面请大家看一段天安门前阅兵式的录像。

(播放阅兵式片段:同志们辛苦了!为人民服务!)

师:听到了吗?那一遍又一遍的口号是——

生:(齐答)为人民服务。

师:再来一遍,也那么有力、整齐、响亮——

生:(齐答)为人民服务!

师:同学们,"为人民服务",这口号响彻云霄,惊天动地。这口号,从上个世纪四十年代走到今天,经历了六十多年的风风雨雨,经久不衰,深入人心啊!而这口号,就是我们今天要学习的课文的题目。来,整齐响亮地读一遍!

生:(齐读)为人民服务!

【开宗明义,为人民服务,是我党、我军的唯一宗旨、最高准则。六十多年过去了,剔除其口号的鼓动性、形式性和从众性,积淀下来的当是其精神的纯粹性、高尚性和民族性,哪怕这种积淀并不瓷实,甚至只是一点点。因为那是民族新文化的种子和希望所在。这种子和希望,在听课老师的自然回答中,在阅兵仪式上的铿锵回应中,更在每位学生的琅琅诵读中。历史语境、价值皈依、导课的大气与开放由此可见一斑,正所谓"居高声自远,非是藉秋风"(虞世南诗句)。】

二、聚焦文体,提纲挈领

师:翻开书,第12课。同学们预习过课文,有没有发现这篇课文很特别?它到底是一篇什么样的文章呢?

生:这是一篇议论文。

师:很好,你有预习!

生:这篇课文没有事例,只讲道理。

师:你说的很对。我们以前学的很多课文都是写人、记事的,比如《一夜的工作》、《凡卡》是写人的,《草船借箭》、《钓鱼的启示》是记事的。可今天我们学的这篇课文,既不是写人,也不是记事,它很特殊,这种文体就是他说的议论文。(板书:议论文)

它没有精彩的故事情节,没有细致的描写,没有华丽的词藻,它跟你讲道理,分析问题,它有的是深刻的思想。你们知道吗?这是咱们小学阶段遇到的第一篇议论文,所以得好好珍惜这样的学习机会哦!因为是第一次嘛,所以有点难。但是我相信,大家一定能学好。有信心吗?

生:有!

师:说这篇课文很特别,还特别在它是主席参加张思德同志追悼会的演讲辞。(板书:演讲辞)(图片演示主席演讲的各种姿态)

在半个小时的演讲中,主席没有看稿,却字字珠玑,慷慨激昂,一气呵成。而且丰富的肢体语言更增添了演讲的感染力。

师:怎样才能学好这篇议论文呢?这里要特别跟大家介绍个规律:这议论文、演讲辞啊,每一段话都有要说的重点、要点,这些重点、要点呢,大多含在每一段话的开头或者结尾。只要你掌握了这个规律,再难的议论文也会迎刃而解。我现在抽其中的三段请你们来读一读,既想了解你们预习的情况,还想和大家一起寻找每段的要点。

【言归正传,课始就开门见山、旗帜鲜明地将阅读焦点指向了"文体"。应该说,这是需要见地,更是需要胆量和魄力的。说有见地,是因为"文体意识"是沟通学生语感和境感的唯一枢纽,所谓"学诗读诗,学文读文,此古今一定之法"(薛雪诗话)。只可惜,这"一定之法"在当前的阅读教学中被弃若敝屣。说有胆魄,是因为面对《为人民服务》这样一篇立论高远、光芒四射的经典政论文,将阅读期待首先聚焦到"文体意识"上,而将其恢弘的"人文精神"暂时悬置起来,是冒了"矫枉过正"的课程风险的。但我坚信,林老师的"勇气是智慧和一定程度教养的必然结果"(列夫·托尔斯泰语)。】

(生朗读第二自然段)

师:这段中哪句话是重点?

生:第一句。

师:很好,开门见山地提出自己的看法。关键句中还可以找关键词,哪个是关键词?

生:意义。

师:不明确,什么的意义?

生:死的意义。

师:好,加上两个字,意思就明白了。找关键词,还要让人一听就明白。(板书:死的意义)

下面读第三自然段,刚才第二段的重点是第一句,那第三段呢?

(生朗读第三自然段)

师:刚才他读的这段话里有一个生字特别难写。(板书:鼎)"鼎"字中间是个目字,左下脚起笔要注意,起笔是竖折折,一笔写成。你们拿起食指跟我写。

(生集体书空)

师:右下脚和它对应的就不是一笔了,那可要分成三笔写,竖,横,竖。什么是"鼎"?

生:就像寺庙里上香的那个炉子。有三个脚,圆形。

师:那可不是"鼎",那叫——(众生答)香炉。

生:我知道,我是说像它那样。

师:那你说对了,"鼎"一般也是圆形、三个脚。

生:"鼎"是古代人煮东西用的。

师:没错。"鼎"是古代人烹煮东西的器物,一般用青铜或铁制成,圆形,三足,两耳。也有方形,四足的。(教师边说边画简笔画)

师:看到这个"鼎",你会想到跟它有关的成语吗?

生:三足鼎立。

师:同学们,看,三足鼎立。(师手指示意图)

生：鼎鼎大名。

师：鼎鼎大名，名气真大啊！

生：人声鼎沸。

师：你看，像这里煮开了一样，热闹极了。（师指示意图）

生：一言九鼎。

师：一句话九个鼎，说话多有分量啊！

师：记住了"鼎"的意思，你就不会写错别字了。现在请你们在课文中写一个带"鼎"字的成语吧。注意把"鼎"写端正，写稳当，笔画笔顺要正确。

（生书写）

【"鼎"字教学，小试牛刀，烹出的却是一道精致而隽永的语文佳肴。】

师：刚才学"鼎"字是一段小插曲。现在我们回到课文中，继续找第三段话的重点句。

生：我认为是最后一句。

生：我认为是第一句。

师：其实，第一句和最后一句都是关键句，那怎么提炼关键词呢？

生：不怕批评。

师：对，"不怕批评"。（板书：不怕批评）

同学们，现在你自己来读读第四自然段，也像刚才那样先找到关键句，再提取四个字的关键词。明白了吗？开始吧！

（生自学，师巡视）

师：谁来汇报一下自学成果？

生：我认为是最后一句。

师：同意吗？

生：同意。

师：好，提炼关键词。

生：团结互助。

生：互相关爱。

生：互帮互助。

（师随机板书：团结互助）

师：同学们一下子抓住了关键句，提炼了关键词，会读书，会概括，很好。现在请同学看黑板，大家发现没有，原来那么长那么难的一篇文章，现在只剩下了几个关键词,简单明了。对于我们这些读者来说,一看这几个关键词就知道主席围绕"为人民服务"谈了哪些问题?

生:死的意义,不怕批评,团结互助。

师:对于主席来说,他今天要讲"为人民服务",他的心里是非常清楚、非常明确的,他要先讲——(生接答:死的意义),再讲——(生接答:不怕批评),最后讲——(生接答:团结互助)。主席的演讲是胸有成竹、心中有数的!同学们,这样抓关键、抓重点的方法很重要,这就是把厚厚的书读薄了。(师板书:薄)

【就课程而言,写法决定读法,读法决定教法。《为人民服务》是经典政论文,而"议论的生命在于张扬'独识',所以鲜明性是议论语言的最大特点"(潘新和语)。"独识",即独立、独特、独具只眼、独树一帜的观点,议论文的"独识"往往彰显于"论层"的首句或尾句。于是,"张扬独识"(写法)——"搜索关键"(读法)——"概括要点"(教法)就这样顺理成章,水到渠成。难能可贵的是,这样的整体感知超越了抽象的、普适的阅读模式,而将"文体意识"水乳交融般地植入其中。同是整体感知,小说当与诗歌不同吧?议论文当与说明文有别吧?】

三、紧扣重点,感悟写法

师:现在,老师暂时扮演一下主席,我的演讲是不是可以这样说:亲爱的同志们、战友们,今天围绕"为人民服务",我讲以下三个问题:第一,死的意义;第二,不怕批评;第三,团结互助。我的话讲完了,谢谢大家。(生笑)

师:哎?你们笑什么?

生:这样太简单了。

师:太简单不是很好吗?简单明了。

生:太简单别人就听不懂了,就不能让人信服。

生:这么简单,大家就不知为什么要这么做,不知具体该怎么做。

师:那怎么办?

生:还得展开说,说清楚了。

师:你说得太好了,提出观点并不是万事大吉,还得以理服人,就是要说服别人,证明自己的观点。那么,主席围绕观点是怎么展开地说、具体地说、深入地说的?这就是我们这节课要研究的重点,这也就是要把书重新读厚了。(板书:厚)

【无论"读薄"还是"读厚","写法——读法——教法"的课程逻辑清晰明了,一以贯之。】

那么,怎么证明自己的观点和看法呢?这样吧,我们先来看第二段"死的意义"这个部分,一起研究研究。现在请大家放声自由地读读课文第二自然段,看看主席到底用了哪些方法证明自己的观点。

(生自由读)

师:死的意义到底有什么不同?主席用了什么办法证明自己的观点?

生:用了列举名言、举例子、对比的办法,证明自己的观点。

师:噢!引经据典,引用名人名言,是怎么引用的?[板书:引用(名人名言)]

生:主席引用了司马迁的一句话——"人固有一死,或重于泰山,或轻于鸿毛"。

师:真奇怪,主席不是伟人吗?为什么还要引用司马迁的话呢?知道司马迁吗?什么年代的人?

生:(逐一回答)几百年,一千年,一千几百年,反正很遥远。

师:不,两千多年。干吗要引用这么古老、这么久远的话?

生:司马迁是西汉年间很著名的历史学家、文学家,他是在毛主席之前的名人,所以引用他的话,也可以说是以理服人吧。

师:对啊,名人都这么说了。

生:司马迁早在两千多年前就提出"人固有一死,或重于泰山,或轻于鸿毛",说明远在古代,人们就提倡这种精神。

师:从古至今,人们就有这样的想法、这样的认识。你看,经典就是古老的智慧、永恒的真理,经历了时间的考验,已经被人们认可、被人们传诵。所以主席引用司马迁的名言,令人信服啊!谁能把这句话读一读?(课件出示:人固有一死,或重于泰山,或轻于鸿毛)

(一生读)

师:读得真好,声情并茂。其实,我们在课内外积累了许多关于生死的名言,你还记得吗?(悲壮而豪迈的音乐响起,学生配乐吟诵)

生:生当作人杰,死亦为鬼雄。

师:这是李清照的生死观,女英雄也可以豪情万丈啊!

生:宁为玉碎,不为瓦全。

生:春蚕到死丝方尽,蜡炬成灰泪始干。

生：人生自古谁无死，留取丹心照汗青。

生：杀了我一个，还有后来人。

师：死又算得了什么？江山自有后来人。

生：捧着一颗心来，不带半根草去。

师：这是谁说的？陶行知。这既是对教育的爱，也是对祖国的爱、对人民的爱。

生：粉骨碎身全不怕，要留清白在人间。

师：这首诗大家刚刚学过，一起来一遍。

生：（齐）粉骨碎身全不怕，要留清白在人间。

师：于谦也向天下人诉说他顶天立地的豪情壮志。同学们，这些都是关于生死的经典名言，它表达了一种英雄气概、民族气节，是那样可歌可泣、可敬可佩。同学们，刚才我们引用的是耳熟能详、经久不衰的——（生接答：名人名言）；引用的是给人启迪、引人深思、让人震撼的——（生接答：名人名言）。所以，主席用的第一招就是引经据典。（板书：引用）

【将"引用"进行到底！在这里，引的是经典，"用"的是说服；引的是文化，"用"的是信服。更妙的是，毛主席用"引用"张扬其"死之意义"的"独识"，林老师却巧用"引用"，让学生在配乐诵读日常积累的"生死名言"中，强化对"引用"作用的感知，拓展对"引用"意义的理解，可谓一箭双雕、一石数鸟。】

师：接下来，主席又用了什么办法证明观点呢？

生：应该是用对比的办法。

师：对比，怎么比？（板书：对比）

生：（读）为人民利益而死，就比泰山还重；替法西斯卖力，替剥削人民和压迫人民的人去死，就比鸿毛还轻。

师：（课件出示语句）"为人民利益而死，就比泰山还重；替法西斯卖力，替剥削人民和压迫人民的人去死，就比鸿毛还轻。"这句话是什么意思？

生：曾经为人民做过好事的，如果死了，就比泰山还重；但如果只为法西斯统治者、剥削阶级做事，比如汉奸，死了就比鸿毛还轻。

师：理解正确，还会举例子。读完这段话，我发现，它其实就讲了一个字。哪个字，知道吗？

生：（齐答）死。

师：（点击课件：为人民的利益而死）死，什么意思？能换个词解释它吗？

生：（逐一回答）牺牲、就义、献身、捐躯。

师：很好，同样是死，我们把刚才的解释放在这儿，（点击课件：替剥削人民和压迫人民的人去死）同意吗？

（生纷纷举手，逐一回答不同意，认为这个死得用"上西天"、"下地狱"、"见阎王"、"命丧黄泉"、"一命呜呼"、"呜呼哀哉"、"送命"……解释）（其间，教师指导学生读出这些词的感情色彩）

师：哎，同样一个字，为什么你们却用完全不同的解释？

生：用的地方不同，意义也不同。

生：因为他们死得不同，有好死——

师：有好死，有坏死，是吗？（全场笑）

生：这两个死，一个表达对法西斯的愤恨、蔑视，一个表达对为人民利益而死的人的崇敬、爱戴、钦佩。

师：说得多好啊，语言有温度、字字总关情啊！同样一个字，用在不同的地方，就会产生不同的温度、不同的感情。把这种感情用你的朗读表现出来，你们自己试试看该怎么读。这句话不好读，别看每个字你都懂，但要读好却不容易。

（生自由练读此句）

师：好，谁来读？带上不同的温度，带上不同的感情，读读这句话。

生：（读）为人民利益而死，就比泰山还重；替法西斯卖力，替剥削人民和压迫人民的人去死，就比鸿毛还轻。（读得没有感情）

师：分析得很好，但却没读出味道。你看，这句话中第二个"死"前用的是"去"，"去死"怎么读？

生：应该读得有力，不屑一顾，如秋风扫落叶般的态度。

师：就请你试试，可以加上动作。

（生受到启发，饱含感情，读出憎恨、蔑视；全场热烈鼓掌）

师：好，干脆利落，痛快过瘾！而这句话中第一个"死"前面用的是——（生答"而"）"而死"，你又能体会到那是怎样的语气吗？

生：庄严深沉，敬佩敬仰。

师：对，那是深深的情、浓浓的爱。我们一起完整地读读这句话。

（生读出了爱与恨，读出了强烈的对比。全场再次鼓掌。）

师：同学们，在主席的演讲中，在你们有感情的朗读中，我们感受到这对比呀，比出了——情感，比出了——轻重，比出了——是非，让我们记住这个说明的好办法——对比。

【"语词是沉默而孤立的,当它没有进入一定的语言关系中时,它只具备辞典上的抽象意义。而当它处在一个特定的语言环境中时,这个词就会被另一些词唤醒,具体的意义开始觉醒。"(曹明海语)一"去"一"而"的语境之义,正是这样被点燃、被唤醒的。在对比研读中,深入开掘"死"的褒贬义,强化"死"的情味感,于是,语感和境感在学生饱含感情的诵读中得到了水天一色般的统一,这实在是本课在文体意识烛照下锤炼学生语感品质的一大亮点。】

师:主席用了引用名言、对比的办法之后,还用了什么办法证明自己的观点?

生:举例子。

师:举谁的例子?

生:张思德的例子。

师:张思德是谁?主席为什么给张思德这么高的评价?他到底是什么样的战士?平时是怎么为人民服务的呢?台下的老师都知道,可你们太小了,张思德离你们太遥远了,所以老师特意在两个小时的影片中剪辑了两分钟的镜头,请同学们好好地看看吧!想想哪个镜头深深地打动了你?(播放电影《张思德》的剪辑片段,教师穿插解说)

张思德一生都在跑,风里跑,雨里跑,他跑去干什么呢?

生:(边看边喊)跑着送水、送信、送轮胎……为老乡追猪。

师:他傻,被叫作傻二娃,他最吝啬的是——话语,最不吝啬的是——力气。(播放一组张思德干活的镜头)

生:(边看边喊)唱歌,干活,烧炭。(学生被张思德的淳朴可爱所感染,边看边笑)

师:他紧紧抱着这个孩子啊,在战火中失去父母,成了孤儿,患上了严重的自闭症,从此不说一句话,但这从不说话的孤儿最后呢?(播放孤儿表演节目后兴奋地喊他"爸爸"的感人画面)

(生会心地笑了)

师:这哭着绝食的哑巴老头儿不是他的父亲,但最后老头儿却把张思德当作了亲儿子。请注意这样的细节——(播放他为老人找老花镜、戴老花镜,老人喜极而泣的镜头)

师:怎么样?见着张思德了,你最喜欢、最打动你的是哪个镜头?用自己的话谈谈你看到的、想到的。希望说出你心中的感受、心底的声音。

生：最喜欢跳下河去追猪的镜头。（全场笑）他跳下水，那是有生命危险的，可他为了老百姓的利益，毫不犹豫，奋不顾身。

生：我喜欢抱孩子的镜头。

师：你喜欢他当未婚爸爸啊！（全场笑）

生：不是，孤儿内心寂寞、孤独，但张思德却无微不至地关心他，温暖他孤独寂寞的心。

师：爱的力量使从不说话的孩子终于开口了、欢笑了！

生：我喜欢他不停地奔跑的镜头，因为这一平平常常的动作，说明他一生都在不停地为人民服务。（全场鼓掌）

生：我喜欢张思德帮助哑巴老头的镜头，有一个细节，是张思德为老人戴眼镜。从这一动作中，可以看出张思德饱含深情、细致周到，充满了对老人深深的爱。

师：那是细心、真心、爱心，他可真是"三心牌"好儿子啊！（生笑）

同学们，一个个精彩的镜头，就是一个个典型的事例、生动的事例！刚才你们在说镜头，就是在说例子，就是在举例子。（师再指板书：举例）事实胜于雄辩，事实就是最好的证据。从一个个具体的事例中，我们知道了什么才是真正的——（生接答：为人民服务）什么才是实实在在的——（生接答：为人民服务）

所以平时我们要说明难懂的道理，就可以用——（生接答：举例）要说明抽象的事物，就可以用——（生接答：举例）；要打动人心，还是可以用——（生接答：举例）。是啊，用上了举例，让人恍然大悟、豁然开朗啊。所以，举例是证明观点的绝招、秘招、高招哦！

【用"引用"的方法学习"引用"，用"对比"的方法学习"对比"，现在，用"举例"的方法学习"举例"，正所谓，教学有法，但无定法；运用之妙，存乎一心。在这里，以多媒体的方式举张思德之例，是必要的、必需的、必然的。说"必要的"，乃是因为张思德与当代学生的历史间隔和心理距离都是巨大的，举例作为一种感性的对话方式，显然有助于弥合这种时代造成的鸿沟，"教师在与学生的对话中，最关键的工作就是使主体间的这种心理失衡恢复到平衡"（潘新和语）。说"必需的"，则是因为张思德是"为人民服务"的一个典范、一个标杆，举例方式若不生动，教师引领学生对"为人民服务"的解读就只能沦为贴标签式的空洞说教。说"必然的"，是因为,"张思德同志是为人民利益而死的"这一论断,对于当时参加追悼会的人们来说是一个不证自明的"现实语境",而对于当下阅读文本的学生而言,则是一个不证不明的"可能语境"。所以,从逻辑上推演,举例证明"张思德同志是为人民利益而死的"就是一件必然的事了。这难道不是本课的绝招、密招、高招吗?】

师: 现在,让我们怀着崇敬的心情,回到那一天,回到那个特殊的日子吧!(播放张思德牺牲的电影片段,同时深情解说)炭窑轰然倒塌,张思德牺牲了。那个爱笑的张思德,那个不说话的张思德,牺牲了。牺牲前,他硬是毫不犹豫、不顾一切地把战友推出洞口,自己却再也来不及脱离险境。(音乐响起)就这样,他和大山融为了一体,和大山一起化作了不朽的丰碑!

同学们,张思德永远离去了,但我们也永远记住了这个年轻的好战士、可亲可爱的好战士——张思德!我们更记住了他身上最可贵最朴素最永恒的精神——为人民服务!正是靠着为人民服务的精神,我们的党、我们的军队,克服了重重困难,历经了风风雨雨,从胜利走向胜利。

【观课至此,我潸然泪下。从表面上看,《为人民服务》一文的显性情感确乎不直接,不浓郁,但是,我们并不能据此认定本文不含情感。因为从主席的演讲动机来看,这是他出席张思德同志追悼会时所致的悼辞,其沉痛和缅怀的心情自不待言;从主席的演讲文辞看,一句"他的死是比泰山还要重的",足以表达主席本人对张思德和张思德精神的崇敬之情;从主席的演讲目的看,这不只是一次普通的追悼,主席的演讲显然有着更为深刻、更为高远的意图,那就是化悲痛为力量,学习张思德同志全心全意为人民服务的精神,团结起来,克服困难,打败日本侵略者。这种昂扬向上的情感渗透在全部语境中,它基于悲痛又超越了悲痛。上述情感是隐含的,但却是丰厚的、强烈的。"把这些内含的情感,通过自己的加工、提炼而展示出来,达到以情生情、以情促知、知情共育的效果,这是教学艺术的一个极为突出而典型的方面。"(卢家楣语)对此,林老师不仅有充分的意识,更是适时适度地借还原张思德舍己为人、光荣牺牲的沉痛一幕,让学生在感动于张思德光辉形象的同时,也深深地被"为人民服务"的崇高精神所震撼。谁能说这样的情感陶冶是游离于文本之外的呢?】

四、举一反三,畅写感言

师: "为人民服务"的精神影响了一代又一代人,回去问问爸爸妈妈,知不知道张思德,知不知道"为人民服务",今天也轮到我们学习"为人民服务"了。其实，张思德只是为人民服务的一个代表，生死问题也只是"为人民服务"的一个内涵。在《为人民服务》这篇文章中还有主席许多的经典名句，还有许多丰富的思想，今天读来，它依然能给我们带来许多启发和帮助。认真读读三、四自然段，想想你最喜欢哪句话。

（生默读课文三、四自然段）

生：我最喜欢"我们如果有缺点，就不怕别人批评指出。不管是什么人，谁向我们指出都行。只要你说得对，我们就改正"这句话。

生：我喜欢的是："我们的同志在困难的时候，要看到成绩，要看到光明，要提高我们的勇气。"

生：我喜欢的是："一切革命队伍的人都要互相关心，互相爱护，互相帮助。"

师：你们猜，林老师最喜欢哪一句？

（生猜）

师：我喜欢主席的这句话："我们都是来自五湖四海，为了一个共同的革命目标，走到一起来了。"

生：（惊讶地）为什么？

师：林老师来自福建福州，为了追求语文教学的更高境界，我来到浙江，来到杭州，向浙江的语文老师们学习、学习、再学习。

虽然远离家乡、亲人，虽然生活有点儿单调，有点儿寂寞，可我每一天都觉得快乐而充实。工作室的老师来自五湖四海，浙江、山东、广东、河北、福建，正好七女一男，我们骄傲地称自己为"七个小矮人和一个白雪公主"，那男老师就是白雪公主。（学生笑）我们在一起聆听、学习、交流，幸福而快乐！为什么我们能够其乐融融、亲密无间？因为我们心中都有共同的目标、共同的理想、共同的追求。

孔子曰：有朋自远方来，不亦乐乎！而我要说：有朋自四方来，不亦乐乎！下一周，林老师将离开浙江回家了，但这里的美好一定会成为我永久的记忆，留在我的脑海里，留在我的心底。

【一次出神入化般的示范和引领！教师先亮出"独识"——"我喜欢主席的这句话：'我们都是来自五湖四海……'"。然后，举例——"林老师来自福建福州，为了追求语文教学的更高境界，我来到浙江……"；对比——"虽然生活有点儿单调，有点儿寂寞，可我每一天都觉得快乐而充实"；引用——"有朋自远方来，不亦乐乎"。这样的示范和引领，因融入了常态的课堂情境而浑然天成，更因淡化了训练的技术痕迹而炉火纯青。"把教育意图隐蔽起来，是教育艺术十分重要的因素之一。"（苏霍姆林斯基语）大道无形，大教无痕。】

　　同学们，文中哪句话让你心动呢？联系你的生活，也来写一写吧，可以试着用上今天我们学到的引用、对比、举例的方法。

　　（学生写话）

　　生："我们的干部要关心每一个战士，一切革命队伍的人都要互相关心，互相爱护，互相帮助。"这句话让我心动。我们班的口号是：阳光诚善，合作共勉。其中"合作共勉"就是互相关爱的意思。我们的教室在四楼，饮用水的水源在一楼，在需要送水时，我们班的同学就会组成运水接力队，你搬一层，我接过来再搬一层，这就是团结，这就是互助，这就是关爱。

　　师：掌声送给他。刚才这段话里，大家听出来了吗？班级的口号就是经典，他先引经据典，然后呢，马上用真实的例子说明自己为什么喜欢这句话。很好，你真会学以致用，以后会越学越多，越学越好。

　　生：我最喜欢第三自然段中的一句话："我们是为人民服务的，所以，我们如果有缺点，就不怕别人批评指出。不管是什么人，谁向我们指出都行。只要你说得对，我们就改正。"读了这句话，我想起一句名言："人无完人，金无足赤。"有一次，我和爸爸、妈妈出去吃饭，点了一碗汤，喝的时候，随口说了一句"这汤有点儿咸"，旁边一个服务员阿姨听见了，马上拿了一张意见征询表让我们填，让我们对饭菜的质量提意见。我觉得他们这种精神十分可贵。

　　师：同学们，刚才他的这段话中，有没有引经据典？（生接答：有）有没有举例子？（生接答：有）这个活生生的例子同样会发生在我们的身边，他说得十分生动。再次送上我们的掌声。

　　师：同学们，这节课，你们有没有收获？你的收获是什么？

　　生：（自由发言）学到了找关键句、关键词；学会了如何把书读薄，还要把书读厚；学到了证明观点的好办法，比如引用、对比、举例子等等。

　　师：很好，如果每节课都有一点收获，都有一点提高，那就每天都在进步，每天都在成长。

　　【读中悟写，以写促读，进而形成一种良性的读写互动，当是阅读教学指向体验和表达的一种深刻的课程自觉和担当。"由表达范式入手确定教学目标，是把读、写统一起来，并实现读、写互动的好办法。"（潘新和语）在这里，学生的写话实践是基础，而教师的指向言语表达范式的形式评价则是本流程画龙点睛的秘妙所在。"点"是点燃，点燃学生的语文激情；"点"是点醒，点醒学生的语文意识；"点"是点拨，点拨学生的语文法则；"点"更是点化，点化学生的语文人生。】

五、网络链接，拓展语境

师：同学们，你知道哪里有张思德纪念馆吗？在网络上，人们为张思德建立了许许多多的纪念馆，成千上万的人被"为人民服务"的精神所感染，写下了自己的感言。同学们去网上看看吧。网址是——

（课件呈现：http：//zsd.chinaspirit.net.cn）

师：同学们，学了课文，参观了张思德网上纪念馆后，请你也在纪念馆的留言簿上留下一句你最深切的感受吧。

（林莘，福建省福州市教育学院一附小教师）

25. 绝了

——评钱锋老师执教的《伯牙绝弦》

现场听完钱锋执教的《伯牙绝弦》，惊喜之情难以言表。欧阳修看苏轼的文章，"不觉汗出，惊为异人"。并大呼："三十年后，无人道着老夫也！"我听此课，亦是同等汗出，同等惊呼，脱口而出的只有"绝了"！

真是绝了！以短短四十分钟的工夫，将课堂演绎得如此大气磅礴、荡气回肠，大家气象亦不过如此而已。

《伯牙绝弦》一文，以文字的质地论之，属妙品；以文学的气韵论之，属神品；以文化的神采论之，属极品。伯牙遇子期，乃三生有幸；《绝弦》遇钱锋，也算是对得起各自的造化了。依我看，何人教何文，大有天机在。上上品课文，若无上上品才情和学养之人接洽之，终无意趣。

钱锋为《绝弦》而生，幸甚！为《绝弦》而盛，岂非善哉？

一绝在"读"

妙品即如《绝弦》，其文字的质地如何，功夫也全在一个"读"字上。把古文读通，对多数学生来说实非易事。朱熹有言："凡读书，须要读得字字响亮，不可误一字，不可少一字，不可多一字，不可倒一字，不可牵强暗记，只是要多诵遍数，自然上口，久远不忘。"把功夫扎扎实实地化在读原文上，实乃学好语文之金玉良言。钱锋的先声夺人处，无他，一"读"字耳。公开课，我们习惯于出奇制胜，奇想、奇巧、奇妙、奇异，以为倘无"出人意料"之"奇"，便再无制胜之可能。殊不知在"花样百出、争奇斗艳"的公开课语境中，"无奇"之"奇"方为真奇！一个"读"字，无奇之至,却又出奇之极。

课始,读题目,为"弦"字正音,无奇。继之,读全文,学生跟着老师一句一句地读,无奇。再继之,请学生练读难读的句子,亦无奇。就这样,读一读,议一议;读一读,悟一悟;读一读,品一品;读一读,写一写。一个"读"字,若蛟龙,上天入地;若江河,青山遮不住,毕竟东流去。全课在"子期死,伯牙谓世再无知音,乃破琴绝弦,终身不复鼓"的琅琅书声中戛然而止。霎时,台下掌声雷动,经久不息。还能说些什么呢?本分的"读"、本色的"读"、本真的"读",在《绝弦》一课中声振林木,响遏飞云,如余音绕梁三日不绝。

无疑,"读"在此课成了某种绝招、绝艺、绝学,甚至绝唱!

此或可谓阅读教学"山就是山,水就是水"吧?

二绝在"悟"

悟不离读,读不离悟。总是读读悟悟、悟悟读读,方能收读悟不二、悟读一体之功效。

《绝弦》一课,读不是一个环节、一种元素,读是课的主体,像光、像电一样辐射到课所在的全部时空。而"悟"呢,则如影随形,读在哪儿,悟在哪儿;读到何时,悟到何时。读的,自然就是那原汁原味的文字,此乃阅读教学的第一法则,即所谓"直面文本"。那么悟呢?悟的又是什么?《绝弦》一课,于悟处往往别出心裁,独出机杼。没办法,这就是才情!

一悟"言语形式",一悟"意象情味";入则"言语形式",出则"意象情味";一在文字之表,一在文字之里;一个关乎语文的"独担之任",一个关乎语文的"天下公器"。

言语形式之悟,全在课文的首句"伯牙善鼓琴,钟子期善听"。此句化之,则推衍为全文;全文缩之,则简省为首句。此句和全文,是同构共生,是纲举目张,是一发全身。对此,钱锋谙熟于心。全课悟读,正是始于此句。于是乎,"善鼓"、"善听"如鸟之双翼、车之两轮,在《绝弦》的教学进程中相辅相成、一气呵成。

意象情味之悟,则可圈可点之处颇丰。譬如"善"、"善"之异的点拨,譬如"志"、"念"之同的钩沉;譬如"高山"意象的绵密咀嚼,譬如"必得"情味的强势体悟等。

悟"言语形式",悟"意象情味",所悟者无非"琴声"。琴声者,实乃心声也。借了教师的层层点化,学生终于悟向"知音"。《绝弦》所言,是两位知音之间的那种生命与生命在交流碰撞以后所产生的心心相印、心有灵犀,这是两个生命的叠加,两个人其实是一个人。这是一个人的两半,一半渴望表达,另一半渴望倾听。无论渴望表达还是渴望倾听,都渴望理解,渴望一种生命深处、灵魂深处的精神契合。

教学至此,已然"山不是山,水不是水"矣!

三绝在"化"

《绝弦》一文,以文化神采论之,实乃极品。知音文化流布千年,早已成为中国文化人的一种独有的精神基因。"绝弦"一事,被公认为知音文化中最具识别力的文化符号。

刘勰说:"知音其难哉!音实难知,知实难逢,逢其知音,千载其一乎!"(《文心雕龙·知音》)人各有志,情思何异?真正的相知尚且艰难,认同则更是出于万一,因此刘勰感叹"逢其知音,千载其一乎"。知音之意义,正在于知音者能从万人之同中认识到我一人之异,并倾心认同。

有人谓伯牙"破琴绝弦"谢知音的方式不可取,有人谓"终身不复鼓"实在不值,为知音所付出的代价太大。凡此种种,不一而足。这种古典情怀、经典人文岂容我辈不知音者以现代精神、时代意识的名义解构之、颠覆之?

幸甚!钱锋对知音文化的敬畏和歆羡,使他有了足够的理由放弃对"知音"的一切现代的,却是粗鄙的诠释。他要做的,只是一个"化"字。以文化之,以象化之,以情化之,以心化之。能"化"则化,不能化,也顺其自然,等待机缘。

《流水》琴声,在融入课堂语境的同时,也深深地契入了学生解读知音的心灵。而"伯牙,你为何破琴绝弦,终身不复鼓"这一直指究竟的意义之疑、价值之问,则将知音的千年文化清清爽爽、明明朗朗地呈现在每个人的眼前。

古典情怀的守护与守望,是一个知音者对另一个知音者的膜拜和会心一笑。原来,阅读教学"山还是山,水还是水"。

[附:《伯牙绝弦》课堂实录]

[教学理念]

境由心造,琴为心生;云烟万里,知音难求。对于伯牙来说,琴,原来只是他的另外一个自己。一次邂逅,遇到了善听的钟子期,于是那"峨峨兮若泰山"、"洋洋兮若江河"的高洁情怀才有了表达的空间。人生有了知音,生命开始对话。"高山流水"是音乐,也是伯牙孤寂清高、不媚世俗的言说。仁者乐山,智者乐水。"高山流水"已成为中国文化的永恒命题、中国人的心灵故乡,因此,具有其特定的意象和内涵。本课的设计即在此解读的基础上,以三层语境、三重意境让学生在回环往复的读中感悟知音真意。

《伯牙绝弦》简练流畅,字里行间蕴涵着东方文化品质。由于小学接触古文甚少,文言文的教学自然应该在现代文的语境中去诠释,并初步让学生了解大意,积累经典诗文,感受中国文化,体会艺术魅力,感悟知音深情。

[教学目标]

1. 正确通顺地朗读课文,培养学习文言文的兴趣。

2. 联系注释等理解重点词句的意思,了解课文大意。

3. 通过朗读感悟、情景体验等方式感受"伯牙"和"钟子期"之间"高山流水"般的"知音"深情。

[教学过程]

一、山就是山,水就是水

师:今天我们学的是一则发生在两千多年前春秋时期的故事——
(板书课题,齐读课题)

1. 初读正音,校读古文关键词句

师:这个课题不好念,谁来读课题?
(第一个学生没读准"弦",再请第二个,读准了)

师:最难读的"弦"被你读正确了,了不起,咱们一起学着他读。
(学生齐读课题)

师:头一次学古文,对吗?那就自己大声地读一读,看能不能把这样一篇古文读准、读通。
(学生自由朗读课文)

师：第一次读古文的感受怎么样？

生：我觉得就是这些词语都是我们不常见的，然后，读起来不是很通顺。

师：特难读。

生：读起来很不顺口。

师：不顺口，很真实的一个感受。你呢？

生：我觉得读古文不明白意思，读起来就非常地困难。

师：是的，虽然只有五句，但是不好读，也不好懂，那就跟钱老师一起来读读这篇古文，好吗？好，一句一句地跟老师读，注意听停顿。

（师领读课文，生跟读全文，读出停顿，抑扬顿挫，字正腔圆，最后一句停顿较难，复读）

师：听得专心，读得认真。自己再来练读练读，把难读的句子多读几遍。

（学生再次自由读课文）

师：读得真好，谁能读给大家听？我欣赏自信的同学。你请。

（指名一女生读）

师：让我叹为观止，第一次站起来读一篇古文，竟然读得如此通顺、正确。真了不起！谁也来读给大家听？

（指名一个男生读。师酌情插话："善哉，洋洋兮若江河！"刚才那个句子谁有不同的读法？请另一个同学校读。然后回到那个男生身边请他跟读。）

师：真好，一听就懂。尤其是这个"洋洋兮"后面的停顿。这是最难读的地方。你读正确了。不错！头一次读，你看，读正确还不算，已经读出古文的一点味道来了。同学们，结合刚才两位同学的朗读，你自己再练读练读，要争取读出古文的节奏感来。

（全体同学再自由地读全文）

师：看大家越读越有味道的样子，一定是慢慢地感受到古文的魅力了。那咱们就一起来读。

2. 整体感知，了解行文格局

师：几遍读下来，咱们一定都知道，文章主要写了两个人，他们是——

生：（齐答）伯牙、钟子期。

师：（板书：伯牙、钟子期）读读第一句，你对他们有何了解？

生：伯牙喜欢弹琴，钟子期喜欢听伯牙弹琴。

师：你从哪个字读到了喜欢？

生："善"字。

师：好。你来读读这句。

（生读）

师：真好，这个"善"字，仅仅是喜欢吗？

生：我觉得还有"善于"的意思。

师：善于，擅长对吗？你来读出他们的特点。

（生读）

师：我想问问同学们，这个"伯牙善鼓琴"的"鼓"是何意？谁知道？

生："鼓琴"的"鼓"意思是弹。

师："弹"的意思，你是怎么知道的？

生：嗯，书上写的。

师：有同学在笑。别笑，别笑，这说明这位同学细心啊。能借助下面的注释来理解古文，这是学习古文的一个好的方法。刚才，我们知道他们两个，一个是擅长鼓琴，一个是？

生：擅长听。

师：对，擅长听琴。咱们一起来读，读出他们两个人擅长的特点。

3. 斟字酌句，咀嚼体会词句的意味

师：同学们再读读课文，从课文的哪些句子中，你能体会到"伯牙善鼓琴，钟子期善听"？不着急，再读一读，用笔把它画出来。

（生读，画找有关句子）

师：你画的是哪一句？

生：我画的是："伯牙鼓琴，志在高山，钟子期曰：'善哉，峨峨兮若泰山。'志在流水，钟子期曰：'善哉，洋洋兮若江河！'"

师：我看到很多同学画的都是这一句。那么，细细地读读其中的第一句，你从这一句中如何体会到"伯牙善鼓琴，钟子期善听"？

生：我这样体会：那个伯牙他弹琴，钟子期一下子就听出来他弹的内容是什么。

师：真好，你已经能用自己的话来说它的意思了。谁有补充？

生：说明伯牙弹琴的技术十分高超，如果他不把自己的全部意念都投入到弹琴上，那么，钟子期就不可能从琴声中听出他的意念。

师：你说得特别好，有一个问题想问你一下。这全部的意念，他心中所想的，你是从哪个字上读到的？

生：志。

师：真好。你来读一读这个句子。

生：伯牙鼓琴，志在高山，钟子期曰："善哉，峨峨兮若泰山。"

4. 朗读品味，感受高山流水意象

师："伯牙鼓琴，志在高山"，此时钟子期心中浮现出怎样的高山？

生：巍峨、峻莽的泰山。

师：你从哪个字中读到了巍峨、峻莽？

生："峨峨"这两个字。

师：真好，你能不能读出它的味道来？

（生读）

师：有味道。谁还来读这句？读出这巍峨、峻莽的泰山。

（多人读，齐读）

师：你看，那么多的意象，子期仅用了一个"峨峨兮"便表达出来了，古人讲话真是"简约而不简单"！从子期的话中，同学们还能从哪些词中读到钟子期善听？

生：我从这句"志在高山"知道伯牙心里想的是高山。

生：我还从"善哉"得出。因为"善哉"的"哉"，是语气词，表示感叹，说明钟子期已经十分强烈地感受到伯牙弹琴想的是高山。

师：用现在的话来说，这个善哉就是？

生：好啊！

师：好啊！你来十分强烈地读一读。

（此生激昂地读）

师：我分明从你的朗读中听出了子期在赞美伯牙的琴声。谁也像子期一样来赞一赞？

（多位学生读）

师：发自肺腑，真心诚意。

师：（抓住其中一人朗读）哎，我听出你这个"泰山"读得特别有味道，能说说这个词吗？

生：因为泰山很高嘛，就说明，嗯，那个伯牙心中想到了很高的泰山。

师：心中想到高山。哪位同学对"泰山"想要补充？

生：我认为，泰山是指这个山非常高。因为孔子曾经登泰山而小天下。

师：精彩！也就是意味着伯牙的琴声非常高超！你能不能读出这个"五岳之尊"的气势来？

（该生读）

师：有味道。谁还来读出泰山的王者风范？

（一男生读）

师：真好，同学们，刚才那位女同学说到那个语气词"哉"，就足以看出那么多。其实，细心的同学一定会发现这个句子还有一处语气词。谁发现了？

生：是"善哉，峨峨兮"的"兮"字。

师：为何短短的一个句子，用了两处语气词呢？

生：我觉得钟子期强烈地感受到了伯牙弹琴时想的内容，想到了高山的巍峨。

师：他就不由自主地想赞叹这琴声，是吗？你来读一读，读出这语气词的味道。

（指若干名学生读带"兮"的两句话）

师：嗯，读得真好，细心的同学一定还发现了，除了两处语气词，文章还出现了好几次"善"字，表达的是一样的意思吗？

生：我觉得上面一个"善"的意思是"擅长"，而下面这个"善"的意思是赞美伯牙弹的歌好听。

师：如此动听的琴声，子期可是从未听过，此时他心中不禁想这样赞叹。

（生读整句）

师：我都听出感叹号的味道了，真会读书。读书就该像你们刚才那样，从文章的字里行间去读懂它的意思，尤其是古文，字字珠玑。刚才我们从这句话中读懂了"伯牙善鼓琴，钟子期善听"，那么，现在你对"善哉，洋洋兮若江河"这个句子又有何体会？能不能把你的体会，用你的朗读表达出来？

（第二句教学有别于第一句，先读出感受，再说出理解，放手给学生）

师：你那个江河读得特别响亮、有气势，你能说说你的理解吗？

生：和泰山相比，这江河有长江、黄河的气势！

师：我听出了江河的那种浩荡之情。谁也来读出这种气势？

（生读）

师：你那个"洋洋兮"也读得特别好，说说你的体会。

生：这个江河都是非常宽广的，伯牙弹琴时，子期心里也想着这江河。

师：从同学们的朗读中我也和子期一样听出了这琴声中的宽广浩荡之势。读书水平也如此高超。

师：高山也罢，流水也罢。善鼓的伯牙无论弹什么，善听的子期都能听懂。这真是"伯牙所念，钟子期必得之。"

师：结合刚才的两句理解，同学们对这句又读懂了什么？

（大屏幕出示：伯牙所念，钟子期必得之）

生：我读懂了，伯牙心里想着什么，钟子期一定和他想的一样，并且能够从他的琴声里面听出来。

师：从哪个字中读到的？

生："伯牙所念"的"念"字。

师：刚才上面有一个和"念"相近的字，谁发现了？

生：我觉得应该是"志"。

师：这位同学读书能联系上下文，上下勾联来理解。真好！你来读一读。

（该生朗读）

师：谁对这句话有不同的体会？

生：我认为这个句子的重点应该放在"必"字上，因为"必"说明伯牙无论弹什么，子期都能体会到他的意思，而且不会听错。

师：确信无疑啊。你也来读一读。

（该生朗读）

师：是啊，同学们。"伯牙鼓琴，志在高山，钟子期曰——"

生：（答读）善哉，峨峨兮若泰山。

师：志在流水，钟子期曰——

生：（答读）善哉，洋洋兮若江河。

师：善鼓的伯牙无论弹什么，善听的钟子期都能听懂。这就是"伯牙所念，钟子期必得之"。

二、山不是山，水不是水

1. 追寻思念，感怀千古寂寞、万般惆怅

师：同学们，其实伯牙和子期只是一次偶然的相逢。读读屏幕上的文字，你对他们会有更多的了解。

（大屏幕出示资料：伯牙当时是楚国著名的宫廷乐师，名满天下，虽然听者众多，他却始终觉得无人真正听懂了他的琴声，所以，独自一人来到山间排遣内心的孤独和寂寞。但他却万万没想到，此时，此地，此人——钟子期，一个山野村夫，竟如此懂得他的琴声！）

师：此时的伯牙心情如何？

生：非常高兴。

师：高兴不已啊！

生：很快乐。

师：兴奋至极啊！

生：庆幸自己终于有了知音。

师：欣喜若狂啊！

生：激动。

师：激动万分啊！

生：我觉得他非常惊喜。

师：喜出望外啊！

2. 切己体察，感动于一见如故、相见恨晚

师：伯牙于是把这份惊喜和激动化作高山流水在林间流淌。同学们，此时的伯牙多想对子期一吐心绪啊。如果你就是当时的伯牙，你最想对子期说些什么？拿起笔把你最想说的写在纸上。

（几分钟现场写作，和着琴箫合奏的背景音乐）

师：看到大家的笔下都流淌着伯牙此时兴奋的心情，能把你此刻的心情读给大家听吗？

生：子期啊，你真是我的知音啊，只有你能听懂我的琴声和心声。

师：噢，他还能从这琴声中听出心声。相识满天下，知音只一人啊。

生：知我者莫如子期！

师：从前是满面春风皆朋友，如今是有缘千里终相会！

生：子期，我所念的，你必定能够透过琴声猜透。你真可谓我绝世的知音啊！

生：我虽是名满天下的宫廷乐师，可是我内心的孤独和寂寞谁能知晓？今日遇见你，实乃三生有幸。今日只有你与我相伴。

师：你真是走入伯牙内心深处去了，这正是他想说的啊！

生：啊，你真是我的知音啊。

师：一个"知音"足矣。

生：谢谢你，子期，你真了解我。是你排除了我心中所有的孤单，使我变得非常愉快，让我觉得不至于寂寞到死。

生：钟子期，是你听懂了我的琴声，明白了我的心声。是你让我解脱了我的孤独和寂寞。

生：没想到你一个山野村夫，既能听懂我的琴，还能听懂我的心与高山

和流水的情怀。

师：哇，真好！他竟然能听出伯牙琴声中这高山一般的志向和流水一般的情怀。那么再让我们来读读这高山、流水，体会伯牙的志向和胸襟！

（回读、指名读、齐读）

3. 吟读倾诉，感悟高远志向、宽阔胸怀

师：这琴声、这心情、这情怀，子期都听懂了吗？

生：听懂了。

师：为什么你如此断定？

生：因为"伯牙所念，钟子期必得之"！

师：是啊！现在你对这一句有什么新的体会？

生：我觉得伯牙的这个琴就好像他们之间的情感纽带，是他和子期之间的一座桥梁，使他们心有灵犀。

生：我觉得这个钟子期虽然是个山野村夫，他是来自山野的，但听得懂大自然的音乐，和这个伯牙心有灵犀。

师：琴声也懂，心情也懂，志向也懂，情怀也懂。这等知音，才是真正的知音啊！（板书：知音）

三、山还是山，水还是水

1. 触景生情，此时无声胜有声

师：（深情地）同学们，伯牙和子期也多么想永远像高山和流水那样相伴相随。他们约定来年再在老地方相会。一年之后的中秋节，伯牙满怀欣喜，乘着一叶扁舟而来。然而，（语气急转凝重）然而，当他来到他们去年相会的地方的时候，等待他的不是子期的人，而是子期冰凉的墓碑！此时高山落寞，流水无语。站在坟前的伯牙多想鼓一段琴给他的知音钟子期听啊。于是，他拨动琴弦，把千言万语都化作了琴声。

《流水》音乐响起，全场回旋着急促的琴声，一分半钟后，突然断弦了）

师：你从伯牙的琴声中听出了什么？

生：我觉得伯牙这次的琴声，虽说没有以前那么动听了，但是我分明听到他在对钟子期说：子期呀，你为什么不等等我？

生：我从伯牙的琴声中，听出了他对子期的绵绵不绝的思念。

生：我听出了伯牙对钟子期深深的怀念。

生：我听到这个琴声很急促，很悲伤，最后戛然而止。我觉得这是伯牙对子期的绝别。

师：悲莫悲兮生别离！可是此时，善听的子期再也听不到这些了。

2. 回环诵读，言有尽而意无穷

师： 能把此时伯牙的心情读出来吗？（屏幕出示：子期死，伯牙谓世再无知音，乃破琴绝弦，终身不复鼓。）

（多人深情朗读）

师： 断的只是弦吗？

生： 不，他们的友谊也就此断了！

生： 我觉得是肝肠寸断！

师： 碎的只是琴吗？

生： 他的心碎了。

师： （在学生深情朗读时，转换角色追问）伯牙，你为何破琴绝弦，终身不复鼓？

生： 这个世界上再也没有人能听懂我的琴声，我还弹给谁听？

生： 子期不在了，琴已没了任何意义，我不再弹琴了。

师： （继续追问）伯牙，你不为高超的琴艺感到可惜吗？世人从此将失去一个伟大的音乐家了啊！

生： 我一点都不觉得可惜，这个世界没有了子期，我的琴没有人再听得懂，我宁要知音，不要古琴。

生： 我根本不在乎什么音乐家！我的琴只为听得懂的人而活着。

生： 我觉得人生得一知己足矣！

师： 是的，伯牙绝弦，因伯牙所念，子期之后，世再无人得之！

（屏幕出示：伯牙所念，世再无人得之！）

3. 高山流水，道是无情却有情

师： 那一声琴碎，使得伯牙的琴声终成绝响，但是，高山依旧，流水依旧，只是在山水之间多了一段"知音"的千古佳话，道是无"琴"却有"情"，让我们一起再读读这个古老的故事，一起感受他们荡气回肠的高山流水般的朋友之情。

（钱锋，浙江省平湖市艺术小学教师）